元宇宙营销路线图

元宇宙
METAVERSE
营销
MARKETING
认知、方法与实践
CONCEPTS, METHODS AND PRACTICES

栗建◎著

机械工业出版社
China Machine Press

图书在版编目（CIP）数据

元宇宙营销：认知、方法与实践 / 栗建著 . -- 北京：机械工业出版社，2022.8（2023.1
重印）

ISBN 978-7-111-71044-8

Ⅰ. ①元… Ⅱ. ①栗… Ⅲ. ①品牌营销 Ⅳ. ① F713.3

中国版本图书馆 CIP 数据核字（2022）第 104869 号

元宇宙营销：认知、方法与实践

出版发行：机械工业出版社（北京市西城区百万庄大街 22 号　邮政编码：100037）

责任编辑：陈　洁

责任校对：殷　虹

印　　刷：固安县铭成印刷有限公司

版　　次：2023 年 1 月第 1 版第 2 次印刷

开　　本：147mm×210mm　1/32

印　　张：10.875

插　　页：1

书　　号：ISBN 978-7-111-71044-8

定　　价：99.00 元

客服电话：（010）88361066　68326294

本书对元宇宙的概念、应用场景、生态等方面进行了深入而细致的解读，并结合腾讯、Nike 等行业巨头公司的实践案例，提炼总结出元宇宙营销的 4A 方法论，着实让人眼前一亮！本书提出的营销理论极具前瞻性，可供各位读者在实践中参考及验证。书中引用了一些元宇宙领域先行者对元宇宙的观点，也讲解了腾讯在元宇宙产业上的布局，展示了丰富的元宇宙商业化场景。此外，本书还讲解了基于数字孪生技术的工业元宇宙，这种商业化路径独辟蹊径，正是腾讯现在探索的方向。期待本书能让各位读者在元宇宙话题上有更多的交流和共鸣，能让更多人参与元宇宙生态打造。

——李向前

腾讯云工业云总经理、深圳工业互联网行业协会会长

栗建凭借自己多年的一线经验和扎实的营销理论功底，提出了新的元宇宙营销体系的基本要素和行动指南。本书可让创业

者、企业管理者和营销从业人员了解企业及品牌在元宇宙起步期的生存和成功之道。

——李国威

资深媒体和公关人、闻远达诚管理咨询公司总裁

"始终保持好奇心"是当下营销从业者最需要具备的素质。虽然我们还不知道元宇宙是会像影片《头号玩家》描绘的场景一样变成包罗万象的"绿洲"，还是会变成一块"极乐净土"，让你实现在现实中无法做到的一切事情，但是它已经为营销从业者开启了超越现有时空维度的通道。作为始终保持好奇心的人，你可以通过本书与另一个同样保持好奇心的营销从业者，也就是本书作者栗建老师，在认知元宇宙的过程中碰撞思维，共同感悟这个日新月异的天地。

——王焕

上海市电子商务行业协会副会长、
圣戈班亚太区首席业务发展官

本书有着令人惊叹的知识深度和广度。一方面，作者把元宇宙的发展历史、理念、现状与大量的案例相结合，深入浅出、娓娓道来，并且对元宇宙生态中的重要概念包括AR/VR、区块链和Web 3.0也进行了细致阐述，让本书成了入门元宇宙的最佳选择。另一方面，作者结合丰富的工作经验和长期的洞察，为我们展现了元宇宙对营销领域产生的深刻影响，提出了创新的元宇宙营销4A方法论，令本书对营销人员也极具参考意义和借鉴意义。虽然元宇宙还在发展的早期阶段，但是对于一直站在变革前沿的营销人员来说，积极地学习和了解元宇宙、探索新的营销方法与实践，是非常重要的。本书可以帮你打开元宇宙

的大门。

——王琤

Convertlab 联合创始人、COO

本书不但有着严密的逻辑框架和坚实的理论基础，而且生动、有趣。对丰富的实践案例进行了解析，并对前瞻性企业的元宇宙布局进行了解构，可帮助读者建立一个知识体系更完整、商业前景更清晰的元宇宙认知观。

为什么营销从业者应该积极地拥抱元宇宙？因为元宇宙的底层逻辑关乎市场与价值的认定，关乎人与人之间的情感链接，关乎"体验至上才是品牌的最终追求"理念。这些关键要素，在本书中都有详细阐述。你会发现，当真正理解了元宇宙的基本面与技术架构后，顺着元宇宙的趋势来实现营销目标就是信手拈来的事。

——范怿

胖鲸传媒创始人、CEO

如果我们当前构想的元宇宙在未来不能创造价值，那么这个构想中的世界终将崩塌，最终变成又一个被市场淘汰的炒作概念。而本书从元宇宙的架构逻辑切入，探讨未来品牌如何为用户创造价值，进而让我们了解为何要创造数字替身、如何通过技术为用户增强体验和创造价值、如何加强与用户的全时互动、如何与用户共创共生，最终帮助品牌与用户在共同搭建的元宇宙世界中不断演化。无论将来技术如何更迭，元宇宙的底层逻辑是不变的。本书精准地把握了变化中的不变之处，细致地梳理了元宇宙的新营销体系和潜在商机，展现了与每个人息息相关的未来图景。

——方世伟

香港大学客座教授、宝莱嘉德顾问有限公司董事长栗建老师是非常资深的营销专家，也是国内探索元宇宙的先行者。这本书结合了栗建老师多年躬身实践和超前探索的经验，能给想要深入了解元宇宙的读者以深刻启发。

——刘静

Masterland 联合创始人、CMO

栗建多年来深耕数字化营销领域，能有效结合国内外理论用于工作实践，而且，他愿意把这些实践经验分享给更多的营销从业者。本书全方位剖析了元宇宙的一系列概念，细致讲解了如何利用元宇宙在营销工作的各个方面发挥正向作用、提升营销价值，并且对典型案例给予了充分、到位的分析，值得一读。

——Jenson Woo

Global ConsignIndex 内容和技术总监

不仅要想象，更要拥抱元宇宙

元宇宙不只是商业噱头，它正在真实地改变人们的生活。我认为，人类正在进行有史以来最大的一次"迁徙"——从物理时空迁徙到物理与网络并存的时空，甚至将直接步入纯粹的网络时空。这个过程并不能一蹴而就，其持续时间可能会有几十年到上百年。而现在涌现的元宇宙平台及应用，是我们实现这一迁徙的媒介和工具。

有些人并不清楚这个过程意味着什么，因此焦虑于它带来的暂时性的失范与无序。他们可能会将这些问题简单归咎于数字化转型和元宇宙的产生，而无法站在更高的维度上察觉到我们的社会范式正在发生转变。

元宇宙带来游戏规则的改变

元宇宙突破了现实世界的时空约束，将大大改变以往的生产关系。在过去，世界运行的游戏规则有一个默认条件：人们会受到时空的约束。基于现实环境提供的条件，人们经过漫长时间的适应和调整，在每个地理区域、每个专业领域都已经形成了比较成熟的规则。而空间和时间这两个关键变量的变化给政治、经济、生活带来的影响将是天翻地覆的。

当元宇宙时代来临时，环境的变化带来了游戏规则的改变，之前在物理时空中的游戏规则，到了网络时空中常常就没有效果，失灵了。之前所构建的世界观、人生观，在元宇宙世界中都需要去验证、更新，甚至重构。

进入元宇宙之后，我们的生活会与之前有什么差别呢？做个简单的类比。假设你本来住在内蒙古的大草原上，你的强项可能是骑马、牧羊。短时间内，你搬到了舟山群岛中某一个小岛上，而想要在这里生存下来，你需要具备摇船、捕鱼的能力。时空改变了，相应的游戏规则也改变了，我们必须从心态和实践上积极调整，以应对元宇宙网络时空对现实的"入侵"。

元宇宙时代的来临，既是一个挑战，也是一个机会。如果你及早理解了元宇宙世界的游戏规则，那么你就可以在未来的"主流"世界中获得更有利的位置，享受早期红利。而要做到这一点，不管企业还是个人，最为关键的努力就是去尽快接受和熟悉新的世界，勇敢地重新适应元宇宙中的社会、商业等规则，锻炼自己的核心能力。

元宇宙时代的来临是我们接下来要面临的一个重大转折，你需要花时间去认真理解元宇宙。

元宇宙营销的 4A 方法论

当元宇宙与商业邂逅后，势必会出现元宇宙型企业，随之而来的是元宇宙营销、元宇宙组织、元宇宙产品等新议题。目前，全球都处在积极探索与发现的阶段，尝试推出适应元宇宙特性的好作品、好方法。

而在营销领域，为了帮助营销从业者更好地认识和理解元宇宙时代的营销，我的好友栗建老师根据他多年营销实践经验和对元宇宙趋势的敏锐观察，提出了元宇宙营销的 4A 方法论，这本书也因此应运而生。这真的是难能可贵！我想，如果不是他既有着绝对的实力（既拥有全球性的营销视野，又有多年数字化营销的实战经验），又有对营销的十足热情与旺盛好奇心，他是写不出这么优秀的作品的。

更重要的是，栗建老师非常勇敢。你也知道，当新事物来临的时候，愿意先人一步给出自己的独立判断与思考，是非常需要勇气的，这值得我们敬佩。这样做的人往往是冒着不被理解的风险，经过慎重的自我审查来完成其作品的。栗建老师就是这样一位勇立潮头，带着新营销人冲浪的斗士。

元宇宙营销肯定不止有 3 年或 5 年的热度，我认为它会持续30 年以上，因为基于网络新时空去进行营销与销售的大时代才刚刚开始。而本书着眼于未来，给出沉浸式、全时互动、增强赋能、共创共生等面向数字替身的营销方法论模型，并在讲述过程中与你分享众多元宇宙企业的营销案例，以及常用的创意和营销工具，让你可以快速抓住元宇宙营销的核心逻辑与方法，跟上这个复杂多变的时代。

此外，在阅读本书的过程中，你也会从数字替身的设计和制作、NFT 的设计和铸造等新鲜且热门的知识中感受到探索元宇宙世界的趣味。

《共产党宣言》中有句名言："一切等级的和固定的东西都烟消云散了，一切神圣的东西都被亵渎了。人们终于不得不用冷静的眼光来看他们的生活地位、他们的相互关系。"也许这就是对这个大时代最好的诠释。

让我们一起坚定、从容地走向元宇宙时代。

唐兴通
数字化转型顾问、新媒体营销专家

走近元宇宙，走近 Marverse

为什么要写这本书

元宇宙正在向我们走来。

元宇宙是更加逼真的演出剧场，是更加奇幻的探险空间，是工程师的超级工作站，也是艺术家的梦幻创意室。如果你身在河南民权，民权电厂的数字孪生系统和国家电网的区块链应用"国网链"正在为你的虚拟现实头戴式显示设备、办公室人脸识别签到系统和工厂智能机器人提供安全、高效的电力。如果你身在敦煌莫高窟，基于华为河图技术的 AR 应用可以帮你自动识别文物和壁画，并自动为你讲解文物背后的故事，带你穿越千年的风尘聆听历史的绝唱。如果你是建筑或者土木工程专业的学生，你可以通过诺亦腾和同济大学共同开发的钢结构原理虚拟现实课程进行仿真实验，或者联合使用 BIM 软件与喜利得 Profis Engineering 软件来创建一个建筑的数字孪生模型。

元宇宙是多元的。当菲律宾甲万那端市的少年和越南胡志明市的小姐姐在 Axie Infinity 游戏上操控角色赚取"爱情药水"这个道具时，雷克萨斯汽车公司在东京总部的工程师和在洛杉矶的设计师正在虚拟会议室里讨论如何使用 Unity 软件为最新的车型涂装。玩家的元宇宙（例如游戏 Roblox、虚拟社交平台 Horizon Worlds、虚拟工作站 Gravity Sketch）和工程师的元宇宙（例如 NVIDIA Omniverse、Unity Forma 和 Reflect）都是元宇宙的一部分。不管是马克·扎克伯格的社交元宇宙，还是黄仁勋的工程师元宇宙，都会和腾讯的游戏元宇宙、阿里巴巴的电商元宇宙以及字节跳动的创意元宇宙等一起，共同构成未来庞大而多元的元宇宙体系。

元宇宙既不等于青少年"捏脸"赚币的 3D 游戏，也不等于品牌借势造词的营销噱头。同样，元宇宙既不等于通过数字孪生等技术映射现实的虚拟平台及应用，也不等于让机器学会说话和思考的高级版物联网。元宇宙意味着一个崭新的世界，步入其中，我们的生产和生活方式都会发生变化。而对营销人员来说，和元宇宙同时到来的还有新的营销秩序、战略和实践方法，这一切形成了营销元宇宙（Marketing Metaverse，简称 Marverse）。

在元宇宙时代，营销从业者需要发掘新的优势。

在信息过载的时代，大多数人都倾向于凭直觉进行判断和预测。但在大多数情况下，我们的思考只是启动了人脑的"闪存系统"，即用最小的算力和最简单的程序对接收的信息进行归纳和类比，这种思维方式就像是做简单的加减乘除运算。比如，你是如何看待"基金""四维宇宙""元宇宙"这些概念的？对这个问题，整理了如下的常见回答。

- 基金 = 长期持有 + 定投
- 四维空间 = 三维空间 + 时间维度
- 元宇宙 =（Web 1.0 + Web 2.0）× 3D

人类一思考，机器就"发笑"。对复杂的金融、物理、科技概念，我们却习惯于以极简单的关键词进行归纳和记忆，这说明我们的思考逻辑并不是那么完善、有条理，甚至可能比不上已经熟练掌握贝叶斯算法的机器。而且，每个人固有的情绪还容易让我们陷入"损失厌恶"和"乐观偏好"两个思维陷阱。

在今天，一个优秀的媒体投放专家在优化成本和精准获客上都可能败给有巨量引擎后台支持的机器人。当然，优秀的媒体投放专家在感知客户情感和设计用户体验上仍然有相当的胜算，但其优势已经不那么明显了。

而到了元宇宙时代，营销从业者的优势一定不是数据分析和逻辑推理，而应该是想象力和创意。

为了做好元宇宙营销，我们首先要了解什么是元宇宙。这就需要我们让自己的思维慢下来，清空"内存"，放下焦虑和傲慢，全面了解其生态、特点和运行方式。

如何阅读本书

在第一部分中，你将初步认识元宇宙，跟随元宇宙的初代建造者了解元宇宙的概貌。然后，你将通过人、货、场的重构来认识元宇宙营销。

第 1 章将简单介绍元宇宙，包括元宇宙的生态体系、世界观和价值观，以及与营销相关的元宇宙概念。

第 2 章会把营销放进元宇宙的生态中，去分析元宇宙对营销的人、货、场可能产生的影响，然后从元宇宙的营销对象和营销目标来具体分析这些影响是如何发生的。

第 3 章会以前两章为基础，梳理元宇宙营销的基本框架。我们将回溯营销战略和营销理论的发展历史，对元宇宙场景下营销方式发生的变化进行总结和预测。为了方便理解和记忆，我们借鉴传统营销的 4P 理论和数字营销的 4C 理论，根据元宇宙营销的核心要素——数字替身、全时互动、增强赋能以及共创共生，总结出元宇宙营销的 4A 方法论。

在第二部分中，我们将沿着 4A 理论的框架，用 4 章依次介绍面向数字替身、增强赋能、全时互动以及共创共生的元宇宙营销方法。这一部分将介绍品牌在现阶段基于元宇宙的营销手段及其案例，并介绍相关的创意和营销工具。其中，我着重在品牌探索元宇宙的营销案例中补充了很多细节，以便为各位从事营销工作的读者提供更多参考价值。

第 4 章重点分析数字替身的用户旅程以及品牌面向数字替身的营销策略。

第 5 章进一步解释对用户进行增强赋能的 4 条路径。

第 6 章重点剖析如何在元宇宙的营销生态中实现品牌与数字替身的全时互动。

第 7 章尝试破解元宇宙的流量密码和价值创造模式，探索品牌如何让用户参与到内容创造的过程中，打造共创共生的元宇宙生态。

在第三部分中，你将进行元宇宙营销的实践，并在这个过程中了解主要的元宇宙营销工具。对本书前面提到的所有平台和技术，这一部分会做更细致的梳理。

第 8 章将从元宇宙营销战略实施的角度，介绍元宇宙内容设计。

第 9 章细致讲解数字替身的设计和创建。

第 10 章讲解 NFT 的设计和铸造。

读者对象

本书适合正在企业中推进数字化转型，并且思考如何利用元宇宙加速数字化转型的营销人士。希望这部分读者能从本书中的案例、工具及方法中获得启发，然后在实际工作中大胆尝试。

对于不了解数字化转型和元宇宙的营销人士，希望你通过本书能了解营销行业在新时代的发展趋势，认识元宇宙不是一个噱头，而是一个增强客户体验、赋能客户价值的营销新生态。

本书对于其他对元宇宙感兴趣的行业人士来说，也是一份有益的参考材料，可让这部分读者更多地从用户的角度去思考元宇宙到底是什么。

勘误和支持

虽然作者和编辑花费大量的时间对书稿进行了反复的推敲和

修改，但仍难避免疏漏。如果读者发现任何问题，都可以反馈至作者邮箱 liblog@163.com，或者在作者的微信公众号"知营销"上留言。

致谢

感谢编辑杨福川先生提供的灵感与建议。他不但深谙营销和元宇宙，而且坦率睿智、思维敏捷，协助梳理了本书的重点和架构。另外，我也要感谢编辑李梦娜，感谢她为本书的框架调整和文字润色提供的专业建议与帮助。

目　录

本书赞誉

序

前言

第一部分　认识元宇宙营销

第 1 章	进入元宇宙	3
1.1	什么是元宇宙	4
1.1.1	Meta：元宇宙是下一代的互联网	4
1.1.2	NVIDIA：元宇宙是全宇宙	5
1.1.3	腾讯：元宇宙是虚实交互的全真互联网	7
1.1.4	其他大厂对元宇宙的定义	10
1.2	元宇宙初探：透过 Roblox 和 Decentraland 看元宇宙	11
1.2.1	进入 Roblox 和 Decentraland	12
1.2.2	元宇宙的世界观	16
1.2.3	元宇宙的价值观	29

1.3　元宇宙的生态体系　　　　　　　　　　　　36
　　1.3.1　体验　　　　　　　　　　　　　　　36
　　1.3.2　发现　　　　　　　　　　　　　　　38
　　1.3.3　造物　　　　　　　　　　　　　　　39
　　1.3.4　空间计算　　　　　　　　　　　　　40
　　1.3.5　去中心化　　　　　　　　　　　　　40
　　1.3.6　虚实交互　　　　　　　　　　　　　41
　　1.3.7　基础设施　　　　　　　　　　　　　43
1.4　与营销相关的元宇宙概念　　　　　　　　　44
　　1.4.1　数字替身　　　　　　　　　　　　　44
　　1.4.2　NFT　　　　　　　　　　　　　　　45
　　1.4.3　区块链　　　　　　　　　　　　　　48
　　1.4.4　DAO　　　　　　　　　　　　　　　50
1.5　结语：保持乐观，拥有耐心　　　　　　　　52

|第2章|　元宇宙对营销的影响　　　　　　　　　53
2.1　营销生态：人、货、场的重构　　　　　　　54
　　2.1.1　人的转型：面向数字替身的沉浸式营销　55
　　2.1.2　货的重构：功能、体验、设计和生产　60
　　2.1.3　场的再造：多元场景和去中心化社群　64
2.2　营销对象：Z世代和符号消费的崛起　　　　68
　　2.2.1　Z世代和后喻化　　　　　　　　　　69
　　2.2.2　消费主义的落幕　　　　　　　　　　73
　　2.2.3　符号消费的兴起　　　　　　　　　　78
　　2.2.4　虚拟造物的出现　　　　　　　　　　82
2.3　营销目标：实现沉浸式的价值交换　　　　　86
　　2.3.1　数字营销：内容创造和社交货币　　　87
　　2.3.2　元宇宙营销：价值创造和价值交换　　92
　　2.3.3　从创造体验内容到创造体验场景　　　94
2.4　案例：Nike的元宇宙乐园　　　　　　　　98
2.5　结语：去品牌化趋势和元宇宙品牌崛起　　102

第 3 章	进入元宇宙营销时代	107
3.1	现代营销战略的演变	107
	3.1.1 以产品为核心的 4P 营销理论	108
	3.1.2 以用户为核心的 4C 理论	110
3.2	面向数字替身的元宇宙营销	114
	3.2.1 元宇宙营销的 4A 要素	114
	3.2.2 去中心化的营销	121
	3.2.3 案例：GUCCI 的元宇宙营销	132
3.3	结语：行百里者半九十	135

第二部分　元宇宙营销方法

第 4 章	面向数字替身的营销	139
4.1	数字替身：元宇宙营销的新对象	140
	4.1.1 数字替身是虚拟世界的"真我"	141
	4.1.2 普罗特斯效应：数字替身和现实用户的一致性	144
	4.1.3 黑暗效应：数字替身和现实用户的不一致性	146
4.2	数字替身的用户旅程	147
	4.2.1 数字营销时代的用户旅程	148
	4.2.2 元宇宙时代的用户旅程	153
	4.2.3 数字替身的用户画像	157
4.3	面向数字替身的沟通和互动	159
4.4	品牌数字替身	162
	4.4.1 品牌数字替身的 3 大影响	162
	4.4.2 品牌数字替身的不同应用阶段	167
	4.4.3 品牌数字替身：个性化的挑战	177
4.5	结语：面向未来，面向数字真人	180

第 5 章	增强赋能	181
5.1	虚拟现实：由实向虚的体验增强	182
5.1.1	虚拟现实：沉浸式体验	182
5.1.2	入门：3D 实景 VR 和 3D VR 视频	184
5.1.3	进阶：原生 3D 建模 VR	186
5.1.4	进化：元宇宙 VR 营销	188
5.2	NFT：由实向虚的价值增强	190
5.2.1	NFT：品牌与用户进行价值交换的新模式	191
5.2.2	入门：打造品牌数字收藏品	194
5.2.3	进阶：打造具备交换价值和使用价值的 NFT	197
5.2.4	进化：赋能元宇宙的品牌 NFT	200
5.3	增强现实：由虚向实的体验增强	202
5.3.1	AR：让虚拟走进现实的新体验	202
5.3.2	入门：基于智能手机的现实增强体验	205
5.3.3	进阶：基于 AR 眼镜等装备的现实增强体验	207
5.3.4	进化：共建增强现实的世界	210
5.4	工业元宇宙：由虚向实的价值增强	212
5.4.1	工业元宇宙	213
5.4.2	入门：数字孪生和智能制造	214
5.4.3	进阶：基于区块链和智能合约的商品	217
5.4.4	进化：去中心化的商品设计和制造	219
5.5	结语：基于双向链路的价值和体验创造	221
第 6 章	全时互动	222
6.1	全时互动：持续的实时互动	223
6.1.1	从营销活动到实时互动	223
6.1.2	从实时互动到全时互动	228

6.2 元宇宙全时互动场境 230
　　6.2.1 游戏 232
　　6.2.2 社交 234
　　6.2.3 游戏化平台 244
　　6.2.4 工作和协作 246
　　6.2.5 活动 248
　　6.2.6 购物 251
6.3 品牌私有的元宇宙互动场境 255
6.4 结语：非传统私域的私域 257

| 第 7 章 | 共创共生 258

7.1 共创共生：需要紧密合作的新生态 259
　　7.1.1 未完成的世界 259
　　7.1.2 共创共生的创造者经济 261
　　7.1.3 元宇宙的建造者 265
　　7.1.4 从游戏到生存 270
7.2 品牌的共创共生 271
　　7.2.1 基于数字替身的共创共生 272
　　7.2.2 基于 NFT 的共创共生 274
　　7.2.3 基于品牌虚拟专区的共创共生 276
7.3 结语：走向共创共生 278

第三部分　元宇宙营销实践

| 第 8 章 | 元宇宙品牌内容设计 283

8.1 VR 内容设计 283
　　8.1.1 实现过程 284
　　8.1.2 应用场景 284
　　8.1.3 设计和制作 286

8.2 AR 内容设计 288

    8.2.1 实现过程 289

    8.2.2 应用场景 290

    8.2.3 设计和制作 292

8.3 结语：超越内容的体验设计 294

| 第 9 章 | 品牌数字替身的设计和创建 296

9.1 基础：品牌画像 297

    9.1.1 品牌叙事架构：你希望品牌传达什么信息 298

    9.1.2 品牌与用户的关系：你希望与用户建立什么样的关系 299

    9.1.3 品牌画像人设：你希望品牌拥有什么人设 299

9.2 设计和创建 300

    9.2.1 设计和创建过程 301

    9.2.2 常用设计工具 304

9.3 结语：品牌数字替身的挑战 308

| 第 10 章 | 品牌 NFT 的设计和铸造 310

10.1 NFT 的类型和设计工具 311

    10.1.1 类型 311

    10.1.2 设计工具 315

10.2 品牌 NFT 的铸造 322

10.3 结语：谨慎探索未知 324

第一部分

认识元宇宙营销

在这一部分中，你将初步认识元宇宙，跟随元宇宙的初代建造者了解元宇宙的概貌，并从 Roblox 和 Decentraland 这两个在元宇宙发展初期有代表性的游戏平台了解元宇宙的特点。随后，我们将把眼光从游戏平台转向更庞大的元宇宙体系，认识元宇宙的"经济基础"和"上层建筑"。我们将化繁为简，绘制一个元宇宙的知识图谱。最后，我们将对比数字营销时代与元宇宙营销时代中，人、货、场的变革，探讨元宇宙对营销产生的影响。

进入元宇宙

如果你对元宇宙已经有深入的了解，不妨跳过本章直接阅读第 2 章。但是，如果你对元宇宙的了解仅来自朋友们的聊天或天价 NFT 的新闻，那么建议你仔细阅读本章的内容。

只有理解了元宇宙的起源和发展，以及在元宇宙世界中应该具备什么样的世界观和价值观，我们才能更好地理解元宇宙的去中心化、开放互通等诸多特性，才不至于认为 NFT 只是一款游戏皮肤。

有了这样的认知基础，我们才能透过复杂的专业知识和案例，去分析元宇宙对企业、品牌以及营销的影响。

1.1 什么是元宇宙

什么是元宇宙？这个概念是从科幻作家尼尔·唐恩·斯蒂芬森于 1992 年创作的科幻小说《雪崩》里借过来的，原本的意思是能让人们在其中生活、社交和工作的虚拟世界。后来，"元宇宙第一股"Roblox 激起的资本投资浪潮和 Facebook 改名 Meta 引发的元宇宙"淘金热"，让元宇宙这个概念从科幻世界破圈。在 2021 年年末，元宇宙热潮爆发，元宇宙成功吸引了投资界、媒体界、互联网行业、加密货币领域、营销行业、研究机构甚至监管部门的关注。

2022 年是真正意义上的元宇宙元年。虽然我们无法在元宇宙的早期就描述一个完整的元宇宙，并给它下一个准确的定义，但是预测元宇宙的未来并不困难，我们可以从元宇宙初代的建造者那里推测元宇宙未来的大概面貌。

1.1.1 Meta：元宇宙是下一代的互联网

在马克·扎克伯格看来，元宇宙是移动互联网的继承者。对元宇宙，你不仅可以查看其中的内容，还可以置身其中。你会体验到 2D 应用或网页不能提供的沉浸式体验。

他的这一观点，虽然内涵模糊、外延发散，但是迎合了大多数人的直觉。"Web 3.0""下一代互联网"都是这一观点的映射。Web 3.0 是以智能、去中心化、开放和互联互通为特点的全新互联网通信协议，也代表着新的互联网交互方式。Web 3.0 通过人工智能和自然语言对互联网上的内容和数据进行更有效的分析，3D 内容将成为其最重要的内容形式。Web 3.0 的一个重要作用是实现以区块链技术为基础的用户数据保护和数字资产所有权确认。我们需要注意的是，虽然元宇宙和 Web 3.0 有很多相似点，但是两者是有区别的。两者之间的关系类似于移动互联网与HTML 5，前者是一个完整的生态，而后者特指一种交互方式和实现方法。

在马克·扎克伯格的构想中，未来人们可以在虚拟现实（Virtual Reality，VR）的世界中构建自己的"虚拟空间"，并且开始"虚拟人生"。

在 2021 年年底，Meta 宣布公司旗下的 VR 世界 Horizon Worlds 开始向美国和加拿大的 18 岁以上玩家开放。用户可以通过 Oculus Quest2 等头戴式显示设备（以下简称为头显）接入这个3D 虚拟平台，在其中创建一个半身数字替身（avatar），通过社交平台邀请好友一起玩游戏。如果你充满活力并且喜欢探索，可以和朋友们在《行动岛》（Action Island）射击游戏里组队进行对抗。如果你喜欢奇幻体验，可以进入《魔杖和魔帚》（Wand&Broom）游戏，不需要经过霍格沃兹的培训就可以掌握魔法，并且骑着扫帚在城市上空飞行。Meta 还推出了 Horizon Workrooms，来构建未来虚拟世界的工作场景。如果实现虚拟办公，人们可以将原本用于通勤的时间花在更重要的事情上，而且减少交通出行也有利于保护环境。

1.1.2　NVIDIA：元宇宙是全宇宙

在 NVIDIA 创始人黄仁勋看来，元宇宙是另一个"真实"的世界：这个世界与现实世界紧密相关，并会产生相应的制造环境和经济环境。这一观点的核心是虚拟世界和现实世界不再只是平行的关系，而是互相交融、互相影响的关系。

黄仁勋对元宇宙未来的预测，表现了他对元宇宙"黑客帝国猜想"的乐观态度。黑客帝国猜想是指，一部分人担心一旦虚拟世界的美好体验超越了现实世界的，人们会更喜欢生活在虚拟世界里，甚至会通过脑机接口彻底进入虚拟世界而放弃现实生活。从现阶段的发展来看，数字孪生（digital twins）等技术正在逐渐联通虚拟世界和现实世界，但我们更倾向于认为两个世界最终会走向和谐共存。

黄仁勋进一步认为，在未来，虚拟世界的创意产业规模将远大于物理世界。在虚拟世界中，创意人员能够制造出比在物理世界里更丰富多样的东西。NVIDIA 开发的 Omniverse（全宇宙）系统是一个符合物理定律的共享 3D 虚拟世界，能够支持多人在其中共创内容。

在虚拟世界中会有很多设计师和建造者，而能够创建虚拟世界的基础平台 Omniverse 则是为这些"造物者"而生的。用户和企业可以用它来仿真制造在现实世界中存在的东西，最终实现大规模建造虚拟世界，即用现实数据 1∶1 创造这个虚拟世界。

Omniverse 能够与现实世界高度贴合，其基本特征之一是遵循物理定律，可以模拟出粒子运动、液体属性等，甚至可以制造出机器的弹簧和线缆等部件。现实世界所有的东西，都可以在虚拟世界再做一次。

同时，Omniverse 也能通过数字孪生等技术将现实世界映射到虚拟世界中，从而让人们以更高的效率来开发和制造产品。

宝马集团正在借助 Omniverse 打造未来工厂，该未来工厂将是一个自始至终完全采用数字和模拟技术设计并实现的出色的数字孪生模型。它可以连接企业资源规划系统，模拟工厂的吞吐量，模拟新的工厂布局，甚至可以成为现实工厂员工的控制面板，员工通过它对接入系统的机器人发出指令进行远程操作。

根据 NVIDIA 网站的官方描述，我们可以将元宇宙视为众多虚拟世界的集合，也就是说它具有多元化的特点，不会与任何单一的应用或场景（不管是数字场景还是真实场景）绑定。而 Fortnite、Roblox 等当下热门的大型元宇宙游戏平台也反映出这一特点。

1.1.3　腾讯：元宇宙是虚实交互的全真互联网

在 2020 年，马化腾在腾讯的内部刊物《三观》中提出了"全真互联网"的概念。他认为：元宇宙意味着线上线下的一体化，实体和电子方式的融合；元宇宙将为我们打开联通虚拟世界和真实世界的大门，而无论是从虚到实，还是由实入虚，元宇宙应用都应该致力于为用户提供更"真实"的体验。可见，腾讯认为元宇宙最有吸引力的一点是用户体验。我们可以认为这也是对元宇宙的一种阐释。

为了能让用户参与到虚拟世界的研发建设中，腾讯着力打造由软件驱动而非由硬件驱动的元宇宙平台，因为只有注重软件才能带来更好的用户体验。

在元宇宙社交领域中，一些企业容易忽略对用户社区的建设，而腾讯在社区建设上已经有相关的功能性产品作为基础，比如 UGC、PGC 工具及社区服务器等。

在社交和游戏领域均有深厚"功力"的腾讯也没有忽略在元宇宙游戏上的布局。

腾讯在 2019 年就与 Roblox 达成战略合作，并在 2020 年 2 月参与了 Roblox 的 G 轮融资。此外，腾讯还握有 Epic 游戏公司 40% 的股份。这家公司开发的虚幻引擎（Unreal Engine）为育碧、任天堂、艺电、2K Games 等游戏大厂提供支持。同时，Epic 游戏公司也是元宇宙游戏平台 Fortnite 和元宇宙专业"捏脸"软件 MetaHuman Creator 的开发企业。现在，腾讯涉及的元宇宙游戏包括星际基地主题的《我们的星球》、海岛主题的《艾兰岛》以及开放世界主题的像素类沙盒手游《神角技巧》等。

在 2021 年年底，腾讯音乐娱乐集团（TME）推出了国内首个虚拟音乐产品 TMELAND。这个产品基于端云协同等创新技术，为用户构建了一个虚拟的音乐世界。用户可以在这里创造个人专属的虚拟形象，与其他人交流互动，还可以通过虚拟直播、虚拟演唱会等数字场景，感受现实与虚拟结合的沉浸式音娱体验。

在 2021 年跨年夜时，共有 110 万名乐迷进入 TMELAND 虚拟跨年晚会，高峰期近 10 万人同屏在线互动。用户可以使用其虚拟形象在 TMELAND 上同全球的乐队和音乐人一起跨年。而这种虚拟音乐节的活动形式是由 Fortnite 最先尝试开展的，TMELAND 的跨年晚会是对该游戏平台的一次致敬。

此外，由腾讯和中国网安等企业联合建设的可信存证区块链平台至信链已经被用于腾讯旗下的数字收藏品平台幻核中。

预测未来最好的方式是创造它。如今，社交媒体平台、游戏公司、设备厂商和软件服务商、电信服务商以及其他客户企业都在积极构想和创建初代的元宇宙。它们定义的元宇宙以及对元宇宙的布局将在很大程度上决定未来元宇宙世界的生态体系、经济基础，以及元宇宙居民的生活、社交和工作模式。这些初代元宇宙的创建企业对元宇宙的定义和产业布局总结如表 1-1 所示。

表 1-1 部分元宇宙企业对元宇宙的定义和布局

代表公司	代表人物	主要观点	元宇宙布局	代表平台和应用
Meta	马克·扎克伯格	元宇宙是移动互联网的继承者，用户不仅可以查看其中的内容，还可以置身其中	①技术：增强现实技术、EMG体感和神经交互技术 ②企业联合和并购：虚拟世界游戏开发商Within	①设备：Oculus Qeust2 VR 头显 ②应用：Horizon系列
NVIDIA	黄仁勋	元宇宙是一个"真实"的世界，有相应的制造和经济环境。用户能够在符合物理定律的共享虚拟 3D 世界中，进行与现实世界高度贴合的创造。同时，用户能够通过对现实世界的模拟，以更高的效率来开发和制造产品	①技术：数字孪生技术、图形计算、通用场景描述技术 ②企业联合和并购：Intel、微软	平台：NVIDIA Omniverse
腾讯	马化腾	元宇宙意味着线上线下的一体化，实体和电子方式的融合。元宇宙将为我们打开联通虚拟世界和真实世界的大门，无论是从虚到实，还是由实入虚，元宇宙应用都致力于为用户提供更"真实"的体验	①领域：元宇宙游戏、元宇宙音乐、元宇宙社交 ②企业联合和并购：Roblox、Epic	①游戏平台：罗布乐思 ②数字收藏品平台：幻核 ③区块链平台：至信链

1.1.4 其他大厂对元宇宙的定义

你有你的元宇宙，他有他的全宇宙，我有我的 X 宇宙。

在硬件和软件系统生态上的硬实力让苹果公司成为元宇宙玩家生态中最重要的力量之一。

苹果公司的首席执行官蒂姆·库克并不愿意使用"元宇宙"这个词："在苹果，我们把它称为增强现实。"

增强现实（Augmented Reality，AR）应用是苹果重点布局的元宇宙应用。简单来说，增强现实是一种在现实世界上叠加一层虚拟信息的交互方式，我们熟悉的增强现实应用包括《宝可梦GO》手机游戏。这种交互方式不会分散你对物理世界的注意力，而是加强现实世界与虚拟内容之间的融合和互动。

在苹果看来，未来的世界是一个通过 AR 技术联通虚拟世界和现实世界的开放世界。开放的增强现实技术可以增强我们与现实世界的"对话"，并真正放大技术对现实生活的价值，而不是把现实世界封闭起来。

业界预测，苹果将于 2022 年年底推出增强现实头戴式显示设备，此外苹果的虚拟现实新产品也已经进入测试阶段。这些都被看作取代 iPhone 的"下一代交互设备"。迄今为止，苹果申请的 AR、VR 相关专利已经超过 2000 多项，投资的领域包括仿生芯片、超宽频芯片、传感器、Micro LED 屏幕、光导波、可追踪定位的空间声场技术等。

但是在现阶段，苹果相对封闭的生态和元宇宙倡导的开放、去中心化的生态之间矛盾重重。2020 年 8 月，苹果公司下架了元宇宙概念游戏 Fortnite，因为该游戏更新后允许玩家绕过苹果的支付系统并以高达 20% 的折扣直接在游戏内购买虚拟代币 V-Bucks。随后，Fortnite 的所有者 Epic 游戏公司指控苹果公司通过限制支付渠道进行垄断。

苹果和 Epic 的这次摩擦，既是元宇宙新旧势力的一次直接对抗，也是在未来世界定义权上的短兵相接。

在国内，腾讯在元宇宙上积极布局，百度推出了希壤，网易上线了伏羲，字节跳动收购了虚拟现实设备公司 Pico，阿里巴巴深耕蚂蚁链，京东提出了产业元宇宙……

企查查上的数据显示，截至 2022 年 1 月，国内元宇宙相关商标的申请数量突破 16 766 次，其中就包括"网易元宇宙"。2021 年年底，网易推出了面向元宇宙的下一代互联网技术架构，并推出其虚拟人 SDK（软件开发工具包）"有灵"以及沉浸式活动系统"瑶台"。

谁也逃不过"真香定律"。

1.2　元宇宙初探：透过 Roblox 和 Decentraland 看元宇宙

从封闭走向开放，从游戏工作室主导到玩家主导，是 Roblox 和 Decentraland 等元宇宙游戏应用与《王者荣耀》《魔兽世界》等游戏最大的不同。

在这一节，我们将透过 Roblox 和 Decentraland 这两个最具元宇宙特性的游戏平台来了解元宇宙的世界观和价值观。

1.2.1 进入 Roblox 和 Decentraland

当你第一次接触 Roblox 或者 Decentraland 时，你可能会对元宇宙产生一丝怀疑，甚至失望。在这两个由像素构成的 3D 虚拟世界里，画面是粗糙的，人物动作是僵硬的。虚拟世界划分为一个个虚拟空间，这些虚拟空间被竞技飞车或者房间装扮之类简单的游戏所填充。

在这一刻，你可能会不自觉地点击退出按钮，开一局《王者荣耀》。"王者山谷"此刻绿草成荫，温顺可爱的河道蟹、毛茸茸的三只熊、憨态可掬的蓝 buff，这些都让人有更逼真的视觉体验，甚至连防御塔上的灯光都那么柔和亲切。

那么，为什么还有那么多的玩家沉浸在 Roblox 和 Decentraland 这种简单粗劣的沙盒游戏中呢？

在传统的手机游戏或者电脑游戏中，"开黑"和"吃鸡"带给用户的喜悦是短暂的。在一轮一轮的对战之后，除了练就更快的手速和获得虚幻的王者称号，并没有留下更深刻的东西。当游戏结束后，当玩家的多巴胺消退后，游戏中产生的一切都留在了王者山谷，玩家付出的一切都归于腾讯。

无论是《王者荣耀》还是《绝地求生》，游戏画面的逼真和人物设定的丰满都无法掩盖其自身的封闭：玩家不能自己创建角色，不能自己创造地图，不能建造自己喜欢的装备。在这些游戏里，玩家拼的是体能和财力，而非玩家自己的创意和想象力。而体能和财力是有限度的。

游戏应用的生命周期，不仅取决于玩家的热情，还取决于游戏工作室的"造血"能力。而现实是，游戏工作室对游戏应用也逐渐减少更新和投入。

从封闭走向开放，从游戏工作室主导到玩家主导，Roblox和 Decentraland 实现了重要的变革。

Roblox 并不只是一款元宇宙游戏应用，还是一个供用户开发游戏的平台。Roblox 官方网站上的数据显示，Roblox 平台上活跃着 700 万名游戏开发者，他们开发了超过 1800 万款游戏。Roblox 独特的游戏开发和发行体系让这些游戏开发者总计分走了 2 亿美元的游戏相关收益。

在 Roblox 平台上，玩家可以使用 Roblox Studio 提供的可视化游戏开发工具建造一个属于自己的街区或者开发一款自己设计的游戏。Roblox Studio 是一个免费的 3D 游戏开发引擎。利用Roblox Studio 上官方提供的或者玩家分享的素材部件（如鱼塘、汽车、房子、雪人等部件），一个新手可以在 5 分钟内在一块空地上建一个小镇或者一个赛车场，并在 Roblox 游戏平台上发布。

如果你有一点编程基础，就可以利用 Roblox Studio 内置的Lua 编程语言，模拟《王者荣耀》建设一个简单版的"王者山谷"，再加入一些系统怪物，设计出一款打怪游戏。任何玩家都可以使用 Roblox Studio 和 Lua，在游戏画布上构建场景、制造武器等装备、创建玩家角色、设计场景与物体交互机制和事件触发机制，并在 Roblox 平台上发布。在这里，对构成游戏的角色（player）、物体（part）、地图（terrian）都可以通过改变其参数和属性进行深度定制。比如，在游戏里，你可以改变引力大小，来模拟外星球的场景。在游戏里，玩家还可以自定义游戏规则、奖励机制，甚至可以开发向其他玩家收费的虚拟物品和虚拟服饰。

Decentraland 是一个 3D 版的沙盒游戏。与传统游戏相比，Decentraland 最大的特点是去中心化的游戏规则和治理方式，这是一个由用户拥有并且管理的虚拟世界。

Decentraland 是由 Decentralized（去中心化）和 land（土地）两个英文词合成的。Decentraland 之所以称自己为去中心化游戏，一方面是因为玩家参与到该游戏平台的管理中，另一方面是因为它是建立在区块链基础上的游戏。

区块链的最突出特征就是去中心化。Decentraland 上的土地由直角坐标来划定，其信息存储在以太坊智能合约中，由区块链确权并且记录其所有交易。

Decentraland 的土地是经过以太坊区块链上链并确权的虚拟资产，其性质类似于比特币。用户可以在游戏内部或者通过 OpenSea 等第三方 NFT 市场进行 Decentraland 的土地交易。目前，Decentraland 上的"地王"是 Fashion Street 地块，总成交额约为 242 万美元（61.8 万枚 MANA）。

玩家可以在 Decentraland 的 90 601 块虚拟土地中购买一块成为土地领主。土地领主在其领地上构建的建筑、游戏、其他应用程序，都会被编码为智能合约。Decentraland 拥有自己的独立经济系统并发行自己的虚拟代币 MANA，用户可以自由买卖和租赁这些虚拟土地，并且在自己的领地通过收取玩家费用或者出租广告位来获得收益。

Fashion Street 是一个玩家流量很大的区域。2022 年 3 月 24 日至 27 日，Decentraland 首届元宇宙时装周就在 Fashion Street 成功举办。众多品牌负责人、艺术家和设计师齐聚虚拟时装周，搭建虚拟展厅，展示虚拟服装、NFT 艺术品。参展品牌包括 Dolce&Gabbana（以下简称为 D&G）、Jacob&Co 及国潮代表品牌之一郭培。

除了可以购买土地，玩家也可以通过为领主或者虚拟建筑商采集木材、石材或者钢材换取虚拟报酬。玩家还可以选择去私人领地里的披萨店或者溜冰场当服务员来获取报酬。

Decentraland 不仅是一个"网上房地产"交易平台，还是一个去中心化的元宇宙世界雏形。用户的角色从"玩家"转变为"领主"，流量可以兑换为虚拟代币，这都表明元宇宙将从根本上改变游戏生态和用户未来的数字化生存方式。

在元宇宙中，唯一的限制，就是你的想象力。

基于以上内容，我们从平台定位、玩家定位、身份继承、管理方式、运行周期以及经济体系 6 个方面总结元宇宙的特征，如表 1-2 所示。

表 1-2　从 Roblox 和 Decentraland 分析元宇宙的特征

方面	Roblox	Decentraland	共同点
平台定位	为每个用户提供自由想象和创造的 3D 沉浸式体验	基于以太坊，由用户共同拥有并治理的虚拟世界平台	3D 沉浸式虚拟世界
玩家定位	玩家既是参与者也是构建者。玩家有权制定其他玩家在自建社区需要遵守的规则，并且可以从自己设计的游戏中分成	玩家是虚拟世界的构建者。玩家有权制定其他玩家在自建社区需要遵守的规则，并且可以从自己设计的游戏中分成	玩家即创作者
身份继承	在 Roblox 体系内，数字替身的身份及附属的财富可继承	在 Decentraland 的不同社区里，数字替身的身份及附属的财富均可继承	身份和附属品可继承

15

（续）

方面	Roblox	Decentraland	共同点
管理方式	平台没有限定的系统游戏任务，没有时空限制，玩家可以自由探索、自主开发	平台上的社区由去中心化组织管理。组织成员可以参与创建平台上的规则及策略，包括物品出售规则、内容审核制度、土地政策、拍卖机制等	去中心化的社区治理和平台管理方式
运行周期	玩家的体验不会暂停、重置或者结束。无数的玩家和创作者让整个社区日夜不停地"进化"	玩家每时每刻都在这些虚拟土地上进行建设和创造	"永续"运行
经济体系	Roblox 发布了一种名为 Robux 的虚拟代币。创作者可以自行定价，设计商业模式，比如打广告、做营销活动、与外部资源合作	Decentraland 发布了虚拟代币 MANA，并对以数字艺术品为主的 NFT 进行交易，使用智能合约来管理土地，将土地的所有权和交易历史等记录在难以篡改的区块链上	由虚拟货币体系和区块链支撑的独立的经济体系

1.2.2　元宇宙的世界观

我们创造和使用科技，不仅为了满足衣食住行的欲望，还为了通过科技的眼睛认识世界，进而创造一个更好的世界。在元宇宙世界中的居民也要有一套适合的世界观和价值观。了解了元宇宙用户的世界观和价值观，我们才能更好地认识什么是元宇宙，并理解元宇宙的运行方式和生态系统。

为什么《王者荣耀》和《魔兽世界》不属于元宇宙范畴，而Roblox 和 Decentraland 却代表着元宇宙的初级形态？

原因不在于这两类游戏的画面渲染效果，甚至不在于玩家的体验对比。两类游戏最关键的差异就是，在 Roblox 和

Decentraland 上，用户会自然地产生另外一套世界观和价值观。这套世界观和价值观，不仅指引着玩家的行为，也体现了游戏平台的运行规则。

元宇宙用户的世界观如图 1-1 所示。

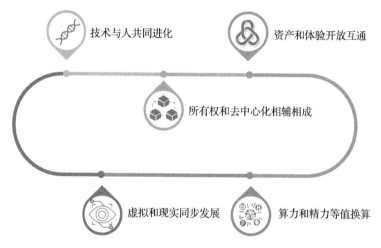

图 1-1　元宇宙用户的世界观

1. 技术与人共同进化

创意与科技碰撞，想象力与算力结合，用户的参与和技术的进步共同推动元宇宙的永续进化。我们用技术元素（technium）来表示人类的创造，它不仅包括硬件，还包括文化、艺术、社会制度以及各类思想，这些技术元素在遵从人类的设计和指令运行的同时，也在不停地自我进化。

1994 年，《连线》杂志的创办人、科技世界的观察者凯文·凯利出版了影响力遍及科技和互联网世界的著作《失控》。

在这本书中，他努力向我们传达一个看似天方夜谭的观点：机械的系统逐渐生命化，生命的系统逐渐机械化。人与物正在双向并进。在他看来，技术是和人类共同进化的，并且这种进化已经从石器时代人类使用木棒石块时就已经开始了。

相比于石刀、印刷机、蒸汽机车和电动汽车，元宇宙是更加复杂的技术元素。元宇宙的出现离不开数智化变革。

得益于智能传感器、边缘计算、云计算以及物联网技术的飞速发展，我们正在经历从数字化到数智化的变革。数智化是数字化发展到一定程度的产物。它要打破信息的孤岛，把数字化之后的人、物、流程以及信息连接起来，让数据、算法和算力发挥最大的价值。

数智化的一个应用就是数字孪生。综合 IBM 和华为对数字孪生的定义，我们可以认为数字孪生是一个对现实世界存在的设备、系统或者流程进行映射的虚拟模型。它综合运用感知、计算、建模等信息技术，基于映射对象的物理模型、实时状态等，通过仿真过程再现物理世界的形状、属性、行为和规则，它可以在虚拟空间中同步更新状态，反映物理世界对象的全生命周期过程。简而言之，通过数字孪生技术，系统能模拟物理世界中的事物。当我们为一座工厂构建出数字孪生模型后，就可以基于该模型对工厂设备的运行和生产状态进行实时监测，以优化生产流程和资源配置，实现智能化生产。

如果我们去试玩 Fortnite 或者 Roblox，可能会惊叹于这些游戏的"进化"速度。自从 2017 年上线以来，Fortnite 的开发公司 Epic 就不断添加新的元素（如流星）和规则，让玩家能够自由地通过这些元素和规则去创造游戏。

元宇宙的世界没有暂停或者离线，无论你在不在，元宇宙就在那里，不断进化，生生不息。如果你是一个 Decentraland 的领主，无论你是否在线，你的领地和领地上的建筑、应用都会正常运转，其他玩家在该领地上活动所贡献的虚拟代币收益也会源源不断。

如果你是一个 Roblox 玩家，你会发现这个平台从原本简单的游戏平台成了一个用途更加多元的虚拟社区。它从游戏平台扩展为教育平台、聚会中心、艺术品展厅、品牌社区，甚至新的就业渠道。

如果你是另外一个元宇宙沙盒游戏 The Sandbox 的玩家，你可以通过 The Sandbox 提供的 VoxEdit 建模素材包，轻松设计和创建资产，用来开发游戏或者将其放到市场上出售以获取利润。

The Sandbox 的游戏制作器让 100 万用户来开发自己的领地，设计游戏场景、角色及游戏机制。这个由 100 万位领主和虚拟建筑设计师共同参与构建的元宇宙虚拟世界也无时无刻不在进化。

2. 所有权和去中心化相辅相成

Decentraland 平台上有 90 601 块土地，它们依靠区块链技术以 NFT 形式售出，并且以智能合约的方式进行管理。

这些土地由玩家（包括三星等企业玩家）拥有或者租赁，也由玩家决定其用途：数字收藏品展厅、虚拟商店、游戏厅或者披萨店。同时，土地拥有者或者租赁方还可以决定其他玩家在自己土地上的游戏规则并自主决定该土地盈利的模式。

那么如何确保土地拥有者拥有自主权，并且平衡其与非土地拥有者的游戏体验呢？Decentraland 平台的系统在底层绑定区块链和智能合约，在上层通过去中心化的社区自治组织把社区治理的权力下放到用户。通过该自治组织，Decentraland 的代币持有者可以直接对游戏内容和组织制度进行表决。表决范围包括对平台资金的投资方向以及游戏整体的机制等重大事项。

例如，2021 年 12 月 21 日，在 Decentraland 建立音乐社区 BeatBlox 的提案以 95% 赞成和 5% 反对通过。3 天后，一个在天空中增加土地和游戏元素的"垂直城市"提案以 98% 反对而被放弃。

Epic 公司的首席执行官蒂姆·斯威尼认为，元宇宙并非出自哪一家行业巨头之手，而是数以百万计的人们共同创作的结晶。每个人都通过内容创作、编程和游戏设计为元宇宙做出自己的贡献，并通过社区参与和协作互动为元宇宙增加价值。

The Sandbox 联合创始人兼首席执行官塞巴斯蒂安·博杰表示，他不太热衷于支持 Meta 等大型科技公司加入元宇宙。他进一步解释说，大型科技公司可能会威胁到元宇宙的去中心化，因为它们的商业模式与元宇宙的去中心化设定可能背道而驰。

由 Animoca Brands 推出的 The Sandbox 是一个社区驱动的元宇宙平台。创作者可以通过构建三维像素艺术品、参与社区和游戏的设计而获利。The Sandbox 使用基于以太坊的侧链 Polygon 开发了 NFT 构建器 VoxEdit 以及游戏工具 Game Maker，从技术上保证其去中心化。

3. 资产和体验开放互通

无论是通过区块链技术搭建底层架构，还是经由去中心化的平台治理组织从上层开始治理，元宇宙最终将变成一个开放互通的世界。用户的资产和体验也将在元宇宙中开放互通。

元宇宙的开放互通，表现在以下两个方面。

第一，设备和终端的开放互通。元宇宙可以通过任何设备接入，手机、电脑、头戴式显示设备、苹果 AR 眼镜甚至智能汽车的显示屏都可以成为进入元宇宙的通道。

第二，用户身份和资产的互认互通。首先，用户的元宇宙身份在元宇宙不同平台之间可以互认互通，比如用户在 Ready Player Me 上创建的数字替身，可以在多达 2000 个元宇宙应用中使用。其次，与元宇宙身份相关联的虚拟资产也在不同的元宇宙平台之间互认互通，比如 The Sandbox 平台上的虚拟土地和 Decentraland 上的 NFT 可以在 OpenSea 等平台上进行交易。

元宇宙的数据和内容、数字资产、用户身份甚至游戏装备，都将在不同的元宇宙空间不受阻碍地使用。未来，玩家在 Fortnite 里使用的武器也可以拿到 Roblox 游戏里使用，或者作为数字资产在 The Sandbox 里出售。马克·扎克伯格和专注元宇宙投资的风险基金 EpyllionCo 的管理合伙人马修·鲍尔认为，互认互通是元宇宙需要实现的、最重要的条件之一。

这种互认互通首先在小型元宇宙中实现了。这些小型元宇宙包括 The Sandbox、Roblox、Decentraland 等游戏平台，以及 HyperVerse、Nakamoto 等新兴元宇宙社区。用户可以使用同一个身份在这些平台内的不同场景、街区和游戏中畅通无阻。

那么这些元宇宙平台未来是否也会像 Web 2.0 时代的 Facebook 和腾讯一样走向相对封闭的生态，利用流量和技术筑起高高的城墙和深深的护城河呢？

即使这些平台有这样的想法和勇气，也无法改变元宇宙自身进化的规律。Facebook 自建虚拟代币 Libra 的失败和腾讯对罗布乐思游戏进行锁区带来的玩家抗议就是其中的两个例子。

在未来的元宇宙世界，谁最先筑起第一道围墙，谁就第一个修建了囚禁自己的监狱。

元宇宙的开放互通还体现在虚拟世界和现实世界的联通上。NVIDIA 推出的 Omniverse 被称为连接虚拟世界和现实世界的"虫洞"。Omniverse 的数字孪生技术可以让工程师和设计师构建建筑和设备的数字孪生模型，并实现虚拟对象和现实对象的实时同步。企业和开发者可以在虚拟环境中测试系统，进行软件优化或升级，从而避免系统宕机或降低对实体进行原型设计的成本。例如，Omniverse 帮助 Amazon 建立了一套仓储系统的数字孪生模型，包含全球 200 多个配送中心、50 多万个仓储机器人的映射。这套数字孪生系统能帮助 Amazon 对机器人进行训练，让机器人更智能，也能让仓储系统的设计和流程得到进一步优化。

USD（Universal Scene Description，通用场景描述）技术是 NVIDIA Omniverse 的基础。USD 是一个高性能的可扩展软件平台，用于协同构建 3D 动画并可以在不同建模和设计工具之间切换。简单来说，USD 就是 3D 建模工具、数字孪生以及元宇宙游戏引擎之间可以互认互识、有效沟通的"翻译官"和"协调员"。它可以让工厂里的智能机器人与仓库里的货架机器人"对话"，或者把工程师在 AutoCAD 软件上设计的产品 3D 模型转换成元宇宙游戏里的装备。

现实和虚拟的联通也在加速。由《宝可梦 Go》AR 游戏的出品方 Niantic 公司打造的游戏 *Ingress*，就结合了 Google 实景地图，将虚拟环境与现实地理位置信息结合在一起。在游戏中，玩家将利用手机的 GPS 定位在真实生活中的特定地点展开部署、占领和入侵等游戏行为。Niantic 和 Google 的这种联通和跨界形式会越来越多地出现在元宇宙中。

一个开放互通的元宇宙才满足人们对元宇宙的期待和需求，激发用户的想象力和创造力，进化出向善和可持续的社区，进而形成正向循环，让现实世界变得更好。

而一个由少数人或者少数公司控制的元宇宙，最终会被现实世界排斥。

4. 算力和精力等值换算

作为元宇宙经济体系的重要组成部分，去中心化金融（Decentralized Finance，DeFi）正在逐渐成型。去中心化金融是一种基于区块链的金融活动形式，由智能合约和区块链预言机（blockchain oracle）推动，它不依赖券商、交易所或银行等金融机构提供金融工具，而是利用区块链上的智能合约（例如以太坊）进行金融活动。

DeFi 平台允许用户向他人借出或借入资金，交易加密货币，并可以让用户从借出资金中获得利息。截至 2021 年年底，全球

DeFi 平台的总锁仓价值（Total Value Lock，TVL）[⊖]超过了 2518 亿美元，NFT 总价值超过了 144 亿美元。

在现实世界中，有形的资源如金钱和技术，无形的资源如声誉和影响力，并不能在元宇宙世界中兑换等额财富。元宇宙世界的经济体系建立的基础不是现实世界资源的"虚拟化"转移，而是基于算力、时间以及创造力的价值创造。

元宇宙游戏 Axie Infinity 有一个基本的设定，它鼓励玩家更多地参与到游戏当中，通过培育自己的"宠物"以及参与对战来获取收益，而不是通过现金充值的方式。也就是说，玩家在游戏里的能力值和盈利能力，不是靠现金充值，而是靠在游戏中付出的时间、精力和自身的智慧。

在元宇宙里，玩家在游戏和社交上花费一定时间，或者创造自己的游戏和社区（例如在 Roblox 里参与游戏或在 Decentraland 上建造店铺）是获取元宇宙代币的最可持续的方式。元宇宙独立经济体系的正常运转也依赖元宇宙内部的虚拟岗位就业机会以及各组成部分之间的经济关系。

此外，在元宇宙中也会出现新的职业，例如在 The Sandbox 游戏的构想中，将会出现虚拟世界导游、虚拟店铺导购、虚拟展览策展师等虚拟岗位。玩家可以在游戏中就业，进而获得劳动报酬。

5. 虚拟和现实同步发展

正如图 1-2 所示，元宇宙是一个联通虚拟和现实的世界。我

⊖ 总锁仓价值是衡量金融协议持有的资产总额的指标，也就是管理资产额。一般来说，金融协议中锁仓价值越大越好。这意味着人们实际上愿意将自己的资产锁定在该金融协议中，一定程度上代表了对该金融协议的信任。

们可以通过 VR 设备从现实进入虚拟世界。

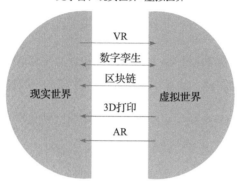

图 1-2　元宇宙的构成

早在 60 多年前，心理学家和计算机科学家约瑟夫·利克莱德就提出了这样一个愿景：在未来的世界中，人类将能够直接与计算机交互以提升能力。在 20 世纪 60 年代，他通过美国国防部下属机构的支持，把自己的想法付诸实施，并且同时设计了互联网的初期架构。他当时的助手和继任者鲍勃·泰勒后来领导了 Xerox 公司帕洛阿尔托研究中心的计算机科学实验室。

在 20 世纪 70 年代，他们将所有一切都整合起来，实现了激光打印机、以太网以及第一台真正意义上的个人计算机。得益于利克莱德和 Xerox 公司帕洛阿尔托研究中心的研究成果，现在无论我们走到哪里，我们都可以随时随地通过 2D 内容交互设备（计算机和手机）来与虚拟世界交互。

计算机图形学专家、Oculus 公司首席科学家迈克尔·亚布拉什认为，通过 2D 内容实现现实与虚拟的交互是人类计算历史上的第一次大浪潮，它几乎改变了我们生活的方方面面。

但这只是故事的起点。迈克尔·亚布拉什认为，只有当我们生活在一个由虚拟和真实交织在一起的世界中时，以人为本的计算才能真正发挥出完全的潜力。这也是增强现实和虚拟现实的全部意义所在。

迈克尔·亚布拉什认为增强现实和虚拟现实将掀起第二次人机交互的革命浪潮，也就是我们说的元宇宙和 Web 3.0。

增强现实和虚拟现实并不是联通虚拟世界和现实世界的唯一桥梁。

NVIDIA 公司推出的 Omniverse 和微软推出的 Mesh，让现实世界的人、工厂、办公室以及机器设备与虚拟世界进行映射、联通和交互。

黄仁勋把 Omniverse 称为"数字虫洞"：未来任何计算机都可以连接到 Omniverse，并将 Omniverse 中的一个世界连接到另一个世界。未来会有很多的设计者、创造者首先在元宇宙中设计数字事物，然后才在现实世界中去实现该设计。

NVIDIA Omniverse 将人和计算机连接起来，并联通另一个世界。

虚拟世界和现实世界的联通还包括去中心化的管理模式和经济体系的打通。这不仅需要想象力，还需要元宇宙生态上的参与方共同努力，让虚拟经济和现实经济有效融合并且实现双赢。

但是联通虚拟和现实还存在很多挑战。Epic 公司副总裁马克·佩迪特认为开放性是元宇宙的关键，但实现开放是个庞大的工程。

比如，目前已经有了 glTF 与 USD 两种领先的 3D 图形文件格式，但各平台还没有就材质表征的实现方法达成一致。这个领域尽管已经取得了一些进展，但真正的开放和统一还未实现。部分专有技术的作用仍然很重要，但它们还没有被真正转移到开放空间。

除了 3D 图像的格式，各个平台对于虚拟世界里的玩家规则和宇宙定律的设定思路也并不统一。首先是游戏里的交互设计，比方说角色怎么移动、车辆怎么自动驾驶；然后是对物理定律的模拟和定义。

作为用户，我们可能希望每一个虚拟世界的规律都跟现实世界保持一致，但是不同的游戏厂商和平台运行的逻辑和对虚拟世界中行为方式的设计却各不相同。

6. 如何判断一个游戏或者应用是否属于元宇宙

判断一个游戏或者应用是否属于元宇宙，其内容的呈现方式（3D 或者 2D）或者交互媒介（头戴装备、穿戴式装备、手机、个人电脑）并不是判断的依据。

根据元宇宙世界观，我们可以概括出元宇宙的 6 个特性，包括：

- 数字化和 3D 化
- 永续进化
- 去中心化
- 开放互通
- 有独立经济体系
- 联通虚拟与现实

我们可以根据图 1-3 的流程去判断一个游戏或者应用是否属于元宇宙。

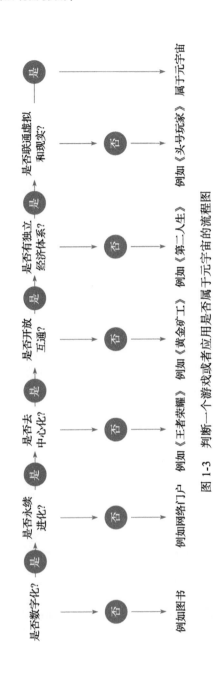

图 1-3　判断一个游戏或者应用是否属于元宇宙的流程图

给你出个题。根据你对以下游戏或应用的了解，判断它们是否属于元宇宙范畴：《集合啦！动物森友会》《魔兽世界》《第二人生》《剑与远征》《QQ 飞车》、脉脉、抖音、百度希壤、腾讯幻核。

答案是，除百度希壤和腾讯幻核外，都不属于元宇宙的范畴。

1.2.3　元宇宙的价值观

社会心理学家弥尔顿·罗基奇在 1973 年提出的价值系统理论中，总结归纳了两类价值观。这两类价值观描述如下。

- 终极价值观，体现了人类理想化的生活目标，包括：真正的友谊、成熟的爱情、自尊、快乐、内心和谐、自由、社会认可、成就感、舒适的生活、有激情的生活。
- 工具性价值观，体现了实现理想化目标的过程或者方式，包括：乐观、向上、自控、勇气、诚实、智慧、助人、独立以及富于想象。

价值观能够体现人的需求。那么，人们为什么需要元宇宙？通过元宇宙，人们最终实现了哪些本质性的需求？可能每一个人的答案都不一样。

这个问题的答案和用户在元宇宙中的价值观是密切相关的。元宇宙的价值不在于提供一个新的沟通渠道和社交平台，也不在于虚拟代币、NFT 以及相应的玩家收益，更不在于其新奇有趣的三维形式。

如果说虚拟世界是现实世界的理想化映射，那么人们在现实世界的价值观也会反映到虚拟世界中。结合前面提到的两类价值观，我们把元宇宙的价值观简化为两点——自由和自在，如图 1-4 所示。

图 1-4　元宇宙的价值观

1. 自由

在科幻作家、诺亦腾科技副总裁陈楸帆看来，我们在元宇宙中探寻的是一种自由。他认为，无论对现实世界的映射，还是数字孪生模型，或者是去中心化的交易与虚拟代币的流通，都是对单一物理时空局限性的突破，是为了实现更高维度上的自由。

在现实世界中，我们的生活和工作存在着局限和约束，这些局限和约束体现在以下 4 个方面。

（1）时空限制

虽然我们都喜欢诗和远方，但是大部分时候我们真正去远方不但需要考虑交通工具和时间成本，而且受限于有形和无形的条件，比如护照、签证和临时交通管制等。

（2）身份认同

在现实的世界里，我们的行为不仅受限于时空，也受限于身份。这种身份的认同是我们在现实世界中生存的通行证，如同 Token 之于计算机网络。

身份认同决定了我是谁、我应该做什么，也决定了我应该戴什么表、开什么车。一旦身份认同被打破，我们会面临被社群排斥、被异化的风险。

（3）经济条件

在消费主义时代，大多数美好的体验都基于购买力。从衣食住行到求职创业，我们大部分的生活选择和人生决策都受限于经济条件。在现实世界中，没有经济条件我们无法实现"车厘子自由"和"泡泡玛特自由"。

（4）社群规则

大到国家和社会，小到公司、社区，我们的一言一行都受到群体力量的约束和规范。

正在不断自我进化的元宇宙，将部分消除这 4 种局限性。

首先，我们将摆脱时空的限制。借助 VR 头显设备，我们可以同时出现在客厅和演唱会现场，也可以穿越到过去和未来。

其次，在元宇宙中，我们可以表达真实的自我，而不用在意在现实世界中外界给我们贴上的无数标签。在大多数时候，只要我们愿意，数字替身的正常活动轨迹和合规数据都可以被隐藏起来。

再次，元宇宙可以让我们获得更丰富的体验，比如体验攀岩、驾驶飞机、太空旅行等。而在现实世界里，这些体验需要我们具备相当的经济实力。此外，前面提到元宇宙具有独立的经济体系，这也将会为玩家提供赚取虚拟代币的机会。玩家经济和创作者经济是未来元宇宙经济的重要商业模式，也造就了众多玩家在元宇宙世界里实现"一个小目标"的梦想。

最后，元宇宙也让人类释放出更强大的想象力，提高我们存续人类文明的能力。看似无序的创意累积过程，终将爆发出无限的创造力，推动我们的文明走向星辰大海。

2. 自在

美国发明家、Google 工程总监茨魏尔大胆预测，至 2030年，人们花在元宇宙上的时间将超过活在真实世界中的时间。在虚拟世界中每个人都需要找到"自我"和"存在"，这是元宇宙培养用户黏性和忠诚度的关键。

我们把这种价值观称为"自在"。元宇宙"自在"的价值观体现在自我映射、自我表达、自我探索、自我实现和自我延续 5个方面，如图 1-5 所示。

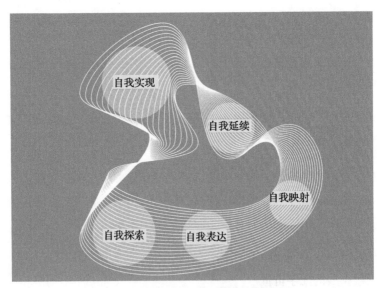

图 1-5　元宇宙自在价值观的 5 个方面

（1）自我映射

用户通过数字替身把现实中的自我投射到虚拟世界。与传统的游戏和社交网络不同，元宇宙的数字替身形象可以由用户自己定制，用户可以按照自己的喜好对其增加个性化的装饰。而这个数字替身的定制化形象在元宇宙的同一平台内，甚至未来在整个元宇宙中都是通用的。

（2）自我表达

用户希望在元宇宙世界创造一个理想化的自我。这个理想化的自我，是用户在元宇宙世界中的一种自我表达。

奢侈品品牌 GUCCI 和 D&G，流行时尚品牌 Nike 和 Adidas，都尝试在虚拟世界中帮助玩家完成自我表达。Nike 公司早在 2019 年就申请了 CryptoKicks 系列虚拟球鞋的专利并在 Roblox 上建立虚拟社区 Nikeland。用户可以在 Nikeland 里选择个性化装备，或者建造自己设计的运动场，把自己的创意变为现实。

（3）自我探索

元宇宙对于用户不仅是一个游戏或社交平台，还是一个全新的世界。元宇宙之所以具有诱惑力，就是因为它是未知的，并且是可以被创造的。用户在探索元宇宙的过程中激发自己的创造力，既探索未知的世界，也探索未知的自我。

Loot 是由 Vine 的联合创始人 Dom Hofmann 推出的一个基于文本的元宇宙游戏和 NFT 项目，目标是创建一个去中心化、无限扩展的元宇宙世界，其中包含故事、游戏和多媒体类型的内容。Loot 是 NFT、游戏、艺术、故事和多媒体的集合，允许用户自由探索如何建立一个自己心目中的元宇宙。

（4）自我实现

在元宇宙世界里，用户可以把自己的想象变成现实，通过协作让虚拟世界变得更加"宜居"，这也为现实世界带来了正向反馈。

元宇宙不是让生存更容易，而是让生命更不同。中国社会科学院财经战略研究院研究员、中国社会科学院大学教授李勇坚在《元宇宙炼金术：元宇宙、符号消费与自我实现》一文中表示，从现实到元宇宙，一个根本的变化是个人地位的符号多元化。每个人都可以在元宇宙空间里充分发挥自己的才能，从而在元宇宙中持续创造文化价值、心理价值等虚拟价值，这有利于不同的人在不同空间的自我实现。

Fewocious 是一位被元宇宙世界接纳并实现了自我的元宇宙艺术家。虽然 Fewocious 希望成为一个艺术家，但是家人希望他成为一名医生，竭力阻止他的创作。为了不让家人发现，Fewocious 只能放弃画笔和画布，开始用平板电脑作画，并在17 岁时开始尝试把自己的画作做成 NFT 售卖。2020 年 9 月，Fewocious 在 SuperRare 上出售了其第一幅 NFT 作品，该作品受到了买家的欢迎。佳士得数字艺术专家诺亚·戴维斯认为，Fewocious 把深藏心中的想法通过绘画表现出来，在残酷的现实中向世界展示了他美丽的灵魂。2021 年 3 月，Fewocious 与RTFKT Studios 推出联名 NFT，这一系列 NFT 作品包括虚拟的运动鞋和其他商品（如图 1-6 所示），开售仅七分钟便有超过 600次购买，成交总价值超过 310 万美元。

图 1-6　Fewocious 与 RTFKT Studios 推出的联名 NFT（来源：opensea.io）

（5）自我延续

玩家可以在元宇宙世界中拥有虚拟资产，并且能通过付出时间、算力和创造力获得收益，具体有 participate-to-earn（参与赚钱）、play-to-earn（玩游戏赚钱）、work-to-earn（工作赚钱）和 invest-to-earn（投资赚钱）等获取收益的方式。

并且，我们也有可能像科幻剧中描绘的一样，在自己的肉体消失之后将意识数字化，上传到元宇宙中，继续"生活"。

当然，这一想法的实现不仅涉及技术的范畴，也涉及道德的范畴。幸好，意识可以在元宇宙中独立生存之前，我们还有大把的时间来思考和争论。

1.3 元宇宙的生态体系

元宇宙的一线曙光已经照射在营销从业者的沙丘上，让我们可以远眺它模糊而巨大的身影。我们对元宇宙理解上的障碍，一部分原因在于对它的"经济基础"（比如区块链、智能合约 ERC-20/ERC-721/TRC-20、分布式加密和存储、空间计算、NFT、数字替身技术等）和"上层建筑"（比如数字替身装扮、超级虚拟秀场、XR、开放式游戏、玩家造物中心等）并不了解。

元宇宙可以分为 7 个层级。这 7 个层级是从元宇宙的生态构成和应用来进行划分的。《玩转游戏》作者乔·拉多夫把这 7 个层级分为体验、发现、造物、空间计算、去中心化、虚实交互以及基础设施。我们可以通过图 1-7 来了解元宇宙的 7 个层级。

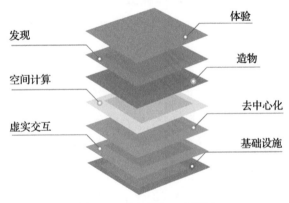

图 1-7　元宇宙的 7 个层级

1.3.1 体验

乔·拉多夫认为，元宇宙是对现实空间、距离和物体的"非物质虚拟化"（dematerialization）。这种非物质虚拟化使现实中的一切都成为用户的虚拟体验，构建了元宇宙的体验层。它有利于可持续发展和环境资源保护，能够用更少的自然资源来生产满足人们需要的商品或者服务。比如奢侈品品牌和运动品牌推出的虚拟服装就是非物质虚拟化的一个例子。

具体来说，元宇宙的体验层包括元宇宙游戏、社交、购物等平台和应用，甚至包括元宇宙的工作和协作平台。这些平台和应用不仅运行在我们的 VR 头显上，而且已经渗透进我们周围的各种智能终端设备中，比如在 Switch 游戏机上运行的 Fortnite 游戏，从智能手机上下载的 Axie Infinity 游戏，以及在电脑上运行的微软 Teams 会议软件。

非物质虚拟化让之前稀缺而触不可及的体验变得触手可及。元宇宙的体验层，为我们熟悉的一切带来全新的沉浸式体验。

通过 Fortnite，我们可以在前排观看在现实世界中一票难求的 Travis Scott 现场演唱会；通过 VR 头显设备，我们可以穿越到寒冷的北极观看北极熊，也可以穿梭到几亿年之前亲眼目睹生命的进化；在 Roblox 上，我们可以在虚拟教室中学习牛顿的三大力学或计算机编程基础；借助 Echo VR，我们可以在失重的空间里和朋友们一起打游戏、健身。

在元宇宙世界里，无论游戏、社交、工作还是购物，我们不仅会获得参与的快感，同时会获得创造的愉悦。通过 VR 设备或者数字化替身，我们可以在元宇宙的世界里进行建设和创造，甚至可以通过我们的创造获取虚拟代币。

创造能令人获得比参与更深刻的沉浸式体验。

1.3.2 发现

发现层是人们进入元宇宙的门户，但它不是元宇宙世界的搜索引擎，也不是元宇宙世界的个性化推送。否则，未来元宇宙的"流量"和"社交货币"将变得中心化，这和元宇宙发展的趋势是背道而驰的。乔·拉多夫把元宇宙的发现机制分为主动（inbound）和被动（outbound）两种类型，每种类型下具体的用户发现手段如图 1-8 所示。

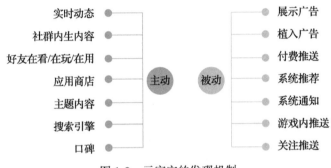

图 1-8　元宇宙的发现机制

我们熟悉的展示类广告、付费推送等数字营销时代常用的手段在元宇宙的初期依然适用，但是其作用和效果会大大降低。

实时动态是元宇宙的第一个主动探索入口。它聚焦于此时此刻元宇宙世界正在发生的事情和其他玩家的实时动态。这是对现实世界的真实模拟：当我们走入一个房间参加会议或者走进一个篮球场准备加入一场 3 对 3 比赛时，我们看到的是正在进行的会议或者正在进行的比赛。

在元宇宙中，有价值的内容（包括用户信息、社群活动记录、未知游戏攻略等）更加易于传播和分享，甚至内容本身成了元宇宙的重要资产，具有和 NFT 同样的价值。

元宇宙在对现实世界进行非物质虚拟化的同时，也正在使社群机构数字化。基于兴趣、行为和关系 3 个维度组成的元宇宙群体可能是我们在元宇宙世界中最常见到的社群组织类型。

1.3.3　造物

我们一直在想象和创造一个更美好的时代，我们使用的创作工具也发生着改变。在 Web 1.0 时代我们使用博客、美颜相机和 Adobe Photoshop，在 Web 2.0 时代我们使用手机摄像头、剪映和效果滤镜。

元宇宙将赋予我们更大的创作空间。甚至可以说，在元宇宙时代人人都可以成为"造物主"。

表 1-3 展示了生产内容的几个阶段。

表 1-3　内容生产的不同阶段

时期	创作者	工具
Web 1.0 时代	数量稀少 需要使用专门的技能和经过长时间的培训	PHP、JavaScript、Java、C#、Adobe Photoshop、Maya
Web 2.0 时代	数量较少 需要了解相关机制并经过适当培训	Lua、Adobe Experience Manager、GitHub、DirectX
元宇宙时代	数量巨大 经过少量培训或者无须培训，直接上手	剪映、Canva、Roblox Studio、Rec Room、Beamable、MetaHuman Creator、The Sandbox VoxEdit

随着元宇宙的发展，创作的门槛也随之降低。在应用开发领域，低代码开发平台为开发人员提供了多样的高级程序工具，如

可视化脚手架和拖放工具，来取代之前复杂的流程、逻辑和手动编写代码的过程，以方便人们操作使用，并大大提升了技术人员的工作效率。

创作的速度也越来越快。2021 年 2 月，Epic 游戏公司推出了虚幻引擎旗下的 MetaHuman Creator。MetaHuman Creator 是一个基于云数据流的 App，旨在不牺牲质量的情况下将数字人脸实时创作的周期从数周时间减少到一小时以内。现在这款软件已经以抢先体验形式推出。

1.3.4　空间计算

这是元宇宙实现虚实互通的关键一层。空间计算是混合真实和虚拟计算的解决方案，联通真实世界和虚拟世界。

在元宇宙中，空间和时间相互渗透。这些渗透和交互是依靠以下工具和技术来实现的：

- 显示几何和动画的 3D 引擎，如虚幻引擎；
- 地理空间映射和物体识别技术；
- 语音和手势识别技术；
- 来自设备（如物联网）的数据集成和来自人的生物识别技术（用于身份识别以及健康 / 健身领域的指标量化）；
- 支持并发信息流和分析的下一代用户交互界面。

1.3.5　去中心化

去中心化最简单的例子就是域名系统（DNS），这个系统将网站的 IP 地址映射到名称，用户不必每次上网时都输入数字来进行访问。

区块链技术是去中心化的重要实现，将被广泛应用到资产确权、源头追溯、交易验证等领域，实现去中心化的确权、追溯和存证。

2021 年在上海推出的区块链公有链项目 Conflux，目标是要做成一个属于中国、面向全世界的，开放且安全的世界服务器。Conflux 基于自主研发的树图结构（tree-graph）打造一个真正去中心化、高性能、支持智能合约的区块链平台。

在营销领域，基于区块链的去中心化广告投放和搜索也将打击虚假流量和水军造假，确保流量采买和广告投放效果的真实性、有效性。广告产品的上链，就像农产品和工业产品的上链一样，推动广告和营销行业走向透明化、规范化。

1.3.6　虚实交互

元宇宙对接入的设备本身并没有限制，但是 VR、AR、MR（Mixed Reality，混合现实）赋予了用户更好的体验，也是元宇宙与现实世界和传统互联网世界相比，具有的最明显优势之一。

随着 VR 和 AR 的进一步发展，我们可以在现实世界、虚拟世界和用户之间搭起一个交互反馈的信息回路，为用户呈现可以互动的可视化环境，增强用户体验的真实感。我们将这种合并现实世界与虚拟世界的交互方式，称为 MR，即混合现实。

MR 之于元宇宙，就像电脑之于传统互联网、智能手机之于移动互联网。

VR 交互是指人们利用 VR 眼镜及其他可穿戴传感设备，进入 3D 的虚拟世界，实现"现场感""真实感"以及实时性。它创造了人类最真实的"梦境"，也提供了激发想象力的"灵境"。VR 交互一般是由头显设备、定位追踪设备、动作捕捉设备以及交互设备等实现的。

VR 交互除了让人们进入 *Echo VR* 和 *Climb* 这样的 3D 游戏，也在重塑人们未来的工作方式。今天我们通过个人电脑和屏幕完成的绝大部分工作都可以通过 VR 交互来实现。如果可以忍受头显设备的重量以及轻微的时延眩晕，我们完全可以通过 VR 交互完成在办公室的工作人员全部的工作：打电话、发邮件、开会、准备 PPT。

今天，主流的 VR 交互设备包括 Oculus 的 Quest2、HTC 的 Vive Pro 2、索尼的 Sony PlayStation VR 以及字节跳动的 Pico。尤其是通过国产的 Pico，用户可以更方便地体验元宇宙部分生态，无须进行区块链上的注册和认证，即可在 Pico 的元宇宙世界中"买地"。

AR 交互本质上是为现实世界增加了一层数字化内容的滤镜。AR 交互借助计算机图形技术和可视化技术产生真实世界中不存在的虚拟对象，并将虚拟对象准确放置在用户观看到的真实世界中，使用户处于真实世界与虚拟世界的交融中，获得感知效果更丰富的体验。但 AR 交互的技术和设备在今天远不如 VR 交互的成熟。

AR 交互设备的一个代表性例子就是 Google 眼镜，此外微软的 HoloLens 也可以被归入具有代表性的 AR 交互设备中。苹果公司是 AR 领域的领军者之一。凭借苹果手机的保有量以及强大的软件生态，苹果公司推出的 ARKit 5 和 RealityKit 架构体系吸引了数量庞大的开发者和企业创造 AR 应用，包括宜家的 IKEA

Place。伯恩斯坦公司的分析师 Toni Sacconaghi 预计，到 2030 年，苹果的增强现实设备出货量可能达到 2200 万台，这可能会使其收入增加 4%，到 2040 年，AR 设备可能占到苹果整体收入的 20% 以上。

但是混合现实交互只是元宇宙的入门技术，元宇宙的主要交互技术还包括全息影像、感知交互、追踪定位、沉浸声场、EMG 以及备受争议的脑机交互等技术。

1.3.7　基础设施

基础设施指支持用户进入元宇宙的设备，主要涉及将元宇宙应用连接到网络并提供内容的相关技术。

华为的 5G 网络将显著提高带宽，同时减少网络争用和延迟。未来的 6G 将把速度提高至另一个数量级。

除了更快的网络，元宇宙另外一项重要的基础设施是人工智能。现在人工智能应用数量正在呈指数级增加。现在运行在云端的人工智能，主要依靠 NVIDIA 等公司生产的 GPU 硬件进行运算，并由相关基础设施提供动力。

ARM 计算框架以及量子计算机也是元宇宙重要的基础设施。一旦大规模量子计算机建成，它们将能够加速区块链和公钥解密等技术的普及。

下一代移动设备、智能眼镜和可穿戴设备将具有功能不受限、运行高性能和体积小型化的特点，这需要更强大和更小巧的硬件，比如 3nm 以下的半导体、支持微型传感器的微机电系统（MEMS）、持久的微型电池等。

1.4　与营销相关的元宇宙概念

本章最后一节将总结与营销相关的元宇宙概念和知识。元宇宙在不断进化，其面貌日新月异，在未来将有更多元宇宙场景进入营销领域。

1.4.1　数字替身

数字替身，英文为 Avatar，来源于梵语，原意是指天神在人间出现时的形象。在元宇宙的场景中，数字替身是用户在虚拟世界中选择或者创作的、代表自己的 3D 或者 2D 形象。

在 Roblox 中，数字替身是类似乐高积木的 3D 形象，现实用户可以通过手柄、键盘以及手机屏幕上的操作按钮来操控数字替身在游戏里走路、跑步、跳跃，甚至建造房屋、驾驶交通工具等。

数字替身可以是现实用户的虚拟映射，甚至可以通过MetaHuman Creator 等工具还原现实用户的外貌。它也可以是现实用户的理想化延伸，以超自然的人或者动物的形象出现。比如在《第二人生》游戏中，想拥有更强健体魄的用户通常是以肌肉强壮的兽人形象出现的。

除了游戏提供的数字替身，用户也可以使用专门的数字替身生成工具生成自己的原生数字替身，这种原生数字替身可以跨平台使用。

每一个元宇宙游戏或者社区都会提供数字替身生成工具。用户通过上传照片或者从原生素材库中选择素材来生成自己的数字替身"素人"，然后通过免费或者付费的工具，对数字替身"素人"进行"捏脸"和"修身"，对其五官、肤色、发型等进行个性化调整，并根据个人喜好和品位，对其衣着和装备进行升级改造。

入门级别的数字替身生成工具有 Ready Player Me，它允许用户上传或者拍摄照片生成数字替身，这些数字替身可以在 VR Chat、RFKTK、Dune、Spatial 等 1000 多个游戏和应用中使用。

相比于 Ready Player Me，Epic 公司发布的 MetaHuman Creator 是专业级的数字替身生成工具。它允许用户快速地实时渲染出逼真的面部表情动画及人体动作动画，通过它强大的功能，用户可以在短短几分钟内生成数字替身并为其配备独特的发型和服装。

1.4.2 NFT

咖菲科技创始人石岚认为，在中国，NFT（Non-Fungible Token，非同质化代币）更直接的使用场景是作为数字收藏品。数字收藏品是 Z 世代用户的数字资产。NFT 实质上是一种基于区块链技术的数字化凭证，这种凭证可以证明 NFT 的唯一性，确认其拥有者的权利，并且可以追溯 NFT 的整个创作和交易过程。NFT 具有可验证、唯一、不可分割和可追溯等特性，可以用来标记特定资产的所有权。其表现形式可以是图片、视频、3D 内容。但是，不是所有的图片、视频和 3D 内容都可以成为 NFT。

图片等形式的作品必须经过铸造（mint）才能成为 NFT。简单来说，铸造的过程就是图片及其创意被记录在区块链上的过程。

不同的区块链提供不同的协议标准。NFT 的生成过程需要消耗计算机的算力（gas），为"准 NFT"进行去中心化的认证、确权和记录。不同的区块链协议，如以太坊或者 Polygon，对 NFT

铸造的收费标准也不同。除了在铸造过程中收取费用外，NFT 一旦发布到市场，以创建者制定的价格进行拍卖或者售卖，就需要计算机算力进行交易的确认和记录，因此也会收取费用。

在国内，公有链 Conflux，联盟链包括 Hyperchain 趣链科技、BSN 区块链服务网络、腾讯至信链以及蚂蚁链，都支持 NFT 的铸造和发行。但是现在区块链还不对个人开放，个人没有权利铸造 NFT。

基于联盟链，咖菲科技联合支付宝平台及大唐西市博物馆发行了"大唐仕女"系列数字收藏品，如图 1-9 所示。

图 1-9 "大唐仕女"系列数字收藏品

NFT 不仅包括在现实世界中设计出的艺术品和数字化产品，也包括元宇宙原生的虚拟土地和建筑。比如 Decentraland 和 The Sandbox 里面的每一块土地都是 NFT，具有唯一、可交易、可溯源等特性。字节跳动的 Pico 也为玩家提供类似的虚拟土地 NFT。

在国外，OpenSea、SuperRare、Async、Rarible 和 Mintable 等平台提供对 NFT 进行上传、铸造和交易的全流程服务。OpenSea 是到目前为止 NFT 类目最全、数量最多的交易平台，它同时有数量众多的 Decentraland 虚拟地产交易。SuperRare 和 Async 都瞄准高端市场。Rarible 和 Mintable 都是上手容易、算力费用较低的平台。

在国内的 NFT 市场中，能够支持 NFT 购买的有腾讯推出的幻核和基于蚂蚁链的鲸探。鲸探上的 NFT 主要是以艺术家创作的作品以及博物馆主题的物体为主，比如上海主歌数字科技有限公司推出的戴敦邦英雄手册系列 NFT、航天文化创意产品平台推出的神舟五号数字飞船 NFT。除了幻核和鲸探，国内开放的 NFT 交易平台还包括趣链科技的红洞数藏及以艺术品 NFT 为主的 NFTCN。

国内的 NFT 一般都是将绘画作品、实物进行 3D 拍摄或者重新建模生成的，由数字艺术家直接创作或者用户上传的原生 NFT 并不常见。

上链的传统书画和 3D 内容，在很大程度上不符合 NFT 原本的设计理念。从某种意义上讲，中国 NFT 市场发售的 NFT，和国家电网上链存证的企业票据和合同并没有很大的不同。虽然这些 NFT 一经发售就被抢购一空，但是如果从投资和收藏的角度来看，其价值是有待商榷的。

虽然 NFT 是专业投资者、明星以及圈内玩家进行资产投资的新选择，但作为数字财富的 NFT 在安全上并非万无一失。

2022 年 1 月，Animoca Brands 子公司 Lympo 遭遇热钱包安全漏洞，损失 1.652 亿个 LMT 代币，当时价值 1870 万美元。

1.4.3 区块链

当 2009 年 1 月比特币在全球冷启动时，中本聪向现实世界引入了两个奠定元宇宙世界基础的核心概念。

第一个概念是大众已经熟悉并一度被热炒的比特币。比特币是一种去中心化的虚拟代币。这种虚拟代币有着自身的局限性，现在来看它还缺乏有效的治理机制，也未完美融入现有的金融市场的框架。

除了比特币，另外一个核心概念是"链"，后被发展为区块链。区块链技术是比特币的底层技术。

比特币是去中心化金融的应用，区块链是去中心化治理的应用。区块链并不是一个简单的概念，读者想要深入了解区块链技术和应用需要系统地学习。幸好，区块链领域的专门著作比较丰富，热门书籍包括 Lorne Lantz 和 Daniel Cawrey 合著的 *Mastering Blockchain*、王腾鹤和赵昌宇合著的《一本书读懂区块链》。如果想要自己上手实践，可以通过相关课程进行训练。

区块链是 NFT 铸造和交易的技术基础、用户隐私保护的根基，同时为元宇宙运行提供了动力。

区块链技术的一个应用就是溯源。2020 年 3 月，考拉海购利用蚂蚁链和大数据追踪记录商品的全链路信息，这些商品溯源信息一旦上链，不可篡改。消费者可通过扫描商品上的二维码，查询到所购买商品的生产源头、所经口岸、运输方式以及监管情况等信息。

Pipeline Food 是美国一家利用区块链技术进行溯源的初创食品公司。与 Pipeline Food 平台合作的农民必须提供详细的产品生产数据，并与第三方认证机构共享这些数据。当向消费者或食品加工商出售产品时，农民可以通过区块链确保应收货款及时到账。

国家农业信息化工程技术研究中心主任、中国工程院院士赵春江表示，用区块链、大数据、人工智能等新技术打造绿色农产品供应链，可以打通供应端和消费端的信息流通渠道，建立从田间到家庭餐桌的农产品监控体系，平衡供应端和消费端的需求，优化供应链条，让人们的餐桌更健康、更安全。

从参与方的角度来看，区块链一般分为公有链、联盟链、私有链 3 类。

- 公有链向所有人开放，任何人都可以进入系统读取数据、发送交易、竞争记账，比如以太坊及其侧链 Polygon、国产公有链 Conflux。
- 联盟链只向特定群体的成员和有限的第三方开放，联盟链会在内部指定多个预选节点为记账人，每个块（block）的生成由所有的预选节点共同决定，其他接入节点可以参与交易，但不过问记账过程，第三方可以通过该区块链开放的 API 进行限定查询。联盟链包括腾讯至信链、百度超级链以及京东的智臻链。
- 私有链仅在私有组织内部使用，在国内出现较少，本节不对它进行详细讲解。

公有链和联盟链在实现上有很多不同，其中最显著的不同点就是共识机制的差异。和公有链相比，联盟链弱化了去中心化的属性，其监管、参与和治理的机制都有一定的中心化。但是和私有链相比，联盟链至少可以实现几个私有链之间的互通。

腾讯云区块链负责人邵兵认为，公有链和联盟链对应着两个完全不同的应用场景。公有链更理想化、更自治化，但联盟链拥有更强的治理能力，强调管理和监管手段。

在当下，联盟链才是比较符合我国国情和监管需求的区块链类型。对于区块链而言，让价值流通起来才是其真正的使命，而联盟链是 3 类区块链中最适合将技术和业务结合起来的形态，具有商业落地的可行性。

1.4.4　DAO

DAO（Decentralized Autonomous Organization，去中心化自治组织）是一种数字化的分布式自治组织，也是一个由投资者主导的风险投资基金会。它的运作机制基于以太坊实现，并没有传统的层级架构或董事会。以太坊的官方网站对 DAO 做了更加具体的描述：DAO 是由成员集体共同拥有并共同管理的互联网原生组织形式。它通过提案和投票来决策，以确保组织内的每个人都有发言权。

这种管理方式意味着元宇宙的平台及应用的发展议题并非由首席执行官和首席财务官们来决策，而是由包括玩家在内的利益相关者进行投票决策，有利于平台及应用应对不确定、多样、复杂的发展环境。同时，DAO 的出现也意味着人们可以更自由、自主地选择组织协同方式。DAO 能最大化地发挥组织的效能及实现成员的价值流转，这或许将促使人类更高效地产生创意和进行创造，从而引发新的商业变革。

智能合约是 DAO 的核心，它界定了该组织的规则、管理组织资金的方式。智能合约是通过代码逻辑实现的，一旦在以太坊中生效，就无法被篡改。这些代码都是公开的，只要进行修改就会被发现。由于组织的资金库由智能合约定义，任何人都不能未经组织批准而挪用资金。相反，对组织成员共同作出的决定，付款操作会在投票通过后自动获批。这意味着 DAO 不需要成立一个集中管理组织资金的部门。

在元宇宙中，所有的参与者都是生态建设者，也是生态红利的享受者。DAO 的去中心化的管理方式维护了参与者权利的公平。DAO 与传统组织在管理上的具体区别如表 1-4 所示。

表 1-4　DAO 与传统组织的区别

属性	DAO	传统组织
组织架构	具有"人人"平等的可能性	有分明的职级和权限等级
决策权归属	通过成员投票进行决策	管理层拥有决策权
决策流程	自动计算票数并依据智能合约来执行投票结果	投票结果由人工处理
决策执行	以去中心化的方式自动执行和管理	需要人工处理，人为因素影响大
信息分享	所有活动公开透明	活动通常私密进行，不向公众开放

DAO 成员可以决定投票表决的方式和其他关键事项，而 DAO 成员资格的获得机制可以分为多种。其中，基于代币获得成员资格是一种常见的机制，用户持有相应的治理型代币便可以成为 DAO 的成员。大部分治理型代币都可以在去中心化的交易所进行无限制交易，另一部分需要提供流动性或者进行工作量证

明（POW）才能进行交易。通过不同机制获得的成员资格，对应的权限也不同。

1.5 结语：保持乐观，拥有耐心

在这一章，我们介绍了元宇宙的生态，以及在元宇宙中，用户应该建立的世界观和价值观。现在，我们对元宇宙有了更清楚的认识，并已经了解元宇宙不仅是对现实世界的映射，还是对现实体验的延伸和现实世界的增强。

但是，要了解一个正在急速进化的生态系统，我们需要有足够的耐心。同时，我们也需要保持乐观，面向未来，去接受元宇宙带来的冲击，并包容它在发展过程中暂时的不足。

在一定程度上，品牌和营销领域从业者都是乐观主义者。我们不但在制造和售卖一件衣服、一部手机，而且在引导一个新的潮流、创造一种未来的生活方式。我们也希望品牌和营销能够保持这种积极的心态，来迎接元宇宙时代的到来。

|第2章| CHAPTER

元宇宙对营销的影响

元宇宙对营销意味着什么？在元宇宙里，营销的3要素"人""货""场"将会被重构，营销生态会发生巨大变化。

在元宇宙时代，我们新的营销对象，将是现实用户和数字替身联合组成的"双星系统"。在宇宙中，多数恒星并不是孤独地转动，而是会有另一颗恒星伴随，两者相互环绕运转。两颗恒星的关系就像虚拟偶像初音未来与洛天依演唱的《双星轨迹》中的歌词：双星沿着椭圆轨道互相环绕，时而靠近，时而远离，永不分离……现实用户与其数字替身的关系也是如此。

随着元宇宙对营销生态的影响越来越大，营销行业将进入去中心化和去品牌化的时代。

2.1 营销生态：人、货、场的重构

人、货、场是营销 3 要素，是新零售和电子商务（以下简称电商）行业的战略"三叉戟"。

在数字营销时代，数字营销（包括内容营销、私域营销、自动化营销以及 ABM 营销等）和数字销售（包括以天猫、京东为代表的零售电商，以拼多多为代表的社交电商，以抖音为代表的兴趣电商，以小米为代表的社群电商，以及以小红书为代表的内容电商等）带来了新商业模式，新商业模式带来了新消费习惯，新消费习惯重构了人、货、场 3 要素。而在元宇宙时代，人、货、场将被再一次重构。

在人的层面，营销对象除了现实中的用户，还增加了用户在虚拟世界中的数字替身。这种对新营销对象进行营销的模式，我们简称为 D2A（Direct-to-Avatar，面向数字替身的营销）模式。

在货的层面，现实世界中的货可以通过区块链进行虚拟化，即 NFT 化。现实世界中的货被映射到虚拟世界，但并不是在产品功能和性能上进行完全映射。通过数字孪生技术、NVIDA Omniverse 平台，以及高通、苹果等公司 AR 技术的加持，虚拟世界中的货能对现实世界中的货起到增强作用，并且能给现实世界带来正反馈。

在场的层面，线上的商城和线下的秀场也会被重构。元宇宙现在有 3 种主要的用户场景——游戏、社交和 NFT 交易（包括数字收藏品、虚拟地产等），还有正在成型的工作场景，比如虚拟会议场景，以及娱乐场景，比如大型虚拟演出活动场景，这些场景都可以引入营销，为品牌提供与用户深度互动的新机会。

我们尝试把元宇宙时代的人、货、场 3 要素的关系进行梳理和总结，如图 2-1 所示。

图 2-1　元宇宙营销的人、货、场

2.1.1　人的转型：面向数字替身的沉浸式营销

在虚拟世界中，用户通过数字替身进行社交和游戏，以及进行劳动来获取报酬。数字替身既有衣食住行等方面的虚拟物质需求，也有自我表达和自我实现的精神需求。

数字替身的种种需求，是用户的现实需求在虚拟世界中的投射和增强，催生了 D2A 商业模式。

人们在现实世界中通过穿衣打扮来表达个性和增加魅力，而数字替身在虚拟的穿衣打扮上同样追求个性化。所以服装和运动品牌正在借助数字时尚（digital fashion）来让用户的数字替身表达自我。比如，Ralph Lauren 于 2021 年 8 月发布了 12 款造型的数字服装，用户可在元宇宙时尚社交平台 Zepeto 上购买。American Eagle 于 2021 年 7 月发布了 Bitmoji 头像的数字服装系列。GUCCI 和 The North Face 于 2021 年 1 月面向 AR 游戏《宝可梦 Go》联合发布了一系列游戏服装和头像。

在人的维度上，现实世界中的数字营销关注的是人群圈层、用户画像和行为兴趣。我们使用消费者生命周期的模型来切入圈层和锚定潜在客户，在发现、种草、互动、兴趣、加深、首购、复购、忠诚 8 个关键节点上添加标签并定群分组，然后设计千人千面的内容和自动化流程，最后依靠评分体系和归因系统来"养鱼"和"抓鱼"，循环往复。

无论使用阿里巴巴的 FAST+GROW 全域营销模型，还是遵循字节跳动的 FACT+STEP 兴趣内容营销理念，数字营销的实现都依赖数据。

为了适应元宇宙营销生态，基于数据分析并面向现实用户的全域营销，需要向基于价值交换并面向数字替身的沉浸式营销转型。这个转型的过程如图 2-2 所示。

图 2-2　从面向用户的营销到面向数字替身的营销

1. 基于价值交换的持续互动

我们进入元宇宙营销时代，面临的第一个挑战就是数据的获取和使用。元宇宙是一个去中心化和注重个人所有权的世界。在元宇宙中，数据的所有权和使用权将从平台转移到用户自己手中。这是因为，以元宇宙去中心化理念和技术建立的游戏和社交等平台，都是建立在区块链基础之上的。无论平台还是品牌方，都要遵循元宇宙去中心化的核心架构和运行逻辑，未经授权无法随意调用和处置用户的数据。

如果平台和品牌方没有提供足够的价值作为交换条件，任何一个用户都不会选择把个人数据授权给它们。

在 Web 2.0 和数字营销时代，品牌方和广告主通过平台获取用户数据，使用打标签、分群组以及数据匹配等方式圈选目标人群，然后通过定向群发或者自动化推送的方法把品牌的营销内容推送到目标人群的邮箱和手机应用上。

而在元宇宙世界，这种基于数据来圈定人群进行定向推送的方式将受到挑战。

用户不仅希望获得更个性化的品牌内容推送，还期望自己的数据能够产生收益。区块链技术以及 NFT 的大规模应用和流行，可以让用户信息、互动数据成为元宇宙的数字资产。比如，基于区块链技术的去中心化搜索引擎 Presearch 就是一个让用户实现数据变现的平台。这个被称为"下一代搜索引擎"的平台由独立节点支持，保护用户信息和搜索数据，同时通过分布式账本把搜索行为和数据兑换成虚拟代币。自 2017 年 11 月首次启动以来，Presearch 已获得 130 万注册用户，每月活跃用户数达 30 万，每月访问量超过 1000 万。

品牌获取用户数据，从跟平台合作变成了跟用户进行价值交换。

即使获得了用户的数据使用授权，品牌方也需要注意现实用户和数字替身的区别。元宇宙中的虚拟形象并不是用户现实人设的镜像，也有可能是其增强版或者异化版。当美妆品牌在虚拟游戏中对一个时尚辣妹的数字替身进行营销时，该用户在现实中可能是一个满脸胡茬的中年大叔。

2. 面向数字替身的体验设计

在元宇宙中，品牌和用户之间的价值交换将如何实现？

其中一种方式是品牌利用游戏化的体验设计，把品牌故事和品牌虚拟资产融入用户的游戏和社交场景中。品牌在元宇宙游戏和社交场景中为用户提供所需的装备或者道具，比如出行需要的车辆或者搭建房屋需要的材料和工具。当然，这些装备或者道具都会被打上品牌的标识和印记。用户会使用这些装备或者道具，来满足数字替身的功能性需要（比如使用 Nike 提供的建材搭建一个运动场）或者符号化需求（比如选择 GUCCI 的衣服在 Zepeto 游戏里增加数字替身的受欢迎程度）。

相比于硬性的品牌广告植入或者品牌形象展示，面向数字替身的游戏化体验设计不干扰用户，不强制介入用户的行为。相反，这是对用户行为的自然扩展和对用户体验的提升。在这个过程中，用户也更愿意向品牌进行反馈，来获得更好的体验。

面向数字替身的游戏化体验设计将经历两个重要的发展阶段。

第一个阶段：品牌元宇宙赋能。 在这个阶段，品牌借助 NFT 和游戏奖励，向数字替身提供带有品牌标识的数字化产品，在虚拟的世界里解决数字替身的衣食住行问题，满足其个性化表达的需求。在这个阶段，品牌不仅是一个符号，还是一种用户彰显个性的方式。赋能虚拟世界的内容和创意，是品牌在这个阶段的重要任务。

前 Adidas 数字创新负责人 Ryan Mullins 创立的 Aglet 就进行了游戏化体验设计。在社交应用 Aglet 上，玩家将拥有自己的虚拟运动鞋和装备，比如一双 Air Force 1s 或者 Yeezys 运动鞋。如果玩家在出行时选择品牌植入的虚拟运动鞋，就会获得游戏奖励。玩家穿着的虚拟鞋子价格越高或者越稀有，得到的游戏奖励就会越多。

这家已经获得 450 万美元融资的元宇宙创业公司，希望为现实中的运动鞋品牌创造一个游戏化的品牌和用户之间的价值交换平台，通过培养用户的虚拟穿戴习惯，来增强品牌对用户在现实中的心智占领。Aglet 的模式只是沉浸式营销和游戏化体验设计的初级探索。但这要比使用数字替身网红（Key Opinion Avatar，KOA）和插播游戏广告（gamevertising）更能让玩家接受。

第二个阶段：品牌的数字化替身参与元宇宙的共生共建。 元宇宙营销也会变为 BA2UA（Brand Avatar to User Avatar）模式，即让品牌的数字替身与用户的数字替身进行互动。

品牌数字替身需要参与虚拟社区的建设，并且提供虚拟化的产品、服务，提升品牌价值，完成虚拟化转型。在接下来的 2.1.2 节和 2.1.3 节，我们会对此展开讨论。

2.1.2 货的重构：功能、体验、设计和生产

在元宇宙世界，货的重构体现在商品的体验、功能以及设计和生产上，如图 2-3 所示。

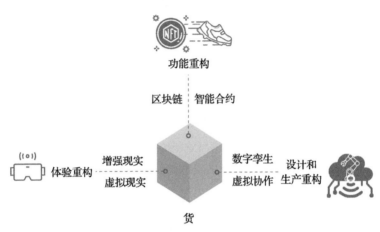

图 2-3　货在元宇宙中的重构

首先是体验的重构。元宇宙正在通过增强现实和虚拟现实重新定义用户的体验。通过虚拟现实和增强现实，用户可以更好地了解和使用品牌提供的商品和服务。

其次是功能的重构。一方面，商品不仅需要经历研发和生产过程，还需要经过数字化和智能化的重构，来获得感知、链接、交互甚至自动化的功能。另一方面，品牌需要考虑更加智能化甚至完全虚拟化的商品，重构商品的研发、设计和生产，使商品具备稀缺、可确权、可互操作以及可跨平台使用和继承等新功能。

最后是设计和生产的重构。数字孪生技术和 NVIDIA Omniverse

等平台正在改变着设计师和工程师的设计流程和协作模式。

1. 体验的重构

虚拟世界和现实世界之间的界限不断被打破。VR、AR 以及 MR 正在为用户提供新的体验，既为品牌的研发设计、产品原型提供了验证机会，也为其产品展示提供了新的方式。

VR 技术可以生成 3D 的图像、空间声场，为用户提供沉浸式的感官体验，让用户仿佛置身于现实之中。沃尔沃汽车通过 VR 应用，让用户在虚拟 3D 世界里试驾该品牌的 XC90 SUV 车型。万豪酒店使用 VR 应用，让游客体验从夏威夷到伦敦的万豪酒店住宿条件和周边景点。

AR 技术将虚拟内容添加到现实的环境上，让用户了解和试用产品。欧莱雅开发了 AR 应用——化妆魔镜和美发大师，让用户通过手机前置摄像头试用其美妆和美发产品，并实时查看效果。传统的汽车手册通常都是厚厚的册子，而对车主来说，阅读密集的信息来了解一辆车的性能是一个非常痛苦的过程。梅赛德斯汽车公司通过 AR 应用和人工智能虚拟助手来帮助用户熟悉车辆，用户将智能手机的摄像头对准实体车的各个部件，就可以在手机上点击这些部件并了解它们的详细信息。

MR 技术则是虚拟现实和增强现实的结合，让虚拟和现实世界的交互更加自然。ABB 公司使用 Unity 和 HoloLens 2 开发了自己的 ABB Ability 系统。多年来，ABB 的工程师需要经过长期的培训才能帮助客户在现场进行设备的检测和维修。而这个新的系统允许 ABB 工程师借助 MR 眼镜准确了解现场情况，并根据设备上的操作引导和提示来进行现场作业。

2. 功能的重构

未来的商品将经历数智化和虚拟化的功能重构。数智化让商品具备感知和交互等能力，以增强商品的价值及提升用户的个性化体验。虚拟化让商品具备元宇宙属性，满足数字替身在元宇宙世界里衣食住行的需求。

（1）数智化

商品的数智化重构正发生在多个行业中。以汽车行业为例，汽车已经从原来的代步工具发展成为集通勤、工作、娱乐等功能于一体的移动空间。随着自动驾驶和物联网技术的逐渐成熟，汽车数据也将接入元宇宙，车主的驾驶习惯、技术升级、改装偏好可以在现实世界和虚拟世界之间共享。

在山东寿光，菜农们已经开始使用智能管控技术和区块链追溯系统来给蔬菜打上更可靠的防伪和溯源标签。在河北雄安，国网河北电力公司依托数字人民币智能合约来管理光伏发电的设备融资和结算流程。

（2）虚拟化

虚拟世界不仅能延伸用户的感官，还能放大用户表达自我的欲望。而奢侈品品牌会专门为数字替身研发元宇宙原生（metaverse native）商品。这就能解释为什么奢侈品品牌在元宇宙世界如此活跃和受用户欢迎。

这些原生的、虚拟化的商品不仅具备时尚感，还具备稀缺、可确权、可互操作、可跨平台使用和继承等功能。

比如，D&G 通过数字艺术品平台 UNXD 拍卖的虚拟礼服，每个款式只发行 1 套。其拥有者在线下店铺会获得同款的实物服装，并且自动获得参加品牌活动的权益。D&G 的虚拟服装不仅可以用来收藏，还可以被其拥有者的数字替身穿在身上。D&G 虚拟服装的拥有者在两年内可以自由选择平台，由 D&G 对虚拟服装进行相应的渲染，做成适用于该平台的可穿戴服装。

Rebecca Minkoff 在雅虎的 AR 沉浸式体验平台上设计了 400 件 NFT 服装，在 OpenSea 交易平台上 10 分钟内被抢购一空。除了面向数字替身，Rebecca Minkoff 推出的 NFT 服装已经开始尝试让用户在 VR 和 AR 游戏里穿着。

对商品的功能进行虚拟化重构，也会为品牌开拓更大的元宇宙商业市场。以奢侈品行业为例，根据摩根士丹利的统计数据，到 2030 年，通过元宇宙的 NFT 和社交、游戏等应用，奢侈品巨头企业的总潜在市场规模将会增加 10% 以上，整个行业的息税前利润将会增加大约 25%。

3. 设计和生产的重构

除了游戏和社交的元宇宙，也有工业元宇宙（industrial metaverse）。当前在积极探索工业元宇宙的企业包括 NVIDIA、京东、施耐德、波斯顿动力、喜利得以及微软。

在 NVIDIA Omniverse 的构想中，虚拟世界对现实世界中的实物的模拟会加速现实世界中的生产和创造。基于 USD 的 Omniverse 可以让设计师在共享空间中进行协作，一名设计师在共享空间中对其商品设计进行的更改会实时同步相关的设计人员，其本质上就像 3D 版的云共享文档。

Omniverse 将彻底改变全球 4000 万名设计师的协同合作方

式，公司可以在 Omniverse 上建造虚拟工厂并使用虚拟机器人进行运营，虚拟的工厂和机器人则是其现实世界中物理物品的数字孪生模型。

宝马是第一家使用 NVIDIA Omniverse 来设计整个工厂中端到端的数字孪生模型的汽车制造商。在宝马位于德国雷根斯堡的工厂中，整个工厂的生产过程都在模拟系统中被高度还原并模拟运行，以发现生产环节中的潜在问题并找到优化方案。这套系统通过 USD 允许工厂导入原来运行在不同平台的 3D 模型和设计方案，以构建更复杂、更兼容的虚拟环境，获取更准确的模拟数据并据此制定优化方案。

宝马的生产策略主管马库修斯认为，通过这种模拟，管理人员可以比以前更精细地计划生产过程。

虚拟世界的货也能影响现实世界的货，两个平行世界并不是割裂的。但这并不意味着货在元宇宙中会遵循现实世界中的经济法则和交换逻辑。最显而易见的不同在于，在两个世界中我们使用不同性质的等价物进行交易。对于品牌来说，首先面临的挑战就是其庞大而缓慢的财务系统和流程，是否准备好了接受虚拟代币和支持全新的结算方式。即使现在，还有相当多的企业对支付宝支付的款项进行银行对账会感觉吃力。

2.1.3 场的再造：多元场景和去中心化社群

在 Web 2.0 时代，我们构建了中心化的数字营销秩序，使用公域和私域的二元场景去探索全链路营销的闭环。但是元宇宙在不断进化的过程中必将产生新的秩序来代替旧的秩序，出现新的场景来代替旧的场景，形成去中心化的社群来代替中心化的社群。

在元宇宙中，依然会存在公域和私域两类品牌营销的场景。但是两者的界限会逐渐模糊，如图 2-4 所示。无论在公域场景还是在私域场景，元宇宙营销都依托于去中心化的用户互动平台，并且逐渐向"引导沉浸式价值交换"和"面向数字替身营销"两个方向发展。

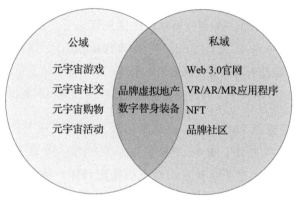

图 2-4　元宇宙场的重构

1. 公域场景

元宇宙营销的公域场景首选元宇宙游戏和社交平台。在现阶段，这些平台上聚集了大量用户。平台效应依然在现阶段的元宇宙世界中起作用，也就是说，这些平台很容易成为流量的聚集地，因此是品牌营销的首选场所。

在 2021 年 5 月，GUCCI 在玩家最活跃的平台之一 Roblox 上建造了品牌专区。GUCCI 利用这个品牌专区来吸引对时尚感兴趣的 Roblox 用户。在这个充满品牌元素的画廊式庭院里，玩家可以试穿该品牌的虚拟服装，并且可以自拍。当然，用户也可以花费 475 个 Robux 来购买数字艺术家和时装设计师 Rook

Vanguard 设计的限量版虚拟服装和装备。

在元宇宙中，社交和购物之间的界限并不明显，社交场景、游戏场景和购物场景正在融合成一站式的用户体验场景。即使我们熟悉的听歌和看演出等场景也正在变化。

2021 年 12 月 31 日，腾讯音乐举办了一个"未来音乐世界"的跨年活动。这是一场联合中国先锋电子音乐制作人 Anti-General，全球百大 DJ Luminn、DEXTER KING，国际知名 DJ Vicetone 等音乐人和多位视觉艺术家，在国内首个线上音乐元宇宙平台 TMELAND 上举办的融合现实与虚拟的大型超现实音乐活动。

但是腾讯 TMELAND 在玩家体验和实时交互上和 Fortnite 还存在巨大差距，被很多元宇宙用户吐槽"披着 3D 的皮做 2D 的直播"。为了弥补互动性上的差距和用户体验上的缺失，TMELAND 同时还开放了海螺迪厅、海滨观光塔、游戏空间、虚拟直播盒、音乐广场、雕像广场、音乐博物馆、热气球广场和环游飞艇等虚拟景观，让用户获得更多元的体验。

2. 私域场景

除了平台提供的公域的场，品牌建设的私域的场也将经历一次变革。因为私域场景的运作逻辑和元宇宙去中心化的逻辑背道而驰。

将现实世界的营销方式照搬到元宇宙中，注定获得镜花水月、刻舟求剑的结果。下面以自动化营销为例进行解释。自动化营销是品牌建设私域场景最重要的手段。它能够根据用户画像和用户行为，从数据分析、体验设计和自动化推送三个层面不断优化用户的体验，从而在品牌的私域场景里形成一个用户转化的闭环。但是在元宇宙私域场景中，自动化营销所依赖的用户数据、群组标签以及自动流程都不再能够轻松获取和操作了。

品牌在元宇宙中建设私域场景不再依靠之前那套以数据和算法为核心的营销技术栈（martech stack），而要重新搭建一套以沉浸式互动和价值交换为基础的元宇宙营销体系。

对新的营销体系的探索是非常重要的。在国外，Balenciaga 公司专门成立了独立的元宇宙业务部门来探索品牌在元宇宙中的营销场景和商业模式。在国内，张家界景区元宇宙研究中心在张家界正式揭牌，目的是为游客设计更加精彩的旅游体验，提供更加丰富的旅游产品，创造更加舒适的旅游环境。

在具有去中心化特点的元宇宙社群中，仅仅依靠口碑、裂变以及游戏化营销是完全不够的。

品牌方搭建元宇宙私域场景并不依赖客户关系管理（Customer Relationship Management，CRM）系统，而是依赖品牌与用户的价值交换平台（Value Exchange Platform，VEP）。

这样的价值交换平台可以是品牌方在元宇宙中拥有产权或使用权的独立空间，比如服装品牌 Philipp Plein 在 Decentraland 上购买的一块价值 140 万美元的土地。在这个被命名为 Plein Plaza 的品牌私有领地上，将建造一栋虚拟的摩天大楼。这栋大楼中的第一个活动空间将是一座 NFT 艺术博物馆（MONA）。这座博物馆将向游戏玩家和数字艺术家们开放，定期举办数字艺术开放论坛以及 NFT 艺术作品展。Plein Plaza 也将成为该品牌向元宇宙用户介绍和发售 NFT 的平台。Philip Plein 的元宇宙服装系列包括与安东尼·图迪斯科以及 NFT 拍卖公司 Portion 共同合作的 Plein Sport 运动鞋和运动服装。这个服装系列在 2022 年米兰时装周上由仿生机器人 ROMEO 0.1 发布，并邀请用户进入 Decentraland，参加在 Plein Plaza 上举办的虚拟时装秀。用户购买该系列虚拟服饰后，可以将其作为数字收藏品或者铸造成数字替身的可穿戴装备。

3. 场的持续进化

在元宇宙中的营销场景，无论公域场景，还是私域场景，都在持续进化中。

元宇宙世界并不像电影《头号玩家》所呈现的那样，由无数个互相隔绝的绿洲组成，不同平台的定位和功能并非那么清晰准确。以游戏起家的 Fortnite 可以变成大型在线活动平台；而在"小朋友过家家"的 The Sandbox 平台上，通过虚拟地产，时尚社区和元宇宙商城正在被孕育。

元宇宙将发展成一个互联互通的全球性的超级平台。就在几个月前，用户们观看 Travis Scott 在 Fortnite 上的演出时，其数字替身还需要被划分成非常多个小组，以避免达到虚拟设备的承载极限。而现在 Surreal 这个平台已经可以把 5 万个数字替身同时放进一个虚拟场馆中。TMELAND 已经可以容纳上百万名观众同时观看五月天乐队的虚拟跨年演出。

2.2　营销对象：Z 世代和符号消费的崛起

营销始终围绕用户展开，通过价值交换创造用户体验。品牌方在元宇宙中的营销对象首先是被称为"Z 世代"的年轻用户群体。

Z 世代指出生于 1995 年至 2009 年之间的一代人。截至 2022 年，中国 Z 世代人口数量已超过 2 亿。

这群人大部分从出生就开始接触和使用互联网，是互联网世界的"原住民"。国家统计局和中国互联网络信息中心的数据显示，Z 世代平均每天在线时间超过 5.6 小时，超过了以往任何一个代际人群。对于 Z 世代来说，离开了手机和互联网，这个世界将不再完整。互联网构成了 Z 世代的社交、购物、出行、餐饮、娱乐甚至工作方式，延伸了他们的生活空间。

Z 世代不仅创造了新潮流和亚文化，还引领了元宇宙居民的生存方式。这个由新一代代际人群向上一代代际人群进行经验分享和文化反哺的过程被称为"后喻化"（post-figurative）。

在元宇宙后喻化的过程中，鼓励物质消费的消费主义式微，强调精神消费的符号消费兴起。这将把我们带入一个更加注重精神财富、注重消费带来的满足感和幸福感的世界。

2.2.1　Z 世代和后喻化

Z 世代是互联网世界的原住民，开放互联的互联网精神在影响了他们的世界观和价值观。Z 世代是空前自信和推崇"自我""自在"的一代人。他们会穿着汉服走上街头，会向宠物寻求治愈，会为自己喜欢的电竞比赛和艺术展刷爆微博和朋友圈，也会为一款限量版盲盒掏空钱包。

在新浪新闻发布的《2021 新青年洞察报告》中，Z 世代被称为"新青年"。他们获取信息、社交娱乐、消费决策、工作学习等的方式更具互联网特征。他们更倾向于选择个性化、沉浸式、开放性的用户体验。其中，开放性指的是在获取信息和体验上的自由度和延展性。比如，对一场开放性的电影，观众可以自主选择以任何角色的视角去观看剧情，而不是局限在导演和摄像师选定的视角中。

1. Z 世代追求沉浸式体验

在 Z 世代看来，万物皆可沉浸式体验。

Z 世代在关注网上的热点事件时，不仅仅满足于做一个旁观者，还愿意花时间去掌握事件的来龙去脉，并形成自己的看法和结论。这也被称为"沉浸式吃瓜"。

而能够带来沉浸式体验的密室逃脱和现场脱口秀在 Z 世代群体中非常流行。以"角色代入"和"共情式参与"为卖点的剧本杀，以及与台下观众距离更近的话剧也更能引发他们的共鸣。

在年轻人喜欢的短视频应用中，不少以"沉浸式"为主题的视频受到欢迎，比如"沉浸式化妆""沉浸式吃饭""沉浸式睡觉"……

但是，以信息分享和社交互动功能为主的 Web 2.0 已经不能满足 Z 世代对开放性和沉浸式体验的需求。因为 Web 2.0 缺乏有效的信息筛选和信息验证的机制，也不具备支持开放性、沉浸式体验的技术。

而元宇宙时代的到来，恰好与 Z 世代对沉浸感的追求不谋而合。根据调查，Z 世代中有 63% 的人表示对元宇宙感兴趣，而剩下 37% 的人，即使表示对元宇宙不感兴趣，但也已经使用过"云学习""云旅游""云娱乐"等类型的元宇宙应用了。

2. Z 世代趋向理性、个性化的消费

Z 世代的消费观念也和上一个代际群体有很大不同。元宇宙社交应用 Soul 以"双十一"为切入点,对站内 Z 世代用户的消费观念和购物偏好进行了洞察和解构。报告显示,Z 世代不再"野性"消费,购物下单愈加理性,对购物节"不参与、不追"的声音越来越响亮。根据报告数据,Z 世代用户中至少有 20% 不参与各大电商平台举办的"双十一"购物节活动;而在参与"双十一"活动的 Z 世代用户中,有超过 70% 的用户认为自己做到了量入为出、合理消费。在购买前,至少有 40% 的用户会对商品进行全网比价,选择价格更低的平台。在消费态度上,也有 20% 的 Z 世代用户表示"有点反感,不喜欢这种模式"。这些数据在一定程度上反映了 Z 世代的消费习惯更趋向理性,同时反映出他们对近年来各网购平台在促销活动上优惠力度有限、活动规则过于复杂等做法的不支持。

Z 世代的消费倾向,一方面更加理性,另一方面更加强调个性化。

青年志公司、中国服装协会和太平鸟品牌联合发布的《2021 当代青年时尚生活趋势白皮书》认为,如果说 Y 世代(在 1980 年至 1995 年出生的人群)是开始跳出集体主义思维、个体意识萌芽的一代,则 Z 世代就是个体意识完全崛起的一代。旧的范式对 Z 世代年轻人几乎完全不适用。在豆瓣上,有一个"不遵循社会时钟"的豆瓣小组,主张"社会告诉了我们很多讯息,但我们完全可以不遵守,过自己的生活"。目前,这个小组已经拥有 728 篇文章、10 万关注、551.2 万浏览量。

Z 世代重视个人需求,也重视能支持多重身份和激发个人

更多可能性的环境。随着元宇宙的发展，Z世代将获得更多工具，进行更加自由、自主的创造，并在暂时的失序中探索新的秩序。

3.Z世代引领后喻化时代

无论是元宇宙应用还是消费趋势，Z世代正在引领一个后喻化时代。元宇宙的新文化和新潮流将由年轻一代首先接触和掌握，并且反向传授给上一个代际群体。

后喻化指传播学中的后喻文化，最早由人类学家玛格丽特·米德在《文化与承诺：一项有关代沟问题的研究》一书中进行了系统的归纳。这本书提出了人类文化的"三喻"假说，即前喻文化、同喻文化、后喻文化。前喻文化指前辈向后辈传授知识经验，后辈主要向前辈学习取经；同喻文化是指同辈人之间互相指教和学习；后喻文化指后辈向前辈传授知识经验，前辈反过来向后辈学习。

当60后热衷于电视购物和养生、70后沉迷于电视剧和职场"鸡汤"文、80后纷纷参加马拉松、私享会的时候，Z世代正在积极探索和发展更多元、更个性化的小众娱乐方式和亚文化圈层。他们作为元宇宙用户的主力，积极发挥创造力和想象力来构建一个前所未有的丰富的精神世界，将新的生活方式和商业模式注入元宇宙中，为元宇宙世界提供新鲜血液。

没有这种反向的知识传授，我们可能很难理解Roblox和Decentraland为何那么受欢迎，也很难在第一时间接受一幅大猩猩的涂鸦NFT竟然具有收藏价值。

后喻化现象是品牌营销的双刃剑。

一方面，品牌获得了从中获益的新机会。品牌可以通过学习和模仿 Z 世代的生活方式，挖掘出新的营销思路和手段，增加潜力用户，扩大市场份额。

新文化和新潮流正在催生新商业和新零售，也催生了盲盒营销、游戏化营销等新的营销模式。例如，在 Z 世代推动起来的国潮中，山东曹县成为全世界的汉服生产基地，在扩大生产规模的同时弘扬了民族文化。此外，以故宫文创、PlanetBoring、苏五口为代表的一大批正在崛起的新品牌，致力于挖掘自身商品的差异化优势，满足用户的个性化需求，融合本土文化。

另一方面，品牌也面临着巨大的挑战。在亚文化圈层和潮流领域中，元宇宙将迎来一次由 Z 世代引领的"文艺复兴"，以往的"主流"风格将被颠覆。众多品牌将受到这场"文艺复兴"的冲击和洗礼。

对于挑战，品牌需要以开放的心态和勇于试错的决心去拥抱变化，从商业模式和营销战略上进行创新和变革。但这个过程并不是一蹴而就的，而是和数字化转型类似，需要在企业中进行自上而下的引导和由内及外的演变。

2.2.2　消费主义的落幕

为什么我们出门逛街必买奶茶、咖啡？为什么餐厅外面排队人越多越会吸引更多的人排队？

这些"怪异"的消费行为背后的"大手"是消费主义。人类历史学家尤瓦尔·赫拉利在《人类简史：从动物到上帝》一书中对消费主义有非常精准的描述："消费主义的美德就是消费更多的产品和服务，鼓励所有人应该善待自己、宠爱自己，就算因为过度消费而慢慢走上绝路，也在所不惜。"

1. 无处不在的消费主义

我们很容易在身边找到各种消费主义的例子。

首先，品牌广告无时无刻不在鼓励我们进行消费。这些广告总在潜移默化地影响消费者，甚至逐渐在消费者中口口相传，比如"没有什么问题是购买一杯奶茶解决不了的，如果有，那就再买一杯"。有些品牌广告强调紧迫感和即时效果，比如脉动的广告是"喝一口脉动，让你随时脉动"；有些品牌则通过让人共情的文案来拉近品牌与用户之间的距离，进而催化用户的购买行为，比如江小白酒瓶上印着"懂的越多，能懂你的就越少"；有些品牌则通过广告为消费者打造一个理想化的偶像，刺激消费者的购买欲望，比如 Chanel 的广告往往以明星作为主角，引起消费者的羡慕并让其产生"我也要拥有"的渴望。

其次，盲盒、联名、跨界、快闪、密室逃脱营销等新营销形式，则通过饥饿营销、游戏化营销等手段，来刺激用户产生非理性购买。

伴随着消费主义的盛行，品牌营销的首要任务是占领用户心智。

（1）品牌为什么要占领用户心智？

因为品牌希望消费者和自己生产的商品之间能建立需求的条件反射和情感纽带。"怕上火喝加多宝""累了困了喝东鹏特饮""饿了就吃士力架"……即使这些饮料食品可能并不是最理想的补充水分和食物的方式。

（2）品牌如何才能占领用户心智？

在营销领域，一般把占领心智的方法称为用户体验设计，包括如下 4 种主要方式。为了更好地描述品牌进行体验设计的过程，我们在每种方式下列举一些常见的场景。

1）减轻用户过度消费的负罪感。

- 最近胖了想要减肥？多吃点健康的就好了！喝酒误事？喝酒是成功人士的标志。
- 我们的产品太贵？那就一起来发现它的价值，比如"诗和远方""禅意人生""打造职场人设""圆满人生不可或缺"……
- 你还觉得产品不够有吸引力？那再加入一些情怀。致敬母亲、歌颂勇士、祝福弱者……

2）强调过度消费的合理性。

- 现在不买，就要再等一年！还不买吗？这可是明星同款、直播间推荐、媒体大咖力荐……
- 买过了？可是我们新推出了故宫联名的限量款新包装。
- 再试试我们的其他产品？这套产品组合，虽然价格高一点，但是包括多个产品，免去挑选的麻烦，还适合拍照发朋友圈。凭购物券还有免费试用装领取。
- 等一下，这些都不需要？加入我们的会员，每月有固定品牌会员日，以备随时所需。

3）提升过度消费的便利性。

- 淘宝、天猫、京东、拼多多、小红书……各大购物平台都有我们的旗舰店，24 小时客服在线。

- 欢迎光临我们的线下快闪店，请加入我们的用户群领取优惠，或者添加我们店员的企业微信，"亲，您看中了我们家什么宝贝了？"

4）设计过度消费的用户旅程。

- 我们想要推出一款耳机，先让歌星和运动明星用起来。我们想要推出一款唇彩，先邀请会化妆、颜值高的博主用起来，再找个平台的头部、腰部网红和种子用户做一波体验分享，先给你"种草"。
- 产品已经生产好了，店铺也装修好了，但是我们不会立刻销售，营业时要限制店铺流量，没有邀请码的用户不能购买。而且为了营造抢购气氛，我们会花些预算雇人排队。等你心里的草已经长得十分茂盛，再放开人流限制，欢迎多多购买。
- 这类产品本来可以用 3 年，但是我们每年都推出新款，外形升级、能耗更低，更新增多个小功能，欢迎在小红书、朋友圈进行分享。

用户体验设计尽管会提升用户购买的便利性和产品使用的友好程度，但最终还是以转化用户购买和增加商品销量为目的。

2. 消费主义的消极影响

消费主义对消费者的物质世界和精神世界带来的积极影响微乎其微。

消费主义过度关注物质的丰富程度。消费主义的盛行使"物质崇拜"文化在部分消费者中形成，一些人以财务自由为人生最终目标，不再重视精神的追求。消费主义也带来了过度消费，导致"月光族"这个独特群体产生。

最大的问题在于，消费主义加剧了环境和资源问题的恶化，和环境友好、绿色经济、动物保护、可持续发展等理念背道而驰。这种冲突也使品牌处在一个极为尴尬的境地。比如快速消费品（以下简称快消品）品牌一方面在鼓励消费者增加对高频产品的消费，另一方面也在呼吁大众建立一种健康的生活方式；化学原材料供应商一方面扩大化学原材料的生产，提供给下游企业制造塑料包装袋和泡沫包装箱，另一方面又积极地投入资源，助力对海洋中塑料垃圾的清理。

其实，从用户实际使用的角度来说，我们既不需要每年换一部手机，也不需要每 3 年换一辆车。从商品生产的角度来说，企业频繁改变商品外观，换不同的系列名称，并没有明显提升或者改进商品的功能，只是一种鼓励更多消费的营销手段。

消费主义，不是可持续的发展模式，也不是人类社会和科技的进化方向。消费主义及其衍生的消费文化将随着元宇宙时代的曙光而逐渐隐退。

在元宇宙世界中，用户可以每小时换一部手机，也可以用很少的花费来拥有一辆超级跑车。在虚拟世界中发生的产品换新和新品购买，并不会给现实世界带来新的环境问题，也不会产生严重的资源消耗。

2021 年 7 月，法拉利发布了 296 GTB 新车型。Fortnite 社区的玩家可以抢先"试驾"，驾驶这款搭载 V6 混合动力系统的虚拟超跑参加游戏。

成立于 2018 年的 Zepeto 正在逐渐成为一个时尚秀场。它是品牌方趋之若鹜的营销平台，GUCCI、Nike、The North Face、迪士尼、环球影城甚至现代汽车都已经入驻 Zepeto。但 Zepeto 平台并不鼓励过度消费，仅向用户提供 Ralph Lauren 和 GUCCI 等少数几家品牌的虚拟试穿服装。同时，在 Zepeto 上，用户可以尝试不同穿搭，积极试错，不再需要实际购买和囤积大量的服装来选择适合自己的搭配。

在元宇宙世界中，用户的满足感和幸福感，将不再通过现实世界中的过度消费来获得。那么这些消费体验从哪里获得？怎样获得？我们可以从符号消费中找到答案。

2.2.3 符号消费的兴起

"天价" NFT 的交易，并不是由资本市场操作的，而是基于该作品本身的符号意义和象征意义而实现的。

价值基于意义，而意义基于符号。

法国哲学家让·鲍德里亚在他最知名的 *Simulacra and Simulation* 一书中写道，人类社会用符号和象征来取代现实和意义，人类的体验是对现实的一种仿真。

作为营销从业者，我们不需要像哲学系和社会学系的学生一样深入研究这本书。但是，我们不妨以此为契机，以哲学的眼光去看待在元宇宙世界中即将发生的符号消费革命。

在让·鲍德里亚的另一本书《消费社会》中，他认为人们对产品的消费实质上是对物质所承载的符号意义的消费。鲍德里亚的符号消费理论认为，人们消费的不是物质，而是物质背后的符号意义。和消费主义注重对物质的消费不同，符号消费从物质层次进入到精神层次。

用户获得符号式的体验，甚至可以不依赖于在现实中真实存在的东西，而是通过创造一个不基于现实的超级现实（hyperreality）来实现。比如迪士尼乐园中的米老鼠和玲娜贝儿都是虚构的角色，但它们代表着纯真和美好，我们愿意相信它们真实存在。它们是我们童年时期的朋友和长大后的玩伴，我们宁肯排 5 小时队也要买到它们的玩偶及周边商品。

世界上迄今为止交易金额最高的 NFT，不是现实世界艺术品的数字化复制作品，也不是 Decentraland 和 The Sandbox 上流量最高的虚拟土地，而是被称为数字朋克艺术的 CryptoPunks。

CryptoPunks 是一系列 NFT 涂鸦艺术品的总称，发行量一共10 000 枚。每一枚都是基于算法生成的 24×24PX 的数字图像，其内容多数是男孩和女孩的形象，但也有猿猴等动物以及外星人的形象。

2022 年年初，CryptoPunks 第 8690 号作品在上海嘉禾拍卖行成功拍卖，交易金额超过 520 万人民币。仅仅几天后，CryptoPunks 第 2681 号作品以约 309 万美元的价格成交，但是这个价格在目前的 CryptoPunks 交易排行榜中仅位列第 12 位。2021 年 8 月，CryptoPunks 第 3100 号作品的报价达到约 9050 万美元。

如果你看到 CryptoPunks 的作品，可能会产生"就这？"的疑问。因为这些 24×24PX 的卡通图像，只有寥寥数笔的线条和简单的配色。

那么，为什么这些看似毫无价值的像素图像会屡屡以令人咋舌的价格进行交易呢？

其中一个原因在于 CryptoPunks 所代表的意义和象征。CryptoPunks 的制作基于以太坊 ERC-721 标准，而这一标准随着 CryptoPunks 的出现和流行成为 NFT 的首选标准之一。从这个意义上讲，CryptoPunks 是 NFT 的标志和"活化石"，是元宇宙世界的"国宝级文物"。

另外一个原因在于 CryptoPunks 的创意。CryptoPunks 的灵感来源于朋克文化，将早期区块链运动的反建制精神和去中心化精神永久地传承了下来。

2021 年 4 月，数字艺术家 Mad Dog Jones 的 NFT 作品 *Replicator* 以 414 万美元成交。这个作品的灵感来自洛杉矶市一间办公室的一台复印机，作者以此来隐喻技术的进步。画面上那台曾被人们广泛使用的"黑科技"复印机却随着数字出版的兴起而处于被淘汰的边缘。另一件 NFT 作品 *This Changed Everything* 价值 540 万美元，记录了万维网最早版本的源代码，其中包括万维网之父蒂姆·伯纳斯·李编写的代码的数字海报。加密艺术家 Beeple 创作的一件 NFT 作品 *Everydays：The First 5000 Days* 价值 7000 万美元，记录了 Beeple 自己在过去 13 年中每天的创作。Beeple 的另一件 NFT 作品 *Crossroads* 是元宇宙中第一件反乌托邦的作品。NFT 作品 *The Merge* 价值 9180 万美元，是元宇宙中第一件通过分拆 NFT 所有权，让一群人而不是一个人共同持有的 NFT 作品。

数字时尚也是一种元宇宙符号消费。2021 年，服装品牌 D&G 发行的数字时尚 NFT 让符号消费成为业界瞩目的焦点。由 D&G 设计师设计的这套 NFT 让时尚圈掀起了数字时尚的风潮。

图 2-5 展示了其中一件作品。

图 2-5　D&G 系列 NFT 的第 1 号作品（来源：opensea.io）

　　虚拟奢侈品只是元宇宙符号消费的表现形式之一。Nike、Adidas、可口可乐以及百威等非奢侈品品牌推出的 NFT 也广受欢迎。在 OpenSea 交易平台上，Nike 和 RTFKT 一共发行了 6200 款虚拟运动鞋（如图 2-6 所示），买家总计 3600 人，销售额达到 2700ETH（以太币，Ether）。

图 2-6　Nike Dunk Genesis CryptoKicks 系列 NFT（来源：opensea.io）

对于品牌和企业来说，无论在现实世界还是在虚拟世界，在未来生产和销售的产品不再是批量生产的同质化商品，而是基于用户情绪满足和价值实现提供的"超现实体验"。这种超现实体验及其承载的符号意义，并不是品牌单方面来赋予用户的，也不是简单通过 NFT 这种形式就能自发产生的。

这种超现实的体验需要品牌深入挖掘其价值和存在意义，尤其要找到与用户关联的符号意义和精神价值。

2.2.4　虚拟造物的出现

在元宇宙中，用户有着两种身份：玩家和造物者。用户可以试玩其他用户开发的游戏，购买其他用户设计铸造的数字收藏品。同时他们也可以以造物者的身份，为其他用户开发游戏，或者设计和发行数字收藏品。元宇宙用户可以在这两种身份之间相互切换。

用户两重身份的属性也让元宇宙具备传统互联网不曾拥有的创造力和活力。它能够让元宇宙自由进化，而这个进化的推动力源自全世界各地的数以千万的用户。用户的多样性和多元性增加了元宇宙的丰富性和可能性。

那么这样无序的进化是否有意义呢？因为我们知道虽然每一个用户都可以成为元宇宙的造物者，但是没有一个强大的组织来管理他们，也没有明确的目标来协调和约束他们。同时他们的创意水平和技术能力可能千差万别，远远比不上专业的游戏开发人员。他们开发的游戏和设计的 NFT 是不是还有价值呢？他们这种无序的建造将把元宇宙带向何方呢？

我们的疑惑可以从数学家西森拓做的蚂蚁族群迁徙实验中找

到答案。他比较了两群蚂蚁族的"搬家"过程，其中一群蚂蚁目标明确而且步调一致，而另一群蚂蚁杂乱无序甚至有的蚂蚁偏离了方向。但令人意想不到的是，第二群蚂蚁竟然首先到达了目的地。他多次重复了这个实验，得到了同样的结果。

西森拓解释说，一开始你可能会觉得这些迷路的蚂蚁没有什么用，但有时候它们兜兜转转反而找到了捷径，甚至能发现更好的目的地。

佛罗里达州的高中生 Alex Balfanz 也曾经是这样的"迷途蚂蚁"。他和同学花了 4 个月的时间开发一个名为 *Jailbreak* 的 Roblox 游戏。这个在 Roblox 自带的游戏编辑器 Roblox Studio 上开发的游戏在 Roblox 上慢慢流行了起来，为 Roblox 平台创造了一种新的游戏模式。图 2-7 是游戏截图。

图 2-7　Roblox 中 *Jailbreak* 游戏截图

这个游戏大部分道具都是免费的。但是玩家如果需要升级自已的车辆、汽车音响以及周边装备，则需要在游戏内的商城里购买。Alex Balfanz 就是靠着游戏商城，慢慢地在 Roblox 上获得收入的。

在 Alex Balfanz 从高中毕业时，他通过 *Jailbreak* 获得的收入刚刚够支付他未来在杜克大学约合 30 万美元的学费。但是等到他快要从大学毕业时，游戏的收入已经让他成了百万富翁。截至 2022 年 1 月，这款游戏的访问量超过了 55 亿，全球有 1700 万玩家把这款游戏列为最爱游戏之一。

在游戏的后续开发和优化过程中，更多的"迷途蚂蚁"加入了 Alex Balfanz 的行列。Alex Balfanz 的高中和大学校友以及玩家为他提供了 1 万多个游戏更新和优化建议。Alex Balfanz 和他的几个人的开发团队在游戏版本的更新中参考了这些建议，比如在游戏中加入飞机和更多的武器。

元宇宙的造物者群体不仅开发一整套游戏，还提供游戏和社区构建所需的建筑材料和道具。沙盒游戏 The Sandbox 集中了一大批游戏道具的造物者，他们使用 VoxEdit 软件为 The Sandbox 的"业主"和"开发商"设计游戏组件和装备。

玩家 Carina Chen 的第一件道具作品是一个其他玩家定制的陀螺，然后她继续挑战复杂程度更高、功能更多的元宇宙道具，比如一个名为 Super Mechamopher 的"变形金刚"，如图 2-8 所示。它可以被操控变形为一辆厢式货车或者一架战斗机。

在互联网行业中，昨天的传奇故事都是从主角大学退学开始，比如比尔·盖茨和马克·扎克伯格。而元宇宙的传奇故事提早到了高中甚至初中。

图 2-8　Carina Chen 设计的变形装备系列（来源：artstation.com）

这些传奇不是一两个人的专利，而是属于像 Alex Balfanz 和 Carina Chen 一样遍布在各个元宇宙平台上的 1300 多万造物者。造物者群体不仅在 Decentraland 和 The Sandbox 上开发游戏、建造房屋，也使用 Blender 和 Google Tilt Brush 设计和铸造 NFT。

在今天，越来越多的普通玩家在成为造物者。造物者群体不仅参与社区的建造和游戏的开发，也逐渐参与到平台和社群的协作和治理中。他们和玩家一起协作，管理一个个虚拟城市和社区，有的虚拟社区拥有超过上百万的虚拟居民。有时候造物者群体还会影响平台重大事项的决策。当世界最大的 NFT 交易平台

OpenSea 传出了要上市的计划后，OpenSea 的用户们马上投了反对票并采取了反对措施。这个反对措施就是成立一个名为 OpenDAO 的组织，该组织即将做的事情简单来说就是架空 OpenSea，带着 OpenSea 上的用户另起炉灶。如果这个目标能够实现，OpenSea 之后就是一具空壳。OpenSea 随后暂停了上市计划。

2.3 营销目标：实现沉浸式的价值交换

美国市场营销协会（American Marketing Association，AMA）给营销下的定义是：通过创造、沟通与交换产品，为顾客、客户、合作伙伴以及社会带来经济价值的活动、过程和体系。这基本上呼应了营销学大师菲利普·科特勒对营销的定义：市场营销是个人和集体通过创造产品和价值，并与别人进行交换，以获取其所需、所求之物的一种社会和管理过程。

以上营销的定义明确了营销的目标：创造并交换价值。

在传统营销和数字营销时代，营销的目标被局限在业务增长和销量提升两个原本属于销售的目标上，而丢掉了最重要的价值交换。营销的作用被低估了，随之 CMO（Chief Marketing Officer，首席营销官）的角色被弱化，甚至逐渐被 CGO（Chief Growth Officer，首席增长官）取代。

更为严重的是，随着新零售产业和数字营销模式的出现，营销逐渐从企业战略变成片面强调实效和利润的执行工具。营销逐渐进入销售的领地，在向销售赋能的同时模糊了营销自己的角色和作用。而在元宇宙营销中，营销将重新捡起被自己丢掉的角色和目标。

2.3.1　数字营销：内容创造和社交货币

在了解元宇宙能够为营销带来什么改变之前，让我们先来重新审视 Web 2.0 和数字营销时代中营销的角色以及目标。

Web 2.0 时代的最大特征就是双向互动和用户自创内容。与 Web 1.0 互联网单向沟通和网站聚合信息的模式不同，Web 2.0 的内容由用户创造和发布。用户是内容的使用者，也是内容的创造者。

但是，同为创造者，Web 2.0 用户和元宇宙用户创造的内容是否不同呢？

相比于元宇宙更强调创意和想象力的沉浸式内容，Web 2.0 的内容类型主要是动态、经验以及技能。这些内容一旦被阅读和转发，就会成为社交货币。

广义的社交货币是指能够引起点赞、转发以及评论的内容，也就是我们所说的"谈资"。对一般的用户而言，获取社交货币是他们在社交网络上频繁发帖和积极参与互动的原因。用户在微信上发布的朋友圈内容和在微博上转发的推文，都是经过自己精心挑选的，因为这些内容代表着用户的形象、观点以及价值判断。我们会倾向于分享那些使自己看起来"高富帅"或"白富美"的内容，因为这些内容更容易引起关注和点赞，从而增加自己的社交货币。

用户需要社交货币，来获得关注和认同。我们转发蓝翔技校的二次元招生广告，点赞支持"地球一小时"的环保活动，都是获取社交货币的方法。

社交货币也具备变现的能力，随着社交货币逐渐累积，用户会逐渐成为大众网红或者垂直领域的意见领袖，通过平台的作者奖励计划或者与品牌进行广告合作获得收益。但是用户的社交货币并不等于其名气和受关注度，就像品牌的知名度和美誉度不能划等号一样。

社交货币对平台来说也同样重要，是 Web 2.0 时代平台的流量源泉。比如，新浪微博从明星官宣和热搜新闻中获取社交货币，淘宝、天猫从造物节活动和网红直播间获取社交货币，而小红书从专业用户评测内容中获取社交货币。

狭义的社交货币特别限定为品牌的社交货币，用来衡量用户分享和推荐某一品牌内容的倾向性。品牌的社交货币越多，品牌的口碑效应越明显，进而获得的流量就会越多，销售转化率就会越高。

我们今天衡量一个营销活动是否成功，关键要看用户的参与程度和分享倾向，具体通过点赞、评论和转发的数据进行衡量。

虽然我们一向认为成功的营销目标是客户增长和销售转化，并且刻意区别品牌营销和实效营销的不同作用，但是我们更应该认识到销售目标不是营销的目标，销售目标的达成是成功营销和社交货币累积的自然结果。用户参与程度越高，分享越积极，销售转化率也会越高。比如，鸿星尔克因为河南特大暴雨灾后的"破产式捐款"在随后的 100 天内引发了海量的用户点赞和分享。在该事件最受关注的那段时间，它的抖音直播间突然涌入 200 万人，在两天内累计销售额超过 1.7 亿元人民币。而在这个过程中，鸿星尔克并未以销售为目标，也并未向抖音直播间进行引流。

那么如何获取社交货币？沃顿商学院教授约翰·伯格和他的同事们长期跟踪及监控网络传播和信息交互，用营销学、心理学、社会学和传播学的方法对《纽约时报》的网站、Google以及社交网络上流行的内容进行研究。约翰·伯格认为，无论是马尔科姆·格拉德威尔的引爆点学说还是奇普·希思的黏着力效应，都过多强调了人在传播过程中起到的作用，而忽视了内容本身的决定性因素。

引爆点理论强调了种子用户和语境是流行的原因，但是意见领袖的权威在移动互联网时代被稀释得更严重了，他们已经不再独占信息优先权，在价值观和判断力上会受到网络个体智慧的挑战（占据流量风口的网红除外）。黏着力效应支撑着内容营销的理论体系，但是只强调了用户的粘合力而忽视了用户的二级传播和转发，无法让品牌内容成为网络生态的有机部分。

品牌和消费者的关系已经逐渐突破了买卖和使用的范畴。一方面，品牌即表达；另一方面，消费者希望品牌拥有正确的价值观和良好的愿景，并希望品牌引领正确的潮流和未来趋势，帮助消费者提升个人形象。所以，品牌营销的重心不是包装产品和单方面"抛售"价值观，而是在越来越真实的虚拟世界中发掘价值和引领潮流，鼓励用户的有效分享。为了鼓励用户的分享，品牌不仅需要洞察消费者的偏好和行为方式，更需要探索品牌的社交价值和虚拟定位，与用户一起构建品牌文化并打造独特的网络品牌体验。

内容（有用、有趣以及有益的信息）是产生社交货币的最主要来源。这也是内容营销成为品牌营销核心的原因。对B2B公司来说，内容营销（包括产品手册、应用白皮书、客户案例、线上直播等内容形式）几乎就是营销的全部。

在多年之后，回忆那些曾经给我们带来美好印象的品牌内容，大多数的效果广告都会淹没在记忆深处，但是我们很可能会回想起广告短片《蠢蠢的死法》《谁是佩奇》，以及乐高大电影……

那么对品牌来说，最理想的营销模式就是品牌创造有用、有趣和有益的内容，让用户主动参与并积极转发。这将完成品牌和用户之间的价值交换。品牌获得了关注，用户获得了谈资，双方都获得了社交货币。

但这个理想化的营销模式在现实中却遇到了挑战。

用户创造内容（User Generated Content，UGC）和品牌创造内容（Brand Generated Content，BGC）顺利地为用户和品牌生成了各自的社交货币。但 Web 2.0 也没有给用户和品牌之间搭建社交货币自由流通和价值交换的桥梁，甚至连内容的传递都要依赖互联网平台。品牌内容触达用户，不取决于品牌内容的质量，而是品牌是否对平台支付了广告费。

平台垄断内容分发，也让品牌被迫选择私域，把流量引入品牌自己组建的平台和网络社区，以实现内容的自由流动。

Web 2.0 的互联网平台，比如 Google 和 Facebook，依靠平台经济（platform economy）这把胜者通吃的武器，打造"免费"的平台让开发者、用户以及生态伙伴接入使用。随着用户和第三方开发者越来越多，这些平台的生态也越来越完善，慢慢成为人们生活和工作不可或缺的工具。这些平台的出现，提升了我们的信息获取的效率，同时创造了更丰富的网络场景。但是，这些互联网平台一旦发展到一定的阶段，就会筑起高高的围墙和宽宽的护城河，开始在自己的领地里把流量转化为收入。对这个过程我们一般称之为货币化，或者称之为变现。

平台可以对用户的数据进行分析，通过内容和游戏化体验的刺激尽量让用户重复访问并且长时间停留，然后进行个性化的推荐并绑定定制化的变现方案，最终把用户转化为付费用户。平台流量货币化的极端表现就是我们经常碰到的"杀熟"。

除了从用户手中收取使用费，平台流量变现的另外一个手段就是从品牌方收取费用。平台为品牌设计一整套付费套餐，比如用于产品和品牌推广的广告费、用于开设店铺的保证金以及 5%的交易抽成。

平台一手拉着用户，一手拉着品牌，把用户流量打包封装，然后卖给品牌。品牌和用户的直接关联被平台的算法和流量分发机制牢牢控制。平台流量货币化在实现平台变现能力最大化的同时，也阻断了品牌内容的自由流通。

同时平台流量货币化也剥脱了用户创造的价值：以时间、劳动、想象力和算力创造的内容。平台方虽然会对用户的内容创作进行奖励和补偿，但还是从用户实际创造的价值中赚取了巨大的"差价"。并不创造实际内容的用户既是平台流量的主要贡献者，也是被杀熟的对象。

在这种困境下，品牌的数字营销的效果被平台进行了限制。这种限制体现在品牌内容出现的次数和品牌支付的广告费直接相关。品牌只能被迫以销售目标来衡量营销效果。

2.3.2　元宇宙营销：价值创造和价值交换

如果现在的互联网是"信息的互联网"，那么元宇宙的互联网就是"价值的互联网"。

元宇宙之所以被称为价值的互联网，其原因主要有 3 个。

1. 元宇宙的一切生产要素和资产要素都是价值的载体

元宇宙中的虚拟土地、开发者劳动、计算机算力是生产要素。在 Decentraland 或者 The Sandbox 这样带有元宇宙属性的虚拟土地平台上，这些土地需要通过计算机算力和开发者劳动开发出来。因此虚拟土地像 NFT 和虚拟代币一样，是元宇宙具有价值的链上资产，具有稀缺性。

元宇宙中用户的信息、时间、劳动是资产要素。用户可以在 Treeverse、Star Atlas、Magic Craft 等元宇宙游戏平台上，把时间和劳动转化为收益。让用户通过玩游戏赚钱的方式获取收益已经成为很多元宇宙游戏的基础操作。

参与赚钱的方式也逐渐在元宇宙社交场景中被广泛采用。用户在这些平台的行为和在线时长都可以转换成具备价值的虚拟代币。例如在上文提到的 Aglet 游戏中，玩家通过在游戏中行走和跑步赚取虚拟代币，把自己的时间和行为进行货币化。

2. 元宇宙中生产要素和资产要素的价值可量化、可确权

元宇宙平台上的生产要素通过区块链进行价值量化和确权，元宇宙平台上的资产要素通过 NFT 的铸造进行价值量化和确权。

比如，元宇宙游戏 Magic Craft 是以宇宙为背景、建立在区

块链币安智能链上的游戏。其游戏角色作为 NFT 发行，这些游戏角色的武器、盔甲和法术道具等物品都具备 NFT 属性。这些以 NFT 形式出现的游戏角色和物品，可以被用在游戏角色上，也可以在市场上自由交流和质押，换成虚拟代币。

除了这些生产要素，玩家可以通过 PvE（人与环境对战）或 PvP（玩家对战）模式进行游戏，把自己的时间、精力、技巧转换成游戏代币和游戏内奖励。比如玩家可以加入部落参与部落战争，占领其他玩家的城堡，并夺取战利品。玩家的战利品以游戏内代币 MCRT 的形式分配给获胜者。而游戏代币 MCRT 同时是游戏的决策币，持有 MCRT 的玩家就像股票的持有者一样有权参与对社区和平台重大问题的决策。

香港区块链游戏公司 Animoca Brands 开发的 REVV Racing 系列游戏把传统的赛车游戏重新搭建在以太坊和福洛（flow）两大公有链上，游戏玩家通过参与赛车锦标赛等虚拟赛事，赚取赛事奖金和游戏奖励积分。

3. 元宇宙要素的价值在元宇宙内互认互通

元宇宙要素跨平台的互认互通正随着元宇宙的持续进化逐渐成为现实。

如果你是一个 NBA 球迷，你可能会注意到从 2021 年 8 月开始，NBA 球星斯蒂芬·库里的社交媒体头像换成了一个猿猴。这个头像不是一个普通的图像，而是库里花费 18 万美元购买的 BAYC 出品的 1 万个猿猴 NFT 中的一个。用户可以把自己拥有的 NFT 在社交媒体平台或者元宇宙游戏中重新渲染成头像或者可穿戴装备，这是 NFT 跨平台使用的一个例子。

NFT 在元宇宙世界的自由流通是 NFT 投资和增值的基础。在元宇宙最大的交易平台 OpenSea 上，无论是 Axie Infinity 里面玩家驯养的小精灵，还是 The Sandbox 上的虚拟地产，或者是 Decentraland 的虚拟建筑，都可以进行自由交易。这些交易一旦完成，买家和卖家无须在游戏内进行复杂的移交手续。

Z 世代以及未来的元宇宙居民将重视元宇宙资产，并将使用这些资产创造更多的价值。这些资产包括用户身份和数字替身资产、玩家创造的内容、玩家建造或者赢得的 NFT。

一旦用户将其拥有和创造的元宇宙要素（土地、建筑、物品、奖励）铸造成 NFT，用户的"原创"就得以保护，用户对这些财产的所有权也将得以确认。用户对这些 NFT 拥有处置权，并且通过持有 NFT 和游戏代币获得资格来参与元宇宙大小事务的决策。

所以，元宇宙是承载价值并以价值交换的互联网，能够在品牌与用户之间搭建价值交换的桥梁。

2.3.3　从创造体验内容到创造体验场景

菲利普·科特勒认为现代的营销逐渐进化为人文主义的营销。在他的营销学著作《营销革命 3.0：从产品到顾客，再到人文精神》中，他认为消费者正变得自觉、主动和强大。在以产品为基础的营销 1.0 时代和以消费者为基础的营销 2.0 时代之后，我们将进入以人文为基础的营销 3.0 时代。

传统市场细分不再有效，甚至连目标消费者这个概念都会消失。未来，基于社交强关系和兴趣弱关系的社群可能组成细分市场的新单位。但无论是微信朋友圈还是 Snapchat 群组，无论社群规模大小，无论它的建立基础是社交关系还是共同兴趣，都天然对品牌试图向社群植入广告和品牌内容的做法进行抵制。

我们不再把营销看成品牌攫取消费者注意力的零和游戏，也不再把消费者看成花钱购买产品和服务的顾客。相反，消费者原有的身份消失了，被重新还原成具有个性和多样性、受价值观和情感驱动的人群，他们是企业潜在的合作者。他们甚至不再是品牌内容的消费者，而是品牌内容的创造者。

菲利普·科特勒在其最新著作《营销革命 4.0：从传统到数字》中进一步指出，在注意力稀缺和信息碎片化的时代，品牌需要为消费者创造"惊奇时刻"。这个时刻来源于极致的用户体验。

在数字营销中，品牌的一个重要任务就是为用户创造体验。体验营销和体验经济是数字营销时代品牌与用户深度互动并建立全方位品牌关系的基石之一。

体验营销可以通过线下的品牌快闪店和线上的虚拟体验馆，向消费者提供色、声、味、触的刺激，让他们获得全方位的感官"按摩"和情感抚慰，进而让他们心甘情愿地拍照转发。从可口可乐快乐贩卖机、Adidas 快闪店，到纽约时装周 29Rooms，再到网易丧茶店、淘宝造物节，可触碰的线下体验和情感互动让品牌与用户建立了更深层次的品牌关系和情感链接。

体验经济和体验营销的研究专家 B.Joseph Pine II 和 James H.Gilmore 认为，令人印象深刻的活动和鼓励消费者参与的体验是提升未来品牌竞争力的关键。关系营销专家 Livy Alvey 进一步指出，情感链接是培养品牌忠诚的基础。根据活动策划平台 Eventbrite 发布的新生代报告，超过四分之三的新消费者（包括出生在 1980 年后的千禧一代）在预算有限的情况下会考虑购买体验，而非实物；超过 80% 的新消费者对现场感和即时体验感兴趣，因为这些体验帮助他们完善自己的人设。使用权大于所有权的共享经济是体验经济的其中一种类型。活动和体验营销公司 AgencyEA 的联合创始人 Fergus Rooney 认为，89% 的广告内容被消费者忽略了。广告和品牌内容很少让你有分享的冲动，但是体验可以。

英菲尼迪在"圆石滩汽车周"的 Driven By Emotion 体验中心为参观者配发的智能手环和其他传感设备，可以监控参观者的血压、心跳，并进行瞳孔追踪和面部扫描，获得其对新发布车型的反馈数据。活动技术公司 Lightwave 为百事在西南偏南 Bioreactive 音乐会提供的智能手环，可以实时监测并反馈现场观众对音乐的反应。Mastercard 全球首席营销官 Raja Rajamannar 认为，当今的世界变得更加"体验化"，每一个用户都是内容的生产者。人们对于美好体验的需求是无限的，而品牌生产的内容是有限的。品牌需要充分利用用户的力量，帮助他们获得故事的原料和灵感，生产品牌故事。

在元宇宙这个概念没有提出之前，品牌就已经开始利用虚拟现实和增强现实来把体验营销提升到一个新的层次，把用户放入沉浸式的场景之中。

以往耗时费力的实物场景搭建，现在已经可以使用虚拟现实和增强现实技术来实现。沃尔沃汽车只需要一套 VR 设备和游戏，就可以构建一个虚拟 4S 店。可口可乐用一部装备着 VR 设备的卡车，就可以把完美的圣诞体验带给消费者。元宇宙为这些沉浸式的体验提供了更宽广的舞台和更多元的场景。2019 年，服装品牌 H&M 联合 Warpin Media 公司为用户搭建了一个定制个性化 T-shirt 的场景。用户可以使用 Magic Leap 混合现实设备，动手设计一件星球大战主题 T-shirt，这件用户自己创作的衣服可以在现场印制完成。

通过 Magic Leap 设备或者运行在手机上的 AR 软件 Obsess，品牌可以随时随地在现实世界搭建起一个玩家可以进入互动和参与的沉浸式体验场景。美国电信公司 AT&T、快消品牌通用磨坊、玩具品牌 Mattel、奢侈品牌 Fendi 都出现在了 Magic Leap 和 Obsess 一长串的品牌客户名单上。

这种基于现实场地的沉浸式场景有一个巨大的挑战：玩家数量限制。这依然只是一个包含沉浸式体验元素的营销活动，而并不是一个玩家可以自由自在创造的沉浸式场景。

那么在元宇宙世界中的沉浸式场景搭建还有什么选择吗？或许 Vans 可以为我们提供一个参考。

Vans 的解决方案之一是在元宇宙虚拟社区 Roblox 上搭建一个永不落幕的沉浸式体验社区。Vans 和 Roblox 上的开发者 The Gang Stockholm 等团队合作，在 Roblox 上自建了"Vans 世界"（Vans World）社区。Vans 世界以加利福尼亚 Off The Wall 滑板公园为原型进行虚拟再造，拥有沙滩和标志性的 Vans 之家，让玩家可以自由探索。

Vans 世界提供的沉浸式体验包括如下方面。

- 游戏社交。在 Vans 世界，玩家可以和好友一起玩滑板，看看谁能做出最疯狂的动作。他们可以在每日挑战中磨炼和展示自己的滑板技巧。

- 自由创造。玩家可以自定义专属 Vans 鞋子、装备与滑板，展现自己的独特风格。无论玩家想更换滑板上的胶布还是鞋子上的边条，以搭配自己在现实生活中的风格，都可以实现。这里的可能性近乎无限。
- 虚拟试穿。玩家可以试穿或者试用 Vans 的鞋子、装备和滑板。
- 虚拟商品购买。玩家可以购买或者赢取独家的 Vans 虚拟服饰、配件等物品，并且可以用这些来装饰自己的虚拟形象。

Vans 全球营销副总监 Nick Streetrenwei 说，个性化表达一直是滑板文化的重要组成部分，也是 Vans 50 多年来的品牌营销目标之一。Vans 世界可以为玩家提供一个沉浸式的创意表达和体验的平台，把现实世界和虚拟世界的时尚、社交、游戏完美融合在一起。

除了 Vans 之外，在元宇宙平台上构建自己的沉浸式体验社区的品牌还包括 GUCCI、Stella McCartney、Burberry、可口可乐、Netflix 以及 Warner Bros，范围涉及奢侈品、快消品、体育、娱乐甚至教育机构。在疫情期间，加州大学伯克利分校为毕业生举办了虚拟毕业典礼，校长致辞、学位授予、抛礼帽、领学位证甚至毕业舞会等活动都是在"我的世界"游戏里的虚拟校园中完成的。

2.4 案例：Nike 的元宇宙乐园

元宇宙为消费者提供了前所未有的沉浸式数字体验，也为品牌带来了新的人、货、场 3 要素。面向数字替身的营销为品牌提供了直接与消费者沟通的机会，NFT 为品牌提供了"虚拟商品"
这个新的产品形式和商业模式，同时品牌元宇宙社区可以让品牌
实现与用户的持续性实时互动，并在实时互动中与之建立新的品
牌关系。

面临营销生态和消费者行为的改变，品牌应该始终保持尝试
和学习模式，以强大的求知欲探索营销思想和营销方法的迭代。

Nike 是积极探索元宇宙营销的品牌之一，不仅大力投入对
虚拟产品的研发，还在元宇宙平台上建立了品牌虚拟专区。Nike
的首席执行官约翰·多纳霍认为 Nike 对元宇宙的积极探索是公
司数字化转型的重要战略组成部分。元宇宙为 Nike 提供了一个
链接玩家、运动员和艺术家的平台，并把体育、创意、游戏和文
化四个要素完美结合在一起。

1. 人的转型：面向数字替身的新体验

如何实现与数字替身的互动？ Nike 在 Roblox 平台上建立了
"Nike 乐园"（Nikeland），作为永久的元宇宙品牌社区。在这个虚
拟社区中，Nike 为用户的数字替身提供了虚拟的服装和运动设备。

Nike 乐园有专门的 Nike 装备体验区，可以让玩家的数字替
身在这里进行穿着体验。到目前为止，Nike 装备体验区的产品包
括 Roblox 官方配色 Mercurial 足球鞋、Air Force 1 和 Nike Blazer
等经典款式的鞋子。同时，装备体验区还有 Nike 的 ACG 系列鞋
子和服装等。Nike 乐园如图 2-9 所示。

虽然 Nike 并没有推出自己的品牌数字替身在这里与用户互
动，但是 Nike 会不定期邀请体育明星的数字替身来 Nike 乐园与
用户见面。

图 2-9　Nike 在 Roblox 上的虚拟社区

2022 年 2 月，在 NBA 全明星赛举办期间，Nike 邀请了 NBA 运动员勒布朗·詹姆斯走进 Nike 乐园，直接与球迷互动，并激励玩家在篮球场上一起参加篮球竞技。

2. 货的重构：Nike 虚拟产品

早在 2021 年，Nike 就宣布收购虚拟产品设计公司 RTFKT。RTFKT 于 2020 年创立，这个面向元宇宙的设计工作室利用游戏引擎、NFT、区块链身份验证和增强现实来设计虚拟产品和体验。RTFKT 有着丰富的数字体验设计经验，同时拥有活跃的创造者社区。RTFKT 与村上隆合作的 CloneX NFT 项目的总成交额超过 6500 万美元。

2021 年 2 月，RTFKT 与数字艺术家 FEWOCiOUS 合作的运动鞋在现实世界和虚拟世界同时发售，在短短 6 分钟内成功售出约 600 双，总销售额超过 310 万美元。在正式发售之前，RTFKT 与 Snapchat 合作，利用增强现实技术让用户试穿将要发售的鞋子。

Nike 收购 RTFKT 是其积极布局虚拟产品的重要一步。这将帮助 Nike 提高虚拟可穿戴产品的生产规模和设计水准。与此同时，Nike 希望为这家初创公司提供资金，以进一步探索元宇宙所带来的可能性，并为元宇宙的数字替身提供与现实世界平行的生活和运动体验。

喜欢运动鞋的年轻一代和对 NFT 感兴趣的人群高度重合。根据 CivicScience 等机构的调查数据，18 岁至 24 岁的年轻消费者相对更熟悉 NFT，其中 14% 的人表示他们已经投资了 NFT，18% 的人表示他们有兴趣购买虚拟土地。

3. 场的再造：Nike 乐园

2021 年，在与 Roblox 合作实验了多个 NFT 项目之后，Nike 决定在这个元宇宙平台上建立一个永久的元宇宙品牌基地。这个被 Nike 命名为 Nike 乐园的元宇宙品牌社区，目标是把体育和运动变成一种生活时尚。

Nike 乐园的建筑和场地灵感来自 Nike 在现实世界中的总部，并且向全部玩家免费开放。

对于这个虚拟的乐园，社交和游戏是其最重要的功能。到目前为止，Nike 已经开发了障碍跑比赛、*The Floor is Lava* 以及《空气乌托邦》等游戏。为了增加互动性，Nike 向玩家提供了游戏创造工具和道具，让玩家可以自己创造迷你游戏。Nike 乐园还在游戏中为玩家模拟真实运动的体验，鼓励玩家多运动。玩家可以利用手机或者头显设备里的加速度功能，完成跳远或速度跑等动作。

在 Nike 乐园里，Nike 创造了游戏化的价值交换机制。玩家的时间、行为以及创意都将被量化并兑换成玩家收益。玩家在

Nike 乐园参与比赛、建造房子、参与复活节彩蛋活动等，都会获得蓝丝带和金牌奖励。蓝丝带用于获取建筑材料，而金牌用于解锁虚拟产品。

4. 双向互通：虚拟和现实

一方面，Nike 通过虚拟社区和虚拟产品打造用户在品牌的虚拟世界中的体验；另一方面，Nike 正积极探索虚拟世界如何与现实世界联动互通。

以 Nike 乐园这一品牌虚拟社区为例，Nike、Roblox 联合 Snap 公司把虚拟世界中的 Nike 乐园通过 Snap 的增强现实技术放到线下的现实世界中。通过 Snap 的增强现实应用，Nike 在纽约复刻了 Nike 乐园，可以让用户在现实中体验 Nike 乐园。

5. 元宇宙转型：Nike 虚拟工作室

为了更好地探索元宇宙品牌营销的新模式，Nike 成立了 Nike 虚拟工作室。这是一个专注于虚拟运动产品的部门，并已经在洛杉矶和纽约设立了创意中心。Nike 的首席执行官约翰·多纳霍说："这个新的部门将作为独立工作室运营，围绕虚拟产品建立我们的业务。同时这个部门将与 Nike 的核心业务部门合作，为消费者提供一流的 Web 3.0、元宇宙以及基于区块链的体验。"

成立一个专注于虚拟体验的新团队是 Nike 公司向 Web 3.0 转型的战略步骤之一，也是向元宇宙积极布局的最新举措。

2.5 结语：去品牌化趋势和元宇宙品牌崛起

品牌对消费者而言扮演了两个重要角色。第一个角色为产品价值背书，提升用户对产品的信任。对用户而言，品牌是信誉、质量和信念的保证。第二个角色是充当用户自我表达的载体或文化符号，或者说品牌向用户售卖希望和答案，并代表他们理想化的生活。

"去品牌化"一般是指品牌承担的第一个角色的作用正在慢慢消失，品牌影响用户购买决策的力量在逐渐减弱。这是因为，随着互联网上信息逐渐充盈甚至饱和，用户可以获取大量信息来做出更加理性和合理的消费决策，而不再依赖品牌提供的信息和引导。

信息经济学家 Carl Shapiro 和 Hal R.Varian 在《信息法则：网络经济的策略指导》一书中预测，随着人们获得越来越多的免费信息，品牌的力量将会减弱。斯坦福大学教授 Itamar Simonsen 和作家 Emanual Rosen 在他们的著作《绝对价值：信息时代影响消费者下单的关键因素》一书中提出，营销人员需要重新评估品牌在消费者的购买决策中产生的影响。他们认为当消费者可以使用更好的信息来源（例如其他用户的评论、专家意见或他们在社交媒体上认识的人提供的信息）来评估产品质量时，对品牌信息的需求就会降低。

Z 世代的消费观念的变化也在加强去品牌化的趋势。作为年轻一代的消费群体，他们更加自信、有主张、有鉴别力，与用品牌来明确自我身份相比，他们更愿意为体验和品质买单。根据 CBNData 发布的《中国互联网消费生态大数据报告》，90 后更成熟的消费观念体现在他们会在有限的消费预算里选择最适合自己的产品，使得在购买去品牌化产品的消费者中 90 后消费者的占比逐年扩大。

去品牌化的浪潮首先从生活家居领域开始，在互联网平台的积极参与下逐渐覆盖各个行业和领域。网易严选和小米有品就淡化了品牌的概念，从代工工厂直接进货，去除了所有不必要的中间环节。生活家居产品纷纷去品牌化的影响就是这个领域里大量的中小品牌正在急剧消失。以往依靠营销建立品牌但是生产上却依赖从代工工厂拿货贴标的品牌的竞争力在逐渐减弱。去品牌化浪潮也在深刻地影响着零售行业和快消品行业。曾经的超市第一品牌家乐福已经淡出了中国市场，品牌影响力强大的可口可乐和百事也在面临元气森林等新兴饮料品牌的挑战。更加极端的例子是，大多数品牌的影响力和号召力甚至比不上网红和意见领袖。

去品牌化从概念提出的时候就饱受质疑。其中一个最重要的质疑的论据就是，在互联网时代，苹果、Google、微软和华为的品牌实际上变得更强了；几乎在网易严选和小米有品崛起的同时，无数的新品牌在淘宝、小红书和抖音等平台纷纷出现。

这是理解上存在误区。去品牌化不是让品牌消失，而是让品牌的第一个角色的重要性和影响力减弱。在信息传递、质量保证、信任背书等方面，品牌的角色和作用都在急剧弱化。过去的经验会被淘汰，昨天的创新会被超越，作为价值符号，品牌和品质之间已经不能划等号。

Google 和 Facebook 几乎没有在传统广告上花过钱，而是通过增长营销和黑客营销的免费服务和优秀创意让品牌保持其存在意义并使其产品与人们的生活息息相关。苹果公司的营销预算也比同行要少，它的品牌建立在整体的产品体验上。

用户忠诚度的消失也助推去品牌化的趋势。无论是沃尔玛、可口可乐还是 3 只松鼠、瑞幸咖啡，都面临用户忠诚度下滑的问题。品牌反而需要借助热点和与代言人绑定，依靠物资奖励刺激用户的方式，去维系与用户之间的关系。去品牌化也意味着品牌溢价的空间在逐渐消失。比如，在没有明显差异化的条件下，在索尼和小米的同样性能参数的电视机之间，大多数消费者都会选择品牌溢价更低的小米。

在元宇宙的世界中，去品牌化的趋势将更加明显。在虚拟世界中，任何品牌生产的数字运动鞋都不太可能有功能性的缺陷或者质量上的巨大差异，这就放大了品牌的表达功能和符号价值，也就是品牌的第二个角色的重要性。虽然仍有一些信任因素需要考虑，例如品牌的持久性和连续性，但元宇宙品牌的塑造更多取决于为数字替身提供的沉浸式体验以及持续创造价值的能力。

在元宇宙中，人们不再需要依赖品牌的背书来挑选正确的产品，这种交易过程将由去中心化的区块链协议来保证买卖双方的权益。

在决定是否要购买之前，用户已经可以通过试穿和试用来体验品牌的产品和服务。品牌产品和服务本身的功能和体验，以及产品本身所包含的稀缺性价值、创造力和想象力，成为影响消费者购买决策的最重要因素。品牌的知名度和美誉度并不足以让品牌取得竞争优势和溢价空间。

产品的去品牌化和元宇宙的去中心化将同步进行。在去中心化的元宇宙，平台和品牌的影响力和控制权将减弱，跨国品牌依靠高额广告投入来获取流量并占据大量市场份额的方法将逐渐失效。

相反，即使再弱小的品牌，如果它能够为元宇宙用户创造价

值，以差异性和创造力满足用户的个性化需求，并且能够与用户
建立持续的、紧密的互动，那么它就可以在元宇宙中迅速积累社
交货币，成为强大的元宇宙品牌。比如，成立于 2020 年的虚拟
产品的设计机构 RTFKT 开创了跨平台可穿戴虚拟产品的先河，
让用户的数字替身可以在元宇宙游戏和社交场景中穿戴设计出众
的运动鞋。该机构在短短两年之内成为虚拟设计行业首屈一指的
品牌之一。2021 年，凭借其创新能力和影响力，该品牌成功被
Nike 收入旗下。

营销人员需要从根本上改变对元宇宙品牌建设的看法，让品
牌承担的第二个角色更加凸显。这是一个去品牌化的过程，也是
一个元宇宙品牌建设的过程。在这个过程中营销人员将承担最核
心的角色。元宇宙的品牌竞争力，不再依赖品牌对供应链、研发
制造以及销售渠道的规模优势和管理能力，而是依赖品牌的虚拟
创新能力和价值创造能力。

进入元宇宙营销时代

营销人、货、场的生态，营销对象以及营销目标都在持续进化。无论元宇宙最终走向何方，因它而起的这场营销进化，将为企业和品牌带来远超数字化转型的影响。这一章将简单回顾营销方式在过去100多年间的演变，并着重探讨在元宇宙去中心化的背景下营销要素以及营销战略的变化。

3.1 现代营销战略的演变

营销的诞生源于企业在产品供给超过需求时的出售冲动和品牌标新立异的竞争需求，但是真正意义上的现代营销是消费主义的副产品以及传播技术发展的产物。在漫长的历史中，人类营销的媒介就是人类本身。古代的品牌的建立，一是依靠口口相传，二是依靠事件营销。

这样的营销，是稀少而昂贵的。

现代营销随着消费主义而萌芽，16 世纪和 17 世纪的地理大发现让欧洲成为地球上第一块崇尚物质和享受的乐土，也让现代意义上的营销方法和理论逐渐成型。

3.1.1　以产品为核心的 4P 营销理论

现代营销兴起于工业革命时期，人类第一次依靠机器的力量生产出远远大于自己需求的产品的时候。围绕产品、用户和竞争，包括定位、分群、渠道、竞争位、广告、公关等在内的现代营销理念和营销手段不断成型。

蒸汽动力和电气动力驱动了大宗消费品制造和消费主义的兴起，也催生了可以触达和链接海量人群的渠道和平台：电报、报纸、广播、电视、博览会、竞技体育和娱乐综艺。

1900 年，法国一家轮胎制造公司在巴黎万国博览会期间推出了一本美食地图，希望以此提升汽车的使用率，从而提升轮胎的销量。这本红色封面的小册子就是后来的《米其林美食指南》。这本美食指南在之后的 100 多年里影响力不断增强，助力米其林成为全球最知名的品牌之一。这个品牌营销的杰出案例不但成就了品牌自身，也让全世界认识到了营销的魅力。

1902 年，皇家马德里俱乐部成立，拉开了会员制营销的序幕。就在同一年，密歇根大学和哈佛大学几乎在同一时间开设了营销理论课程。之后，营销从纯粹的销售范畴中被剥离，向战略研究的方向转变。与此同时，营销理论也逐渐成型。

1960 年，美国密歇根州立大学的杰罗姆·麦卡锡教授在其《基础营销学》一书中将影响营销的因素概括为 4 类，即产品（Product）、价格（Price）、渠道（Place）、推广（Promotion）。我们将这一理论称为 4P 理论。

从本质上看，4P 理论围绕第一个 P，即产品的性能和差异化，来对其他几个影响因素进行不同的配置。在这个理论框架中，企业更重视"产品力"，依靠"定位""差异化竞争"和"心智占领"来获得用户增长。在这个框架下，营销和销售往往是分开的，因为销售最终是通过渠道管理，由经销商以及分销网络来间接实现的。

随着营销实践的不断丰富，营销学专家不断对 4P 理论进行优化。

在全球化背景下，企业需要获得当地政府和社区的合作与支持。政治力量和公共关系这两个新的营销战略支点迎合了全球化的趋势，助力企业及其品牌进入全球市场，特别是新兴市场。因此，菲利普·科特勒将 4P 理论扩展为 6P 理论。1986 年，菲利普·科特勒在《哈佛商业评论》上发表了 *Megamarketing* 一文，并在文中提出了"大市场营销"的概念。他在原来的 4P 理论的基础上，增加了两个 P——政治力量（Political Power）和公共关系（Public Relations），形成了 6P 理论。

全球化趋势在为企业带来新市场和新用户的同时，也为企业带来了新的挑战。这是因为，每个国家和地区都有其独特的政治、经济、科技和社会背景，由此带来的消费行为、用户偏好以及消费文化各不相同。同时，全球化竞争也在加剧，企业在全球的竞争力并不是均衡分布的，企业在某一国家或者地区可能享有巨大的竞争优势，但是在另外一个国家或者地区可能会遇上势均力敌的对手。全球化带来的多极化和多元化，让企业的营销方式越来越精细化。企业纷纷加强了在市场调研上的投入，并依靠精准定位人群和优化资源配置来建立竞争优势。原本的 6P 理论显然不够用了。

为了更好地让营销理论支持企业的全球化竞争，营销学专家随后把 6P 要素增加到了 10P 要素，把市场洞察（Probing）、市场细分（Partitioning）、优先（Prioritizing）、定位（Positioning）等营销工具引入了营销战略框架。

3.1.2　以用户为核心的 4C 理论

互联网时代的到来给营销带来了巨大的冲击。

1989 年蒂姆·伯纳斯·李提出了万维网的构想，并成功开发出了世界上第一个 Web 服务器和第一个 Web 客户端软件，把互联网应用推上了一个新台阶。1990 年诞生了第一个拨号上网的商业供应商 The World。John Romkey 的烤面包机也于 1990 年成功接入互联网，成为世界上第一台物联网设备。

1987 年，王运丰教授、钱天白教授和李澄炯博士等在北京计算机应用技术研究所（ICA）建成了第一个电子邮件节点，并于 9 月 20 日向德国成功发出了一封电子邮件，邮件内容为 Across the Great Wall we can reach every corner in the world（越过长城，走向世界）。我们自此进入了互联网时代。

互联网时代经历了从 PC 端到移动端的变革。到现在，移动互联网已经颠覆了我们以往的工作和生活方式。互联网让信息变得透明和丰富，也让传统的营销遭受了巨大的冲击。

伊利诺伊大学香槟分校的营销学教授 Aric Rindfleisch 在 *Marketing in a Digital World* 一书中，用数字化重新解构了 4P 理论。

他认为在产品设计这一环节，用户的参与程度和影响力在逐渐增强。互联网上的消费者正在通过需求反馈和企业的研发部及工厂争夺定义产品的权力。而且，消费者慢慢占据了优势。越来越多的懂得迎合消费者的老品牌和带有互联网基因的新品牌，开始根据消费者的意见重新定义自己的产品。比如乐高专门设立了网站，来搜集用户对新产品的创意和想法。经过用户投票和乐高公司的筛选之后，被选中的用户想法将被用于生产新产品。

在产品定价上，企业的传统定价策略也因为信息的透明化和渠道的改变，经受着巨大的考验，如何协调线下和线上的定价是很多企业至今没有解决的问题。在今天，一个头部的直播网红可以让曾经的国民品牌被迫改变定价策略。但是，企业也可以利用互联网数据和信息进行价格优化以获取更多利润。比如，在线票务公司可以根据访客数据和订单需求实时调整定价，在访客量增加和订票请求激增的时候提高机票价格。

在渠道上，电商平台的加入让渠道变得生机勃勃，也让企业传统的渠道策略受到巨大冲击。一开始电商平台让企业实现了对长尾市场和未知市场的渗透和占有，然后电商平台慢慢让企业"吐"出利润来，使其成为被支配的"长工"。而后，内容电商和兴趣电商兴起，一旦快消品牌拒绝了小红书和抖音，就等于拒绝了"半个世界"。

在推广上，似乎没有什么是数字营销不能解决的，如果有，那就使用整合营销。企业的营销资源和预算会自然地向内容流动性更好、流量变现更高效的线上推广方式转移。而在传统推广上投入保守的 Google、苹果和特斯拉，反而依靠内容营销、网络口碑营销、增长黑客以及社群营销等手段，达到了用户增加和业绩增长的双重目标。

无论从 4P 理论的哪一个方面来说，企业的绝对主导权都在逐渐丧失。与此同时，消费者的主导权在不断上升。在某种程度上，互联网让我们从**品牌营销**时代迈入了**消费者营销**时代。

其实早在万维网诞生的这一年，洞察先机的罗伯特·劳特朋教授就在《广告时代》上，对传统的 4P 理论提出了新的观点和理论改良，形成了营销的 4C 理论。它以消费者需求为导向，重新设定了市场营销的 4 个基本要素，即消费者（Consumer）、成本（Cost）、便利（Convenience）和沟通（Communication）。

和围绕产品的 4P 理论不同，4C 理论以用户为中心。它强调企业应该把追求顾客满意放在第一位，其产品和服务必须满足顾客需求，在研发时就要充分考虑客户的需求、偏好以及购买力，降低顾客的购买成本。4C 理论还强调企业要充分注意提升顾客在购买过程中的便利性，节省用户时间，提升购买效率。最后，品牌还应该提供便利的售后服务，降低用户对产品的学习成本和使用成本。

营销变革不是企业的主动选择，而是企业适应科技发展采取的被动举措。这是因为，科技不仅推动企业进行营销模式的变革，还逼迫企业进行自上而下的组织重构以及从内到外的商业模式创新。我们一般把这个变革和重构的过程称为数字化转型。数字化转型的一个重要目标就是将企业 4P 营销模式切换到 4C 营销模式。

　　具体来说，数字化转型是将数字化技术和数字化思维集成到企业的各个领域，让企业的运营方式以及为客户提供价值的商业模式发生根本性变化。它的核心是建立一整套以客户为中心、以客户体验为目标的营销框架以及相应的技术体系（营销技术栈），以此来改变企业与客户的互动方式，随时随地为客户提供个性化的体验。

　　因此，客户体验和客户满意度是企业实施数字化转型的首要战略目标。

　　成功实施数字化转型的公司往往都会培养一批深度互动的客户。这些与品牌进行深度互动的客户不仅有更高的复购率和客单价，还提升了品牌的推荐率和用户满意度。FinancesOnline、德勤等研究机构的数据显示：对某品牌活动参与度高的客户尝试该品牌新产品或服务的可能性比普通客户高出 6 倍，复购率提高了 90%，同时客单价增加了 60%；他们的净推荐指数（Net Promoter Score，NPS，是衡量某个客户向其他人推荐某个企业或服务的可能性的指数，常作为衡量客户满意度的重要指标）也比普通用户高出 4 倍；即使在竞争品牌有更好的产品或更低的价格的情况下，他们把本品牌作为首选品牌的可能性也会增加 2 倍。

　　根据德勤最近的报告，数字化转型成熟度较高的公司报告收入增长了 45%。

　　互联网是信息的网络，它让信息可以自由流通，甚至到了用户接收的信息过载的程度。这样的信息充盈的程度当然不利于用户进行决策，因为用户在海量信息面前会焦虑和不安；也不利于企业进行营销，因为企业会面临流量红利消失和用户注意力稀缺的挑战。

而信息充盈却是大数据分析、人工智能和互联网进一步发展的基础，或者说这是科技进化带来的结果。

科技和市场秩序在相互影响中发展。用户和企业很难拒绝其发展趋势，只能"随波逐流"，积极适应。

3.2　面向数字替身的元宇宙营销

综合我们在第 1 章和第 2 章中的讨论，科技的目标是实现人类价值，而价值的载体是元宇宙。

互联网以及它承载的巨大信息流，让传统的 4P 理论变得无法适应、漏洞百出，企业开始沿着 4C 理论构建的营销框架，把营销重心放在用户获取和信息传递上。而元宇宙以及它承载的价值流，将让企业及其品牌的营销重心再次发生改变。

3.2.1　元宇宙营销的 4A 要素

数字替身（Avatar）、增强赋能（Augmentation）、全时互动（Always-on）、共创共生（Alliance）构成了元宇宙世界新的营销要素，我们称其为 4A 要素，并将这 4A 要素构成的营销理论称为 4A 理论。4A 理论勾勒出元宇宙世界新的营销策略，将推动去中心化营销（decentralized marketing）方式的产生和发展。

就像 4C 理论推动企业探索从上到下、从内到外的数字化转型，4A 理论也将推动企业探索从现实到虚拟的去中心化转型（decentralized transformation）。

接下来，我们简单解释一下这 4 个要素。

1. 数字替身

首先，元宇宙营销的对象从现实用户变为数字替身以及未来人机合一的数字真人（cyborg）。依赖机器人外骨骼和 MR 技术来实现的数字真人尚需时间，但是作为现实用户虚拟映射的数字替身已经在元宇宙游戏、社交和娱乐场景中成为现实。

数字替身将是元宇宙营销中最重要的要素。它对应的是 4C 营销要素中的消费者。

数字营销需要了解现实用户的用户画像和用户旅程，而当前元宇宙营销需要了解数字替身的用户画像和用户旅程。

现在，品牌可以躲在文字和视频的背后，以内容为载体与用户进行沟通和互动，让用户通过品牌广告和品牌活动间接感知品牌的温度和情绪。未来，品牌需要走向台前，使用自己的数字替身与用户的数字替身在沉浸式虚拟场景中进行"面对面"的沟通和互动，把品牌的价值更直接地传递给用户。

我们以餐饮品牌 Wendy's 为例，来看一下品牌如何通过自己的数字替身直接与用户进行互动。Fortnite 在青少年中的流行让汉堡连锁品牌 Wendy's 看到了机会。和大多数品牌直接在游戏中做广告不同，Wendy's 希望找到更有效、更有想象力的营销方法。

Wendy's 从 Fortnite 推出的对战游戏 *Food Fight* 中找到了灵感。在这个游戏中，两家餐厅——Durr Burger 和 Pizza Pit——的

支持者分别加入汉堡队或披萨队出战。Wendy's 在现实世界中以新鲜牛肉汉堡闻名，而它发现在游戏世界中 Durr Burger 餐厅是把牛肉储存在冰箱中的。

于是，为了表示对冻牛肉做汉堡的不认可，Wendy's 按照自己 Logo 上的少女形象打造了一个数字替身，并出人意料地背叛了汉堡阵营，加入披萨队。在游戏中，这个包着头巾、手拿球棒的数字少女不以打败其他玩家为目标，而是疯狂地寻找并摧毁她能找到的冰箱和冰柜，因为做汉堡的牛肉就冻在里面。这个反常的举动逐渐引起了其他玩家的注意，不断有玩家加入砸冰箱的行列，甚至影响了游戏本来的玩法。

Wendy's 让自己品牌的数字替身直接参与游戏，并制造了"砸冰箱"这个有代表性的举动，不仅融入了玩家社群，还让自家品牌的"牛肉永不冷冻"理念在该游戏的众多玩家中普遍传播。

关于面向数字替身的具体营销方式，我们将在第 4 章展开讨论。

2. 增强赋能

前面提到元宇宙是价值的载体，它的主要目的就是实现价值的流动。区块链和以区块链为基础的 NFT，能够实现价值的确认、确权、记录以及追溯，元宇宙的互通性和可互操作性确保价值可以跨平台，甚至可以在虚拟和现实之间流动。

增强用户体验和赋能用户价值可以简称为增强赋能。在元宇宙营销中，企业和品牌通过增强赋能的手段，来使用户创造价值。这个过程沿着从实到虚和从虚到实两个方向进行。

VR 技术和 NFT 让企业和品牌从实向虚增强用户体验，并使用户创造虚拟价值。AR 技术和工业元宇宙让企业和品牌从虚到实赋能用户，并使用户创造现实价值。

以 VR 技术为例。得益于 VR 技术的逼真场景模拟和沉浸式交互，挖掘机等大型工程机械的驾驶操作培训可以走出技校在 VR 头显上完成。此外，VR 技术可以帮助操作者实现远程操控，操控挖掘机在危险或者极端工况下进行"无人化"作业。比如，美国非营利机构 SRI 开发的建筑设备远程操作系统 Guinea，让操作员使用一个 VR 头显和一对操纵杆来远程操纵机器。当检测到周围有非目标物体和人员时，挖掘机将自动停止工作并启动灯光警报。

以上是用户体验增强的例子，再看一个赋能用户价值的例子。在元宇宙中，拥有一个形象逼真又个性十足的数字替身是每个用户的"刚需"，也是企业和品牌为用户创造价值的机会。Adidas 与数字替身平台 Ready Player Me 合作，为用户免费进行性格测试和兴趣分析，然后根据这些数据为用户生成 3D 数字替身。这个免费的数字替身生成服务已经在 Adidas Originals 官网上线。与此同时，Adidas 还积极与元宇宙艺术家和设计师合作，推出面向数字替身的可穿戴服装。Adidas 与 BAYC（Bored Ape Yacht Club，无聊猿游艇俱乐部）、G-Money、Punks Comic 合作的首批虚拟服装已经发售，并可以在 The Sandbox 等游戏平台使用。

那么，企业和品牌是否还需要在元宇宙创造和传递品牌内容？

企业和品牌在元宇宙世界中依然需要创造和传递品牌和产品

信息，但是该信息的作用以及品牌在内容创造中扮演的角色重要性已经被弱化了。品牌创造的内容和传递的信息，无论是在数量上还是在质量上，都将远远落后于用户自创内容以及人工智能产生的内容。我们在第 1 章和第 2 章中讨论过，借助低代码或者无代码的内容生产工具，例如 Roblox Studio 和 VoxEdit，用户可以以更低的成本和更快的速度创造更多、更好的内容。

除了元宇宙的用户和玩家，人工智能也将加入信息创造和传递的行列。虚拟主播、虚拟记者、虚拟品牌主理人等具有人工智能的虚拟人，已经越来越多地走进内容创作和信息传播领域。新华社和腾讯 NExT Studios 联合打造的数字虚拟人小净，已经开始承担载人航天工程、行星探测工程等国家重大航天项目的现场报道任务。

3. 全时互动

在元宇宙世界中，企业和品牌要想吸引、影响、转化和留存用户，需要构建沉浸式的全时互动场景。

一直以来，品牌通过与用户保持实时和持续互动的方式来实现其有效触达用户、强化用户购买动机、有效转化用户的目的。在数字营销时代，与用户的全时互动是通过全时互动平台和全时互动活动展开的。

全时互动平台是企业和品牌在互联网上构建的官方账号和店铺。微信上的企业客服小程序，天猫、京东上的品牌旗舰店账号，抖音上的企业号，无论在社交场景、购物场景还是在内容消费场景中，都是企业和品牌实现与用户全时互动的重要手段。

全时互动活动是企业通过营销技术对用户进行持续投放和

跟踪，在用户购买周期的每一个环节进行实时触达，并且根据用户的实时反馈进行个性化和自动化的转化操作的营销活动。全时互动活动的实现高度依赖通过用户行为埋点进行用户数据监测的软件工具和数据处理平台，也需要企业构建基于私域数据的用户数据平台（Customer Data Platform，CDP），及结合第二方和第三方数据的数据管理平台（Data Management Platform，DMP）。在数据分析的基础上，企业还需要搭建实时客户体验管理平台（Customer Experience Management，CEM）以及最重要的数字资产管理平台（Digital Asset Management，DAM）对实时数据进行整合。最后，企业还需要考虑建立销售线索管理平台（Leads Management Platform，LMP）、基于企业微信或者 H5 进行线索跟踪的平台以及针对 B 端客户的目标客户营销（Account-Based Marketing，ABM）平台，来完成客户的一对一实时销售咨询和实时转化。这些营销技术平台构成了企业营销的营销技术栈。

但是，很抱歉，当前采用的全时互动平台和全时互动活动在元宇宙中不一定能发挥作用。这些平台不一定能够实现与虚拟世界的互联互通，就像我们现在自有的营销自动化系统不能完美接入抖音官方平台一样。

企业和品牌需要在元宇宙世界中搭建新的全时互动平台，并探索如何展开全时互动活动。一些品牌已经开始在虚拟的游戏和社交平台上购买虚拟土地，打造元宇宙时代的全时互动平台。还有一些品牌选择自建 Web 3.0 官网，来打造用户全时互动平台。比如 LOUIS VUITTON（以下简称为 LV）推出了 Louis The Game 游戏应用，并与数字艺术家 Beeple 合作设计了用于游戏奖励的 NFT。LV 希望将这款游戏打造为一个可以与用户全时互动的平台，增强用户的参与和互动。

4. 共创共生

在元宇宙上活跃的创造性玩家、艺术家及其他造物者群体，不仅是品牌营销的对象，还是品牌的合作者。制定元宇宙营销方案时，在内容生成、价值创造、体验设计等方面，品牌不一定是主导者，也可能是参与者和合作者。

大多数品牌并不具备在元宇宙中独立产生创意和进行造物的能力。在数字营销时代，品牌的创意和内容都是依赖 4A 公司代为生产的。小到一个直播预告海报，大到一支品牌宣传片，都依赖甲方提要求、乙方出方案、丙方做执行的运行模式。

一般，在品牌内部负责提供创意和进行造物的部门，比如企业设计、研发和产品部门，其主要的能力和输出经验都集中在现实世界。而要想把这些创意和造物能力向元宇宙输出，至少需要进行简单的由实向虚的映射。这就需要腾讯云、虚幻引擎和Unity 这样的云服务和 3D 引擎提供商的参与。

但是随着元宇宙用户需求的指数级增长和多样化发展，品牌自身的创意和造物能力将遇到巨大挑战。

奢侈品品牌很自然地在元宇宙初期取得了先发优势。因为奢侈品品牌本身就具备强大的内生的设计和创意能力，这也是为什么 GUCCI、D&G、Jimmy Choo、DKNY 以及 Burberry 可以在元宇宙营销上占据先机。

但是自身设计和创意能力较弱的品牌，需要采取与其他方协作和共创的方式来提升其创意和造物水平。Nike 收购了虚拟设计工作室 RTFKT，打通了与 RTFKT 平台上的设计师群体的联系。Adidas 联合 BAYC、G-Money、Punks Comic 等数字设计机构，设计 Into the Metaverse NFT 系列。而天猫、BOSS、保时捷、Burberry 选择与虚拟偶像 Ayayi 合作。

即使品牌获得了强大的创意和造物能力，也需要融入元宇宙造物者群体和玩家社群，以共创共生的模式引导用户参与。

品牌不再是创意的主导者，而是要与元宇宙的玩家和其他参与方共创内容。品牌也不再是潮流的符号和文化的引领者，而是要与元宇宙的各个参与方一起探索元宇宙的生存和生活方式。在元宇宙世界中，联名和跨界已经不再是一个可选项，而是一个必选项。Nike、Adidas 和 GUCCI 的案例只是共创共生模式的开始。

3.2.2　去中心化的营销

去中心化是互联网发展过程中形成的社会关系形态和内容产生形态，是相对于"中心化"而言的新型社群组织和内容生产过程。相对于早期的互联网 Web 2.0，内容不再由专业网站或特定人群所生成，而是全体网民共同参与、共同创造的结果。

去中心化不只是元宇宙的一个特点，也是一般推动企业进行数字化转型和营销变革的力量。20 年前，品牌内容主要由品牌的广告公关合作伙伴设计和制作，品牌牢牢掌握创意和内容的主导权，这是中心化的内容生产模式。现在，品牌对内容生产的控制权已经让渡给平台、用户、意见领袖甚至人工智能。以人工智能为例，人工智能辅助创意工具正在帮助品牌生产海量的创意素材，以满足用户对个性化内容的需求。除了人工智能辅助创意，虚拟主播和聊天机器人也进入了品牌营销领域。

除了内容生产的去中心化，品牌的内容分发也在经历去中心化。以往，品牌可以自己决定何时通过什么渠道向哪些用户推送何种内容。现在，用户有权决定品牌的内容分发。用户行使这种权利，不是通过与品牌直接沟通来实现，而是经由品牌部署的营销自动化系统和用户管理系统，通过做出行为和反馈来表达自己的偏好和期望。对于自己不感兴趣的品牌内容推送，用户可以通过拒绝查看或者取消订阅，来告知品牌停止此类信息的推送。

但是 Web 2.0 时代的去中心化并不彻底。这是因为虽然 Web 2.0 使更多用户能够参与内容的创建，但是在平台的管理和流量的分发上依然是中心化的。其中一个表现就是互联网目前由少数互联网公司主导，它们牢牢控制着信息访问、内容推送以及流量分发。尽管互联网公司旗下的平台有时会相对开放，但这些公司会不停地阻断品牌与用户的直接互动。

这个说法听上去可能和我们的直觉是相反的。因为根据六度分割理论，如果你想认识世界上任何一个角落的陌生人，你只需要通过 6 个人的关联介绍就可以实现。到了 2016 年，Facebook 的研究发现这个数字已经下降到了 5 个人。但事实并非如此，无论是 Facebook 还是微信，都严格限制了品牌的账号功能及用户互动场景，这限制了品牌直接触达目标用户的能力。

这种限制不仅是互联网平台保护用户体验的举措，也是平台实现流量变现的策略。互联网公司依靠用户创造的内容和流量，不断设计和推出搜索竞价、展示广告、付费推荐、促销活动等付费产品，售卖给品牌以换取利润。比如，任何一个企业的手机应用或者小程序，都要经过苹果公司或者腾讯等公司审核，并且需要符合这些公司制定的游戏规则。

对于品牌营销来说，这种不彻底的去中心化带来了两大弊端。

首先，广告预算决定了品牌进行用户触达和营销的效果。品牌营销的决定性因素，不是内容创意和体验设计的质量，而是品牌愿意支付的广告费和平台分成比例。

其次，用户创造内容的积极性降低了。虽然互联网上绝大部分内容是由普通用户创造的，但是由此带来的流量以及广告收益被互联网平台及其扶持的头部用户拿走了，普通用户逐渐丧失了创作内容的积极性。

这两大弊端有希望在元宇宙营销中得到解决。在元宇宙中，用户将获得更多的权利，摆脱平台的中心化控制。同时品牌能够更自由地触达用户，通过内容创意和用户体验鼓励提升用户参与。

在这个背景下，围绕元宇宙营销的 4A 要素，去中心化将成为未来营销的主题，去中心化营销将成为营销的核心之一，如图 3-1 所示。

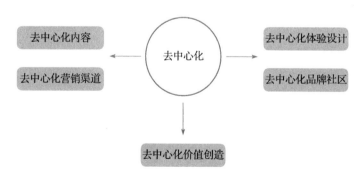

图 3-1　元宇宙营销的去中心化

1. 内容的去中心化

内容是所有有效营销活动的基础。在数字营销时代，品牌内容的主要形式从广告和公关软文变成了能与用户直接沟通的品牌故事。

品牌故事是品牌与用户建立情感纽带的内容营销方式之一。品牌故事将事实和情感融入品牌沟通内容中，除了向用户解释购买的理由，还需要分享品牌的愿景、价值和理念。品牌故事为企业提供了与客户建立联系并宣传其价值观和信念的宝贵机会。品牌使用的讲故事技巧取决于行业、受众和内容格式。

作为内容营销的核心，品牌故事向用户传达品牌的目标，产品或服务的价值，并建立品牌与用户的情绪共鸣和情感链接。一方面，这是由用户的信息消费习惯决定的。相比于数据和事实，人们更容易倾听和记忆带来情绪起伏和情感链接的叙事类故事。另一方面，这是品牌内容能够从信息过载的互联网获取用户注意力的有效手段。

品牌故事的内核是品牌价值和目标，它的表现形式是有故事主线的内容。这个内容必须具备流动性。因此，可口可乐在《内容2020宣言》中把一流的内容作为可口可乐追求"内容极致"的目标。

元宇宙会继续加速内容的流动，但同时会阻断故事主线的完整性。品牌故事是一个线性讲述的过程，通过线性媒介载体（视频、活动网站等）一步步地把故事呈现给用户。但是元宇宙的叙事方式远远超越了视频，用户在元宇宙的场景中可以自由探索，进入不同的叙事线。这就像进入了一个不用考虑经济、不以推塔为目标的《王者荣耀》游戏，喜欢小动物的玩家可能把所有时间都花在与河道蟹和毛熊的互动上，根本不去别的游戏场景中探索。GUCCI 在 Roblox 上的虚拟店铺里，试图通过以品牌历史为叙事主线的视频讲述品牌故事，但是绝大多数用户都把时间花在了 3D 服装的试穿上。

当用户观看品牌视频时，品牌是故事的主角。当用户进入 VR 场景时，用户是故事的主角。

如何在 360° 全景视频中进行多角度叙事，如何在 VR 内容中构建以用户为主角的故事，这是内容去中心化需要解决的第一个问题。

品牌叙事是这个问题的解决方案之一。品牌叙事是搭建一个包含品牌价值的叙事框架，允许用户从自己独特的视角对故事进行解释和交流。相比于有头有尾、线性叙事的品牌故事，品牌叙事是灵活的、适应性强的，由品牌、用户和社区共同参与的持续性对话。

在元宇宙世界中，品牌故事将失去活力并最终消亡，而品牌叙事将继续存在，依赖去中心化的解读、创造和反馈继续培育和滋养品牌。

内容的去中心化也是内容创作的去中心化。元宇宙的用户既是参与者也是创造者。大到游戏，小到装备，大多部分都是由用户自己创造的，所有权也归用户。品牌需要逐渐放弃对品牌故事和品牌信息的绝对掌控，和用户一起共同创造内容。

同时，品牌在元宇宙内容创作人才的储备上也面临瓶颈。传统的 4A 广告公司和数字营销机构在元宇宙内容创作上并不能为品牌提供足够的支持。品牌需要以开放的姿态建立与用户协作的内容创作机制，和用户一起去探索和创造新的内容。

2. 营销渠道的去中心化

当元宇宙的序幕拉开时，那些熟悉的"老面孔"又回来了。Facebook 换了个名字，百度推出了希壤，蚂蚁链粉丝粒变成了鲸探，小红书联合腾讯至信链推出了 NFT 数字收藏品市场 R-Space，哔哩哔哩推出了高能链，阿里巴巴、腾讯和网易正在全面布局元宇宙。

这带来了一个悬而未决的问题：元宇宙是否会被少数公司严格控制？我们想知道品牌营销的元宇宙渠道是否还是这些公司推出的平台。这就像在移动互联网到来时，我们想知道营销的主要渠道是否是微信。微信曾经是数字营销最重要的平台，没有之一。但是后面的故事我们已经知道了。

无论是 Decentraland 还是 The Sandbox，都和传统互联网公司保持礼貌性的接触，玩家对互联网公司的入局也保持谨慎。

OpenSimulator 的开源项目是防止元宇宙落入寡头主导局面的一个尝试。这个开源项目自 2007 年以来，一直致力于建立去中心化元宇宙的秩序。OpenSimulator 允许任何具有技术知识的用户设置服务器来托管他们自己的虚拟世界。

OpenSimulator 的目标是为用户提供从一个虚拟世界跳转到另一个虚拟世界的方法，同时保持他们的数字替身及数字财产的完好无损。这可以保证即使在寡头主导的平台上，用户依然可以拥有自由。用户将掌握控制权，如果他们不喜欢 The Sandbox 上面铺天盖地的品牌广告，他们可以去 Loot 和 Star Alas，并且带走属于他们的所有东西。

即使在未来寡头主导的元宇宙平台，虚拟土地的所有者和游戏开发者同样具有绝对的权利，来参与关于品牌营销的谈判。

当美国全国运动汽车竞赛（National Association for Stock Car Auto Racing，NASCAR）尝试进入 Roblox 时，其协会没有向 Roblox 官方取得授权或者与之达成品牌入驻合作，而是直接与前面提到的游戏开发者 Alex Balfanz 取得联系，把 NASCAR 涂装的赛车直接放进他开发的游戏里。

如果 Roblox 平台禁止 Alex Balfanz 与 NASCAR 合作，就从根本上动摇了 Roblox 作为元宇宙游戏平台的身份。

NASCAR 的元宇宙营销案例意味着虚拟游戏所在平台的官方可能不会继续作为品牌的中介。相反，品牌可以和游戏的开发人员直接合作。虽然现在品牌在 Decentraland 上的营销还需要和 Epic 公司签署合作协议，但是品牌与 Decentraland 上的领地主直接合作并不可能被有效禁止。

品牌的营销渠道不再集中于互联网平台和品牌自己手中，而是呈现去中心化的分布趋势。在这个去中心化的趋势中，游戏的玩家、平台上虚拟空间的创建者、品牌自建的元宇宙社区都会成为品牌重要的营销渠道。

3. 体验设计的去中心化

品牌在元宇宙中的体验设计同样需要开放和协作。品牌需要围绕可扩展性和可快速迭代的要求来进行体验设计，否则其用户体验将一成不变、丧失趣味。可扩展性需要品牌留下足够的空间，让玩家来完善和补充游戏的设计细节，甚至更新游戏的玩法。

想象一下，用户进入元宇宙世界后，跳过冗长的产品介绍直接去试穿和试用你的产品，通过 AR 或者 VR 尝试不同的产品选择，或者直接与品牌虚拟店铺的品牌数字替身聊天，而品牌的数字替身会直接带着用户闪现（teleport）到工厂，邀请工程师讲解产品的设计理念。

元宇宙的体验设计更加多元化。游戏玩家、虚拟旅行家、元宇宙工作狂、NFT 投资者、数字艺术家，每一个用户和群体的用户旅程都可能完全不同，那么品牌的体验设计也会随之变化。

进行元宇宙的用户体验设计，需要考虑以下几个问题。

- 用户通过哪种方式进入元宇宙，游戏还是 VR 头显设备？
- 用户希望在元宇宙中进行什么活动，完成什么任务？
- 如何帮助用户完成这些活动和任务？
- 如何在元宇宙社区中将自助服务功能集成到虚拟体验上来解决用户的问题？
- 用户可以提供什么样的关于虚拟体验的实时反馈？
- 用户体验如何反馈？
- 用户需要什么样的直接支持？
- 用户需要什么样的间接支持？

在这些品牌需要解答的问题中，用户能够提供什么样的反馈以及通过什么方式进行反馈也非常重要。因为在元宇宙中，我们很难去确定衡量用户体验的两个重要指标：用户净推荐指数和用户满意度。

即使用户净推荐指数和用户满意度在元宇宙中都有效，那么如何衡量用户体验？

从 2010 年开始，营销学专家和调研机构研究发现，用户解决问题花费的时间等成本越低，用户的忠诚度就越高。用户成本而不是用户满意度，是决定用户忠诚度的关键因素。研究进一步发现，如果品牌采取行动并为用户消除障碍，就可以提升用户的转化率并减少流失率。

这个衡量用户成本的指标被称为用户成本指数（Customer Effort Score，CES）。CES 是一个和品牌服务相关的指标，用于衡量用户与品牌互动时所付出的努力。这些努力可以是用户使用产品或服务需要付出多少成本，也可以是品牌在帮助用户解决问题时提供了多少便利。

CES 是衡量元宇宙的用户体验的指标，会影响品牌在用户体验设计上的战略调整。提高用户忠诚度的有效方法不仅包括为用户提供极致的产品和服务以提高其满意度，还包括让他们花费更少的时间和努力去完成与品牌的有效互动。

4. 品牌社区的去中心化

元宇宙的品牌社区与品牌在 Web 2.0 时代打造的私域社群并不相同。私域搭建需要的 3 个重要基础——用户和会员体系、基于数据标签对用户打分和画像、营销自动化——在元宇宙世界中都将失去技术上的可能性和管理上的可操作性。品牌也不能依靠品牌自定的守则和规矩，对用户的行为和内容进行有效的过滤、删除和限制。可持续的社区都具备用户归属感、社区仪式和传统。

社区最重要的属性是基于兴趣、利益和共同目标的用户归属感。要建立一个社区，其参与者必须感受到彼此的相似性，并且必须与其他社区的集体存在差异。否则，社区将会名存实亡。实际上，大多数的品牌社区都处于这种名存实亡的状态，只靠积分奖励来维持可怜的流量和互动。曾经的小米社区以及大部分开源项目的社区是成熟社群的例子。

社区通常会通过仪式和传统来定义社区文化。对现实中的哈雷社区来说，拥有一台哈雷摩托车仅仅是一个开始，哈雷夹克、装饰品以及一次组队骑行才是让成员脱胎换骨的一系列仪式。仪式和传统在网络社区中同样重要。

关于归属感，元宇宙向我们提供了营造归属感的致命武器：沉浸式内容带来的用户同理心。关于仪式和传统，这需要强大的品牌叙事能力和真实的品牌愿景和目标。

品牌社区需要解答的另外一个问题是，品牌是否需要在元宇宙中建立属于自己的社区。Streamline Media Group 公司创始人Alexander Fernandez 等营销学专家认为，元宇宙也许不需要品牌自己的社区。与建立一个"品牌围栏"相比，品牌赋能用户体验并为用户创造价值更加重要。

5. 价值创造的去中心化

品牌营销需要为用户创造什么价值？除了 NFT 之外，企业还需要思考有哪些价值可以在营销中创造，这包括用户的参与价值、互动价值、交易价值。品牌也需要考虑这些价值如何进行转化，并且打通用户在现实世界中的权益。

在一个透明和去中心化的元宇宙世界中，消费者能立即知道品牌"所说的"和"所做的"之间的差异。一个品牌的营销活动需要在产品、服务和使用体验上达成无缝的衔接并使其保持目标一致。

在元宇宙中，品牌的成功从传递意义和创造价值开始。品牌需要利用丰富和身临其境的体验，探索新的商业模式，同用户和社区共同创造和分享价值。

正如我们在现实世界中了解的那样，归属感是创建持久社区的核心，对我们的数字替身也是如此。虽然元宇宙的早期阶段看起来更像是一场通过数字资产获得收入或地位的竞赛，但真正的赢家将是那些能够建立真正吸引用户持续参与体验的社区的品牌。

价值创造的去中心化意味着品牌需要为其目标受众量身定制虚拟体验和虚拟产品。这不仅包括制作千人千面的商业广告等内容，还包括花时间去研究哪些元宇宙体验和内容会引起用户的共鸣，以提高用户参与度。

在价值创造的过程中，品牌需要逐渐学会放弃绝对的控制权和主导权，把用户和社区融入到价值创造过程中。例如，GUCCI和 The North Face 等品牌会在 Zepeto 游戏中为数字替身提供装备，但是允许用户根据自己的爱好和想法进行个性化的穿搭。

元宇宙为社区建设者和参与者提供了一条清晰的品牌合作途径，让他们可以分享社区的经济收益。为了吸引用户中的顶尖人才来打造丰富的、身临其境的体验，品牌应该调整激励措施，与社区的活跃成员共享社区所有权。

价值创造的多样性和深度的用户参与，是元宇宙价值创造去中心化的核心和基础。只有那些以开放和包容的心态去构建价值体系的品牌，才能通过虚拟社区和用户紧密协作，共享社区繁荣和长久价值。

对于未知的未来，开放是唯一的已知选项。

3.2.3　案例：GUCCI 的元宇宙营销

GUCCI 是源自意大利的奢侈品品牌，由古驰奥·古驰在1921 年于佛罗伦萨创立。GUCCI 的产品包括时装、皮具、鞋履、家居用品及宠物用品等。迄今为止，GUCCI 是最畅销的意大利品牌之一。

GUCCI 也是积极探索元宇宙营销的品牌之一。2021 年，GUCCI 正式推出了一个名为 GUCCI Vault 的探索项目，这个项目包括元宇宙品牌社区的建立、品牌 NFT 的设计和发行，以及面向数字替身的营销模式的创新。

GUCCI 创意总监亚历山德罗·米凯莱认为，这个项目将带领 GUCCI 重新思考购物的意义，并且实践 GUCCI "融合历史和现在，讲述未来的故事"的品牌理念。他一直想创造一个不断进化的地方，让来自不同时代的人和物之间进行原本不可能的对话，以此来激发未来灵感。GUCCI Vault 将是一个把看似毫无共同之处的人和物聚集在一起的平台，汇集各种想法、故事，甚至和时尚不相关的各种奇思妙想。这个融合和汇聚的项目，将为这个老品牌赋予新的生命力和创造力。

1. 面向数字替身

作为 GUCCI Vault 项目的一部分，GUCCI 积极探索面向数字替身的互动模式和体验设计。

在 GUCCI 看来，数字替身并不是现实世界用户的镜像，而是用户理想版本的自我。GUCCI 可以凭借其时尚品味和设计能力帮助用户把理想版本的自我从模糊的想象变成逼真的现实。

为此，GUCCI 与数字替身设计公司 Genies 合作，在自己的官方应用程序里内置了数字替身生成功能。用户可以随时访问该应用程序，创建自己的数字替身，并且使用十几种 GUCCI 虚拟服装来个性化装扮自己的数字替身。同时，GUCCI 在元宇宙时尚游戏平台 Zepeto 上推出了 GUCCI Villa 空间，让用户可以试穿和购买虚拟时装。

2. 增强赋能

GUCCI 不仅通过数字时尚来提升数字替身的元宇宙体验，还积极探索如何利用其他元宇宙技术增强用户体验。

GUCCI 的官网应用程序已经内置了 AR 试穿功能。用户可以在线挑选 GUCCI 的运动鞋，并将手机的摄像头对准自己的脚，然后就可以查看试穿效果。

除了增强用户的体验，GUCCI 也在不断探索 NFT 在元宇宙中的使用场景，以及如何通过 NFT 进行价值创造和用户体验赋能。

2021 年，GUCCI 推出一款名为 The GUCCI Virtual 25 的虚拟运动鞋，可以在 AR 游戏、Roblox 以及社交平台 VRChat 等元宇宙平台中穿着。和线下 GUCCI 的奢侈品定价策略不同，这双 GUCCI 虚拟运动鞋的官方售价仅为 12.99 美元。尽管售价不高，但是这款运动鞋的设计并不普通，出自知名设计师 Alessandro Michele。

Alessandro Michele 在 NFT 设计领域非常活跃，并且经常与数字艺术家合作推出颠覆性的 NFT 艺术品。图 3-2 所示是他与 Superplastic 公司的设计师合作推出的 SUPERGUCCI 系列 NFT 艺术品。

图 3-2 SUPERGUCCI 系列 NFT

这是关于品牌 NFT 如何真正赋能用户的有益探索。精心的设计加上大众化的价格让品牌 NFT 不再仅是少数收藏家的收藏品，也可以是普通用户的个性化装备。

3. 全时互动

2021 年，GUCCI 在元宇宙游戏社区 Roblox 上建造了临时性的品牌社区。这个名为 GUCCI Garden Archetypes 的品牌空间充满了奇思妙想的创意和天马行空的设计，契合了 GUCCI "融合历史和现在，讲述未来的故事"的理念。这个品牌空间包含一个画廊式庭院建筑，玩家可以通过视频和游戏来了解 GUCCI 的品牌故事，试穿 NFT 服装。

为了建造一个永久性的与用户实时互动的品牌社区，GUCCI 已经在 The Sandbox 上购买了一块虚拟土地。这个空间将被命名为 GUCCI Vault。在这个空间里，用户可以购买由 GUCCI 设计师设计的元宇宙时尚单品，并且可以在 The Sandbox 中穿戴。根据 The Sandbox 的说法，这将促进时尚界在未来和元宇宙的对话。

4. 共创共生

如何令设计师、品牌顾客和游戏玩家融入元宇宙社区，建立一个共创共生的生态？除了推出 GUCCI Vault 项目，GUCCI 还在 Discord 服务器上建立了 Vault 社区，作为一个设计师和用户能够公开对话和沟通协作的平台。

Alessandro Michele 把这个协作平台描述为"实验性的创意空间"，在这里，品牌与来自各个领域的用户共同探索新世界。目前，GUCCI 社区的用户已经超过 6800 人，实时在线人数超过 1 万人，这些用户包括数字艺术家、游戏玩家、时尚爱好者以及 GUCCI 品牌的粉丝。

3.3 结语：行百里者半九十

从社交媒体时代到移动互联网时代，有前瞻性的品牌已经开始认识到用户的价值，并通过数字化转型来变革商业模式和营销模式，打造以用户为中心的商业战略以及以用户生命周期为基础的营销体系。

这些品牌始终保持领先优势，并为自己进入下一个互联网时代——也就是元宇宙时代——做好了准备。

在元宇宙中，品牌将获得前所未有的能力，与用户进行更密切、更直接的沟通，并且可以在不同的营销场景之间进行无缝切换。

在这个过程中，前瞻性的品牌已经开始不断尝试。有些品牌铸造和发行NFT，作为提升用户体验和用户参与的奖励。有些品牌选择购买虚拟土地，并希望建立一块属于品牌自己的元宇宙品牌社区。有些品牌的布局更加深远，已经开始申请元宇宙商标和专利，打造元宇宙的营销护城河。

但是，行百里者半九十，随着品牌对元宇宙营销的探索越来越深入，品牌遇到的挑战也会越来越多。这些挑战包括用户数据获取、企业流程优化、商业模式转型以及元宇宙技能培训和元宇宙营销人才培养。

我们需要从眼花缭乱的元宇宙营销玩法和实践案例中退后一步，重新去思考我们为什么要进行元宇宙营销，然后去系统化地规划在元宇宙中的营销策略。

我们可以尝试用4A的营销框架去构建品牌的元宇宙营销策略。这不是一个完美的元宇宙营销方法论，却是一个清晰的路线图。这个路线图不仅可以帮助我们更好地思考元宇宙场景里的人、货、场，还可以让我们始终面向数字替身，去影响和获取那些个体权利意识和自我意识都会无限扩展的新用户。

第二部分

元宇宙营销方法

在这一部分，我们将围绕元宇宙营销的 4A 要素展开讲解，深入介绍面向数字替身的营销、品牌增强赋能、沉浸式全时互动以及共创共生的价值创造。

在未来的元宇宙世界中，面向数字替身和面向用户的营销将合二为一。进行面向数字替身的营销，需要打造沉浸式互动场景，围绕数字替身进行体验设计。面向数字替身的营销是元宇宙营销的基础，正如面向用户的营销是数字营销的基础。我们将在第 4 章中重点分析数字替身的用户旅程以及相应的品牌营销设计。

面向数字替身的营销过程就是为用户及其数字替身进行所有权确认、价值增强以及体验赋能的过程。这个过程是由两条分别承载价值流和体验流的传导链实现的。我们将在第 5 章中进一步解释这两条传导链。

无论在过去还是现在，品牌营销的首要任务和挑战是相同的：与用户建立实时互动。在解决了品牌替身和赋能之后，下一个要解决的问题就是如何建立持续的双向互动。在第 6 章中，我们将重点剖析如何在元宇宙的营销生态中实现品牌与数字替身的全时互动。在第 7 章中，我们将尝试破解元宇宙的流量密码和价值创造模式，探索品牌如何让用户参与到内容创造的过程中，打造共创共生的元宇宙生态。

|第4章| CHAPTER

面向数字替身的营销

数字替身是用户在虚拟世界选择或创作的、代表自己的3D或者2D形象。它可以是现实用户的虚拟映射，用户甚至可以通过MetatHuman Creator、Ready Player Me等工具让数字替身还原自己现实中的外貌。它也可以是现实用户的理想化延伸，以超自然人或者动物的形象出现。

在元宇宙的世界里，数字替身不仅仅是一个虚拟形象，还是具有"自由"和"自在"两个属性的数字人。这些数字人在元宇宙中游戏、生活和工作，在这个过程中形成身份认同并建立社群关系。

数字替身是现实用户的映射和延伸，在不同程度上也会影响现实用户的感受、情绪、行为和心理，这被心理学家称为普罗特斯效应。这种效应已经大量应用到以 VR 技术为基础的情绪治疗和教育培训中。

普罗特斯效应也为品牌在元宇宙中面向数字替身的营销奠定了基础，品牌可以通过与数字替身的互动影响现实用户的心智和行为。比如用户通过数字替身的方式在游戏中尝试了滑雪并且体会到了滑雪的乐趣，在现实世界中对滑雪的兴趣也会增加，他们有可能参照游戏中的装备来选择将要购买的滑雪装备。

在未来的元宇宙世界中，面向数字替身和面向用户的营销将合二为一。品牌进行面向数字替身的营销，需要创造与数字替身互动的沉浸式场景，设计去中心化的用户体验和去品牌化的用户参与方式。

4.1 数字替身：元宇宙营销的新对象

元宇宙的数字替身是元宇宙营销的对象之一。数字替身具有双重特性，它既是用户实际特点的虚拟映射，也是用户的理想化人格或者极端化人设的虚拟化表达。

根据普罗特斯效应，品牌可以对数字替身进行营销，进而影响现实用户的心智和行为。同时黑暗效应又为品牌数字替身的营销提出了新的挑战，在当下的元宇宙中，现实用户和数字替身存在反应不同步的情况。

这个不同步的问题也许要等到未来脑机接口发展成熟才能彻底解决，彼时现实用户与数字替身将共享同一个意识，做到感受、情绪、行为、心理上的完美同步。

4.1.1　数字替身是虚拟世界的"真我"

数字替身，来源自梵语 Avatar，其中，ava 的意思是"向下"或"离开"，tar 的意思是"横越""穿过"，因此整个词具有"注入"的含义。在元宇宙中，我们以数字替身为媒介，把意识注入其中，从而进入虚拟世界，就像电影《阿凡达》中的杰克把自己的意识注入阿美人的身体里。1992 年，尼尔·斯蒂芬森在小说《雪崩》中不仅创造了元宇宙这个词，还引入了 Avatar。2021年，黄仁勋在 NVIDIA 的 GTC 线上峰会借助数字替身进行了 14 秒的演讲，而观看的人竟然都没有发觉。

未来学家凯西·哈克认为元宇宙就是人们工作、娱乐和社交的"数字化真实"（digital relality）。数字替身就是用户在这个数字化真实里的虚拟映射和理想化表达。

首先，它可以是用户真实特点的虚拟映射。用户可以让自己在虚拟空间中的外形和行为与现实中没有非常大的差异。例如，在游戏 Zepeto 中，用户可以上传自己的照片，根据照片生成的数字人草图，从发型、妆容、服装上进行调整，打造以自我真实形象为基础的虚拟形象。

其次，数字替身也可以是现实用户的理想化表达，可以不依赖现实中的真实形象。比如，在 Roblox 或者 Fortnite 游戏中，用户的数字替身以 3D 卡通形象出现，其身体和装扮会被夸张化处理，以突出人物的个性特征或者角色属性。这类游戏对实时渲染和动作实时捕捉要求比较高，现在的技术条件无法在数字替身上 100% 还原真实用户的表情。

基于现在元宇宙游戏及其他应用的技术现状，数字替身的类型主要分为以下两种。

- 半身数字替身：在大多数 VR 游戏中，数字替身只呈现了上半身，也就是用头部、躯干和双手的部分。这是因为现在的 VR 游戏设备并不能捕捉到玩家的腿部，数字替身的移动大部分是用户依靠双手操控手柄来完成的。
- 全身数字替身：数字替身能呈现全身，这需要用户全身佩戴传感器来实现。玩家可以通过腿部的传感器将自己行走的动作上传到虚拟世界里的数字替身，也可以做其他全身动作。在一些强调互动和社群的游戏里，全身数字替身可能会出现。

但是数字替身并不是元宇宙世界的唯一一种数字人。我们熟悉的以 AYIYA 和柳夜熙为代表的虚拟偶像也是数字人的一种类型。和数字替身不同，它们没有对应的现实映射，而是由 3D 建模工具和人工智能合成，人为操控的"全数字生命"。

除了基于用户自身形象生成的数字替身、基于 3D 建模的虚拟偶像，元宇宙中的数字人还包括模拟数字人（比如虚拟主播）、智能数字人和游戏原生数字人。元宇宙中常见的数字人类型如表 4-1 所示。

表 4-1 元宇宙中的数字人类型

类别	是否有现实映射	行为控制	是否有自我意识和自我进化能力	是否有特定用途	举例
模拟数字人	无	由真实主播控制	无	有，常作为虚拟主播，用于与玩家互动，进行游戏或者电影解说等	电脑少女小白、未来明

（续）

类别	是否有现实映射	行为控制	是否有自我意识和自我进化能力	是否有特定用途	举例
智能数字人	无	由人工智能控制，通过 API 访问不同的数据和内容来实现行为	有	有，广泛用于导购、导览和在线用户服务	央视虚拟手语主播、微软小冰
虚拟偶像	无	由故事脚本控制	无	无	Lil Miquela、柳夜熙、AYAYI、NAYUKI
游戏原生数字人	无	由游戏代码控制	无	有，是游戏设定的一部分	Roblox 中的僵尸人、Echo VR 中的机器人
数字替身	有	由现实用户控制	有，背后是用户意识	无	Zepeto 中的写实性质的用户数字替身；Decentraland、The Sandbox、Roblox 上的非写实性质的用户数字替身

数字人与数字替身的关系如图 4-1 所示。

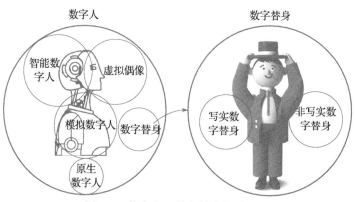

图 4-1　数字人和数字替身的关系图

4.1.2　普罗特斯效应：数字替身和现实用户的一致性

普罗特斯效应是一种心理学现象，指现实世界中的人会受到在虚拟世界中建构的自我形象的影响。

1985 年，游戏《创世纪 4：圣者传奇》应用了数字替身。其游戏主线的设定是基于这样一个假设：玩家的游戏形象及其遭遇，会影响到他们现实中对道德和行为规范的考量。

而数字心理学研究表明，游戏中的数字替身的形象会影响玩家在随后的游戏中对攻击行为的认知。例如，当玩家的数字替身穿着黑色斗篷（在某个游戏中代表死亡和邪恶的颜色）时，该玩家对其他玩家更容易表现出强攻击性和侵略性。

通过对普罗特斯效应的研究，我们发现虚拟技术也能使玩家的道德感提高。

Equal Reality 是一家使用 VR 等技术致力于培养人们的多样性、平等和多元化意识的企业，它们使用 VR 技术模拟现实场景，让参加培训的企业员工身临其境地体验种族歧视、无意识偏见以及惯性思维带来的各种挑战。在 Equal Reality 为摩根大通公司全球 5 个市场 200 多个员工开展的 VR 培训项目中，95% 的参与者称他们对自己的数字替身遭遇的不公平和不公正的待遇感同身受，并愿意立即展开行动防止此类现象在现实中发生。同时，通过培训，绝大部分参与者也能更加敏锐地识别哪些是偏见和歧视等行为。

Equal Reality 的培训项目不仅是一个使用户向善的创造性实践，还说明了数字替身在虚拟世界里的沉浸式体验是改变现实用户的既定思维、刻板印象，甚至潜意识偏见的有效工具。

对这一效应，品牌可以加以利用，向数字替身提供沉浸式体验，在这个过程中植入说服和引导，从而对现实用户产生情绪、心理以及行为上的影响。

那么这种影响的大小如何呢？如果我们把 Equal Reality 开发的 VR 平台做得足够大，把接受培训的员工换成品牌潜在的用户，我们就可能对品牌用户进行一次类似"打上思想钢印"的营销活动，以沉浸式虚拟体验影响用户的认知、偏好和行为。

对普罗特斯效应，我们可以从更深层次的心理学中找到对应解释。在精神分析学家弗洛伊德提出的心理学假说中，人格由如下 3 个部分构成。

- 本我（ID）：完全潜意识，代表原始欲望，不受主观意识控制。
- 自我（Ego）：在大多数情况下是有意识的，承担自我实现的任务，负责处理现实世界中的事情。
- 超我（Superego）：偶尔是有意识的，承担良知，负责处理内在的道德判断。

在某种意义上说，虚拟世界中的数字替身不仅是用户的另外一个自我，还是超我和本我的混合体。

- 数字替身可以突破现实，在虚拟世界里实现最大程度的超我，比如成为一个以一己之力引领全队实现目标的领袖，或者一个用想象力和创意实现儿时梦想的超人。
- 在虚拟的游戏和社交平台上，用户可以借助数字替身解放自己的天性和欲望，这体现了本我。

大部分的品牌营销都是围绕塑造用户的超我、影响用户的自我，从而最大限度满足和迎合用户的本我来展开的。无论是让人心头暖暖的煽情广告还是撩动心弦的品牌故事，都在用"美""快乐""情怀"和"有意义"来为潜在的用户描述升华和理想化的超我。在这个超我的世界里，凡是家庭都是温馨的，凡是困难都是暂时的，凡是结局都是美好的。

通过普罗特斯效应，品牌可以通过影响数字替身来影响现实用户的心智，在用户的自我意识层打上品牌的"思想钢印"。根据心理学的假设，品牌还可以通过在虚拟世界中营造超我形象并满足本我的需求，在用户的潜意识层进行一次盗梦空间式的品牌植入。

4.1.3 黑暗效应：数字替身和现实用户的不一致性

多伦多大学和美国西北大学的心理学家们曾联合起来做过一个有趣的实验。他们让一组人置身在光线较强的房间，另一组置身光线较暗的房间。研究人员让两个房间的参试者观看了同一段视频，然后让他们判断视频中的主人公是否具有攻击性行为。结果发现，认为片中主人公具有攻击性的参与者，大多来自光线较强的房间。

据此，心理学家认为，在光线比较暗的场所，人们不太在意行为细节，从而更有利于人们放松下来，这个心理学效应被称为黑暗效应。

黑暗效应可以解释，为什么陌生人在灯光昏暗的酒吧，比在普通场合更容易相互认识。昏暗的光线使人们之间的互动交流更加容易和自然。同时，黑暗的场所也给人们提供了一定的伪装空间，有利于人们呈现一个理想的自我或者一个夸张的自我。

　　元宇宙会放大这种黑暗效应。数字替身呈现的理想化或者异化的自我，有时和现实用户的自我是分裂的。在游戏中，抠脚大汉以性感萝莉的形象出现，活泼可爱的小学生可以扮演成熟果决的战役指挥官，内向内敛的人可能有"易燃易爆"的游戏人设。

　　黑暗效应导致的这种数字替身和现实用户表现的特征及倾向不一致，是对元宇宙营销的一个挑战。

　　在选择营销对象时，品牌会因为用户的异化表达或者极端表达而做出错误的行动。比如，数字替身是个毛发浓密的肌肉大汉形象，而现实用户是一个娇小的女生。如果我们根据数字替身的形象圈定营销对象，就很可能把男士洗发水和剃须刀推广给现实中的女生。

　　数字替身有可能是用户的理想化或加强版的第二人格，可能会强化对应现实中形象的外貌特征，在虚拟世界里的衣着、喜好以及行为不能完全映射到现实中。比如用户可能为数字替身选择凸显其身材优势的装饰和装备，但是在现实中用户很可能与数字替身的身材不一样，所以不适合这类服饰。

　　同时，元宇宙对隐私的保护，也可能会鼓励用户放大情绪并做出极端行为，这会让品牌的判断出现偏差。品牌需要过滤和清洗这些信息，来优化和迭代品牌的营销战略。

4.2　数字替身的用户旅程

　　用户旅程是以用户为中心的营销链路的起点到终点。而面向数字替身的营销链路则被描述为数字替身的用户旅程。在这一节中，我们将以数字营销时代的用户旅程为基础，勾勒元宇宙时代的数字替身的用户旅程，并且分析现实用户和数字替身两类用户旅程有何关联。

4.2.1 数字营销时代的用户旅程

在数字营销时代，为了更好地配置营销资源，有效地平衡品牌营销和效果营销的关系，我们把用户的购买行为分解成前后衔接的不同阶段。这些阶段首尾相连，构成了一个简化的消费者购买决策循环，我们把这个循环称为用户旅程。

1. 认知

数字营销的用户旅程如图 4-2 所示，它起始于用户认知。用户认知包含两个方面，一方面是用户对自我需求的认知，另一方面是用户对产品和服务提供者（即品牌）的认知。

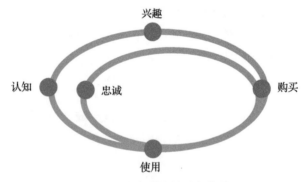

图 4-2　数字营销的用户旅程

用户对品牌的认知又可以分为知名度和美誉度两个层级。我们经常提到的占领用户心智，实质上就是希望用户在产生需求的瞬间，自然地和某种品牌产生联想。比如，骑行爱好者有购买公路车的需求时，自然地会想到公路车品牌闪电和 Scott，这得益于这两个品牌是环法自行车赛等全球赛事的赞助商并且拥有庞大的品牌粉丝群体。再比如，当户外运动爱好者有购买户外冲锋衣的需求时，自然地想到始祖鸟、猛犸象或者迪卡侬，因为在户外运动的圈子里"有钱鸟和象，没钱迪卡侬"口口相传，这成为了户外运动爱好者挑选户外专业装备的"潜规则"。

品牌认知的养成，或者说品牌对用户心智的占领，是品牌竞争中最关键也最艰难的一场持久战。无论是赛事赞助还是口碑营销，都需要品牌进行长期而持续的投入。这种投入不仅包括全渠道的品牌曝光，以及通过原生广告和搜索引擎等方式覆盖尽量多的目标用户群，还包括使用内容营销和口碑营销的方法，通过小红书、知乎以及垂直网站等渠道培养种子用户和提升品牌势能。

2. 兴趣

在接下来的兴趣→购买过程中，品牌往往通过再营销（re-targeting）和私域营销两种方式，加强用户的认知，从而让用户倾向于购买自己的产品。

对用户兴趣的培育，品牌需要结合自己的产品特点和目标用户特征来采取不同的策略。对同质化高、客单价低的产品，如食品、饮料等快消品，品牌往往通过对用户的再次触达，即再营销的方式，由浅入深、多频次地向用户曝光自己的产品，让用户形成偏好。比如，飞利浦会在用户搜索"电动剃须刀"时向用户展示其广告，然后通过视频贴片广告的形式，在同一用户打开爱奇艺等视频网站观看电视剧时再推送其品牌故事片。

再营销的实现，依赖各平台之间分享用户的非敏感数据，并提供人群圈选和用户定向两种方式，让品牌可以持续、重复地触达同一目标人群。

同质化程度高、客单价高的产品，如汽车、手机、电动工具等耐用消费品（以下简称为耐消品），往往借助私域运营的方式。品牌通过自己的数字平台，如微信和抖音企业号，引导用户关注以形成私域社群。在私域社群中，品牌对用户体验进行设计，通过营销自动化等技术手段了解用户偏好并进行相应的个性化推送，强化用户购买动机，并为用户购买提供便捷的服务。比如，专业电动工具品牌喜利得使用微信和抖音账号，把公域流量导入自己的私域社群中，通过短视频、直播以及微信自动营销等方式，有效地培养了用户的购买兴趣。私域营销的实现，高度依赖品牌的数据处理、内容创造以及社群管理能力，往往借助由各种营销技术工具和营销数据分析平台构成的营销技术栈来完成。

3. 购买

在用户兴趣养成后，如何让用户做出购买的行为呢？这不仅涉及营销学范畴，也涉及心理学和社会学的研究范围。

我们熟悉的直播带货，除了产品的物美、价廉两个必要条件外，还需要品牌通过千人千面营销、种草控评、差别定价以及制定纷繁复杂的优惠券发放策略等操作来造势（或者说蓄水），这些操作都是围绕用户的购买心理设计的。

在购买环节中，电商平台会向品牌开放市场大盘和垂直品类数据，并提供店铺和产品的实时优化工具，让品牌可以实时监控用户购买行为和产品动销情况，并据此调整广告投放和文描创意。所以说，电商不是一门生意，而是一种算法。从根本上说，电商业务以及直播带货就是消费心理学的最佳实践。

用户体验是实现用户购买转化的最关键要素之一。为了确保良好的用户体验，品牌需要即时了解用户需求，提供快捷的物流配送服务，并在用户购买体验相关的各个节点上进行精细化设计和服务。这需要品牌通过数字化转型来彻底实现。

4. 使用

用户使用的环节是最容易被品牌忽视，但也最容易出现用户对品牌脱粉问题的环节。品牌如果不在这个环节进行有效的产品设计，往往会迎来极高的退货率和口碑的迅速下滑。

电商平台的 7 天无理由退货，给用户提供了先用再退的权力。大促活动后出现退货潮，一部分是因为品牌有意或无意地保量刷单，另一部分是因为产品有问题以及没有提供足够的售后支持。

好的产品设计通常会沿着"颜值正义"和"傻瓜式无脑操作"两个方向努力，以期创造好的用户使用体验。比如 3D 设计软件或者客户关系管理系统，以往要求具备专业知识或编程基础的人进行操作。现在，这些软件产品往往采用低代码或者无代码的产品设计，以此来降低用户的使用门槛。再比如 Adobe Premier 或者 Final Cut 等传统的视频编辑软件需要用户经过系统性的学习才能掌握，而现在的视频编辑软件（如剪映和 Animoto）只需要提供简单的使用引导就能使用户快速上手。

同时，品牌也会提供视频教程和一对一售后服务来降低用户的产品使用门槛，提升用户对产品的使用体验。VR、AR 和人工智能也正在被品牌广泛使用，以提升用户的使用体验。蒂森克虏伯公司采用智能头显设备对合作的工厂进行远程维护，为客户排除故障，缩短工厂停机时间。

对于 B2B 品牌来说，在产品使用环节上进行用户体验设计尤为重要。这不仅关系到企业用户的续约和复购，还会影响用户的交叉购买（cross-sell）和超值购买（upsell）。成功的 B2B 品牌都会有强大的售后支持团队或客户成功团队来确保企业用户的使用体验。

5.忠诚

建立在用户信任的基础上的品牌忠诚度越来越稀缺了。

只要品牌还以销售额和利润为主要目标，品牌忠诚度就是"空中楼阁"，在追求销售额和利润的情况下，很多品牌试图以建立用户会员体系和企业社会责任感两种由内向外的手段去建立品牌忠诚度，最终结果好比水中捞月。

在信息高度透明和用户注意力稀缺的今天，打造品牌忠诚度有时是品牌一厢情愿的美好想象。

数字营销的用户旅程关注的是圈层人群的用户画像和行为兴趣。我们使用消费者生命周期的模型来突入用户圈层和锚定潜在购买用户，在发现、种草、互动、兴趣、加深、首购、复购、忠诚等 8 个关键节点对用户添加标签并定群分组，然后设计千人千面的内容和自动化的流程，最后依靠评分体系和归因系统来"养鱼"和"抓鱼"，循环往复。

无论我们使用阿里巴巴的 FAST+GROW 全域营销模型，还是遵循字节跳动的 FACT+STEP 内容营销理念，数字营销的复杂技术体系始终以数据为核心。

4.2.2　元宇宙时代的用户旅程

进入元宇宙时代，用户旅程不仅包括现实用户的旅程，也包括数字替身的旅程。根据本章之前的讨论，数字替身的体验会对现实用户产生感受、情绪、心理及行为上的影响。在这一节中，我们先看一下元宇宙中数字替身的用户旅程是怎样的，然后尝试把现实和虚拟世界中的用户旅程结合起来。元宇宙营销的用户旅程和数字营销的用户旅程有着非常大的差异，如表 4-2 所示。

表 4-2　元宇宙营销和数字营销的用户旅程的差异

用户旅程属性	元宇宙营销的用户旅程	数字营销的用户旅程
顺序	先体验再购买	先购买再体验
侧重点	侧重体验和互动	侧重认知和兴趣
内容	无故事主线，鼓励用户自由探索	有故事主线，让用户按照设计的流程逐步转化
转化	合作即转化	销售即转化
效果衡量	参与度	满意度

数字替身和现实用户的用户旅程是相互交叉、相互影响的，它们的关系可以简单归纳为图 4-3。

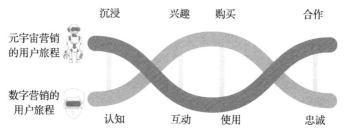

图 4-3　元宇宙营销和数字营销的用户旅程的关系

1. 沉浸

数字替身的用户旅程是从沉浸开始的。沉浸过程是指数字替身在不同的元宇宙场景中直接进行体验的过程。

在这个阶段中，数字替身会跳过传统用户旅程中的认知和兴趣两个阶段，直接体验元宇宙中以虚拟场景和虚拟物品形式出现的品牌产品或者服务。

在 Roblox 社区里，玩家可以直接走进或闪现到品牌的虚拟空间。这些虚拟空间和 Roblox 中的其他场所并无大的不同。比如，Roblox 玩家可以通过数字替身直接进入 Nike 的虚拟品牌专区 Nike 乐园，解锁并直接试穿各种 Nike 运动鞋、服装及配饰。在 Decentraland 中，玩家可以进入 GUCCI 虚拟店铺，试穿该品牌的虚拟时装，并且进行虚拟拍照，把照片分享给朋友或者发送到社区。

2. 互动

在元宇宙中，互动不仅指用户对品牌活动的参与，还包括品牌与用户双方进行价值交换。简单来说，用户参与品牌活动付出的时间和精力都需要品牌提供等值的体验或者实际奖励。

这是因为在元宇宙中，算力、创意、身份信息、数据，甚至人们在游戏和社交平台上花费的时间和精力，这些以往视为免费的被平台和品牌无偿使用的东西，都具有实际价值。它们的价值不但可衡量，而且所有权明确。用户有权处置自己的数据，决定是否将其提供给品牌进行交换。

在元宇宙中，品牌与用户的互动就是双方实现价值交换的过程。以 Nike 在 Roblox 上的品牌社区为例，玩家在这里参与游戏将获得游戏积分或者装备奖励。玩家可以使用这些游戏奖励来购买建筑材料，搭建自己的运动场，也可以直接使用游戏装备来装扮自己的数字替身。

元宇宙中的互动方式更加丰富和多样。以交互方式为例，用户不仅可以通过 AR 眼镜进行视觉交互，还可以通过 VR 头显、动作捕捉等设备进行听觉和触觉的交互。Meta 公司正在开发一种触觉反馈手套，可以在虚拟世界中触摸、感知和操纵虚拟物体。这个手套内置感应器和触觉模拟器，可根据虚拟对象的材质、纹理和弹性等物理特征，向手施加压力，模拟真实的触感。

如果我们希望用户能够体验服装穿着的质感或者感受电动工具工作时的震动，那么我们可以为服装和电动工具设计触觉交互，让用户在虚拟世界中体验产品的现实触感。

游戏化是元宇宙互动的特征之一。在元宇宙中，用户在游戏中自然地完成与品牌的互动。品牌的元宇宙社区不是一个静态展示品牌历史和品牌文化的虚拟博物馆，而是一个吸引用户参与、鼓励用户分享的游乐场。

3. 使用

数字替身会通过游戏赚取的积分或者虚拟代币直接解锁并使用虚拟世界里的产品。为了提升用户的使用体验，品牌需要让用户对虚拟产品的领取和使用更加便利。品牌虚拟商店是大多数品牌在打造元宇宙专区时的标准配置，让用户可以在里面购买品牌产品并在游戏中使用。

和现实世界中的产品使用体验不同的是，元宇宙中的产品功能更加丰富。这是因为虚拟产品具有可编程的特性，品牌可以在设计虚拟产品时为它增加更多的使用功能。这些功能包括会员身份识别、虚拟活动入场券，以及其他虚拟产品的领取凭证等。以虚拟时尚服饰为例，用户不仅可以用它们来装扮自己的数字替身，还可以将其用作品牌专区门票或者用户权益兑换凭证，解锁更多产品功能。比如，如果你是 BAYC NFT 的拥有者，你就可以访问 BAYC 的线上和线下聚会。

用户的使用旅程还可以从虚拟世界延伸到现实世界。比如，用户可以收集服装品牌 GAP 发布的 NFT，并在线下用它来换取实物商品。同样现实世界中的产品使用体验也可以在虚拟世界中延续。比如，某汽车品牌会让新车车主在元宇宙中获得同型号的汽车 NFT，该 NFT 可以在游戏中被再次铸造成数字替身使用的个人座驾。

4. 合作

合作是元宇宙中品牌与用户数字替身关系的核心。这种合作关系主要体现在用户不仅仅是参与者，还是创造者。

在新型合作模式下，用户不仅使用品牌提供的体验场景和游戏道具，还会亲自动手，按照自己的意愿去自由创造。NASCAR 在 Roblox 上的一个游戏中投放了一款虚拟赛车，玩家可以以这款车型为基础进行改装和定制，也可以自由使用 NASCAR 提供的赛车服元素来定制自己的赛车服。

这种新的合作模式可以让品牌充分获得用户的反馈，并不断改进自己的虚拟产品。为了探索如何更好地设计元宇宙产品，玩具制造商 Hasbro 已经与 Roblox 平台合作，上线了 Nerf 系列游戏装备，根据玩家的使用体验的反馈，不断优化产品的设计。

品牌与用户的合作不仅局限于游戏内。品牌也需要直接与用户对话，邀请用户分享想法和创意，邀请用户参与品牌元宇宙专区的创建和运营。比如，GUCCI 建立了 Vault 互动社区，用于设计师和用户的公开对话和沟通协作。Renovi 公司发起了 The Next Top Metaverse Build 竞赛，邀请建筑和设计行业的大学生和从业者以及普通用户进行虚拟建筑设计。获胜者将有机会赢取 Decentraland 上的一块土地。

4.2.3　数字替身的用户画像

用户画像这个词来源于交互设计领域。交互设计师阿兰·库珀认为用户画像是真实用户的"标签化表达"和"虚拟代表"，它是建立在一系列真实数据之上的目标用户模型，用于产品需求挖掘与交互设计。

在营销领域中，用户画像会描述一个虚构的目标用户，来模拟一群人的特征、习惯和行为模式。获取用户画像可以通过调研和问卷，并对结果进行量化分析和归类。用户画像是设计思维的最重要的工具和实现方法之一，是构建和优化用户旅程设计的核心。

当营销从创意广告时代走入大数据私域时代，用户画像也被插上了数字化的翅膀，以更多的维度和更大的数据量来为目标用户进行虚拟画像。根据神策数据提供的数据分析方法，用于分析目标用户画像的数据，除了用户行为数据，还包括广告投放数据、管理数据以及经营数据等。这些企业自有的以及来自第二方和第三方的数据首先要经过汇集和清洗，然后进行身份识别和身份统一，通过可视化的页面来呈现用户画像。

标签的广泛使用和自动化操作让用户画像走向实时化和颗粒化。在数据的加持下，用户群体越分越细，用户标签越来越多。这些都为人群圈选、广告投放、营销自动化以及活动营销等关键手段提供了实现的可能性。同时，用户画像是程序化购买、精准营销、效果广告、个性化推荐、再营销甚至"大数据杀熟"的基础。

元宇宙营销需要考虑现实用户和数字替身的双重画像，但是虚拟世界的用户画像存在着两大挑战。

第一，数字替身的数据获取存在挑战。

在元宇宙营销中，以大数据为基础、以打标签为主要手段的用户画像将经历用户隐私保护和用户行为授权的双重制约。

第二，数字替身的虚拟身份多样。

在元宇宙中，数字替身的身份不仅只有一种。在未来，专属数字替身的虚拟工作将大量出现，例如以下这些虚拟岗位。

- 虚拟医生。虚拟医生将在虚拟世界中提供诊疗服务，这些诊疗服务大多数都是在虚拟空间以沉浸式的方式来完成的。
- 元宇宙向导和导游。数字替身可以承担导游的工作，引领玩家了解虚拟社区并参与活动，带领玩家从一个平台奔向另一个平台。
- 元宇宙建筑师。这些建筑师将设计之前从未出现过的建筑，并且把元宇宙世界的物理定律和运作规则同步植入建筑中。
- 数据赏金猎人。数据赏金猎人会不断去发现和弥补漏洞，消除数据隐患。
- 元宇宙创意和时尚设计师。他们为元宇宙创造艺术作品，或者为数字替身设计虚拟服装。

在数字营销时代，我们通过私域运营和数据工具，来监测用户行为并获取数据，以此生成用户画像。在元宇宙营销时代，我们也可以通过元宇宙品牌专区来观察用户行为并获取反馈，以此来生成更加多元的用户画像。

为了更好地观察用户在虚拟世界中的行为和偏好，获取精准的用户画像，Wendy's 在 Meta 公司的 Horizon Worlds 平台上推出了 Wendyverse 虚拟餐厅。Horizon Worlds 是 Meta 推出的 VR 原生虚拟空间，用户需要佩戴 VR 头显进行体验。Wendyverse 虚拟餐厅允许用户使用数字替身进行点餐并参与餐厅举办的互动游戏。

同时，为了对比观察虚拟世界和现实世界用户画像的差异，很多品牌都开始设计联通现实用户及其数字替身的服务，进行更精准的身份识别和用户画像。麦当劳公司已经提交了 10 项关于虚拟餐厅的商标申请，并在筹备虚拟餐厅。用户可以在虚拟餐厅订购巨无霸、芝士汉堡等食物，然后选择线下配送服务在线下收取。通过这种方式，一旦现实用户及其数字替身的身份匹配成功，品牌就可以对其进行合并和交叉分析，获取精准的用户画像。

4.3　面向数字替身的沟通和互动

如果键盘和鼠标驱动了传统互联网，触摸屏引领了移动互联网时代，那么虚拟和现实增强技术将带我们走进元宇宙世界。在这个新的世界，VR 和 AR 让品牌可以向用户提供沉浸式的个性化体验，虚拟产品和新型合作模式让品牌可以直接触达用户并与之建立更紧密的用户关系。

品牌和用户之间也将建立新的沟通和互动模式。这种新的模式将让我们抛开鼠标和屏幕，摆脱空间和时间的限制，甚至耦合现实和虚拟，创造以价值交换为基础、以价值创造为目的的未来。数字替身将成为我们身体的延伸，让现实的体验如虚拟梦境般美妙，同时让美妙的虚拟体验变成现实。

沉浸式交互是这一切的基础。在传统的计算机图形技术中，视场的改变是通过鼠标或键盘来实现的，用户的视觉系统和运动感知系统是分离的。而在元宇宙世界中，用户可以配戴 VR 头显或者 AR 眼镜，通过头部跟踪和眼动追踪来改变观看的视角，用户的视觉系统和运动感知系统之间就可以联系起来，感觉上更逼真。沉浸式沟通和互动的另外一个优点是，用户不仅可以通过双目立体视觉去认识环境，而且可以通过头部的运动去观察环境。

互联网不仅是一个让生活更便利的工具，还可以成为一个传递体验和价值的媒介。我们已经在 Web 2.0 时代充分体会了互联网作为工具的便捷和高效。它不仅让邮件收发须臾可至，让交流聊天随时随地，更让网上购物轻易可达。在 Web 3.0 时代，提供沉浸式体验的元宇宙将延伸我们的听觉、视觉和触觉，作为我们感官体验和心理活动的强大补充。这将丰富我们的体验，延伸我们的感官，同时激发我们的想象力和创造力。

我们观察世界的维度变得更多元，我们体验世界的方式变得更丰富。如果现实世界由时间、空间和物质组成，那么虚拟世界就是由非时间、非空间和非物质组成的。这 6 个维度中的任意 3 个进行组合，就构成了在现实世界和虚拟世界之间的其他层面。例如，由时间、空间和非物质 3 个维度构成的 AR，让我们看到的现实更丰富。Google 眼镜是我们进入 AR 空间的工具。由非时间、非空间和物质 3 个维度构成的增强虚拟（augmented virtuality），让我们体验前所未有的增强虚拟空间。任天堂 Wii 以及微软 Xbox One 是我们进入增强虚拟空间的媒介。

技术的进步正在让拓展多元维度和多层空间变为现实。VR 和 AR 技术在过去的几十年里因为超高的技术门槛和制造成本，只能"蜗居"在实验室或有限地应用在军事、航天、医疗、建筑设计和高端制造等领域，难以实现商业化量产。但近几年来，随着低成本传感器、材料科学、三维计算机图形、云计算等技术的发展和成熟，虚拟现实及其设备正在从高端走向亲民，从"高大笨"走向轻量可穿戴。索尼研发部门的"魔法实验室"（Magic Lab）的主管查德·马克斯曾表示，这一波虚拟现实潮流有别于此前，其技术水平终于能满足需求了。他说："需要极强的图形处理能力才能让图像达到在人们眼前大面积呈现且栩栩如生的效果。以前追踪技术非常昂贵，但就在过去几年间，低成本惯性传感器和摄像头已经能使图像具有极高的保真度。"

VR 和 AR 的发展前景让我们对未来产生了无限憧憬，也为企业提升消费者体验创造了无限可能。

VR 内容制作公司和分发平台 Wevr 的联合创始人认为，VR 天生就适合于社交平台，因为它本身就是一个数字沟通系统。他认为，技术的核心是沟通而不是计算。正是基于这一想法，工程师们才开发了 Slack 和 Hangouts 这种沟通协作工具。我们将在第 5 章详细地介绍如何在元宇宙世界中创造多元空间和多元价值，为数字替身的体验和价值创造进行增强赋能。

4.4 品牌数字替身

那么，品牌如何与数字替身建立信任感和情感链接？

我们可以在元宇宙中继续延续传统营销和数字营销的惯用手段，依靠品牌形象露出和品牌内容植入来占据用户所及的视野。但是这个方法很难触达用户的内心。

品牌不仅是元宇宙的赞助商和广告主，也应该是元宇宙的参与者和建设者。这可以通过品牌数字替身来实现，完成触达用户、参与互动、建设社区以及创造新世界的任务。

4.4.1 品牌数字替身的3大影响

品牌是对产品的背书，也是企业的化身。在传统营销和数字营销时代，品牌大部分时间是以2D的形象出现，通过图片、文字、视频以及语音等方式与用户进行单向或者双向的沟通。

在元宇宙世界，品牌可以通过品牌数字替身，实现与用户的自然、真实的沟通。这种沟通不依赖文字，而是包含声音、表情、动作，并且在沉浸式场景中进行，就像我们在现实中进行面对面的沟通一样。

从《第二人生》游戏开始，传播学、社会学和心理学的研究者们对品牌数字替身的研究开始活跃起来。从真人实验和真实品牌案例出发，这些研究得出的结论是：品牌数字替身是在元宇宙世界中建立品牌与用户之间的信任和情感纽带的有效方式。

品牌数字替身将为品牌的元宇宙营销带来以下3点积极的影响。

1. 立体化形象，所见即所感

品牌数字替身可以作为品牌在虚拟世界中的映射，把品牌的形象和品牌的价值观通过虚拟的 3D 形象直接呈现给用户，让品牌形象立体化，实现所见即所感。

在以往的营销中，为了实现品牌形象的立体化，品牌会采用符号化表达、联想式植入和真人偶像映射等 3 种方式来进行。

（1）符号化表达

品牌通过文字、图片和视频，讲述品牌理念和品牌故事。为了让品牌形象更加鲜明，品牌往往需要品牌画像和品牌叙事来设定品牌语言风格、品牌个性以及品牌态度。品牌往往需要从现实世界中找到一个模板来确定品牌画像，比如稳健的化工企业会选择"专业而有智慧的中年男子"作为模板，年轻化的日化品牌会选择"个性鲜明、热爱家庭的年轻女性"作为模板。

（2）联想式植入

除了使用品牌画像，品牌还可以通过对运动员、比赛和活动进行赞助，实现品牌植入，让品牌形象立体化。对于喜欢极限越野、自行车速降或者一级方程式赛车的用户来说，红牛品牌的标识在相关赛场和运动员的服装上几乎无处不在。这是红牛品牌营销的战略之一。红牛通过对极限运动的赞助和推广，让消费者将极限运动与红牛之间建立自然联想：一想起红牛就会想到极限运动和挑战极限。这种联想不仅让红牛的牛磺酸饮料保持热度，而且让红牛成为形象鲜明的立体化品牌。

但是品牌联想式植入需要品牌的长期投入和深度参与。极限运动作为体育中的非主流，一开始缺乏媒体关注和粉丝基础，红牛几乎是以一己之力让极限运动走进大众视野。红牛不仅投入巨资来赞助和举办赛事，而且在支持青少年极限运动方面发挥了重要作用，使极限运动变得越来越普及。

（3）真人偶像映射

一直以来，体育明星、娱乐偶像和公共人物都是品牌竞相合作的对象。这是因为，真人偶像特别是娱乐和体育明星，是用户理想化人格的自我投射。这和品牌营销的目标不谋而合。品牌也需要找到一个理想化的偶像并与之产生关联，通过真人偶像传达和映射自己的品牌形象和品牌理念。比如，家居用品品牌会选择有着居家好男人形象的明星作为代言人，母婴品牌会通过有完美家庭和事业的艺人来提升品牌形象。

与真人偶像的合作，一方面有助于提升品牌的知名度和用户信任度，另一方面也有助于品牌打造在用户心目中的"理想化形象"。1984 年，桑尼·瓦卡罗为 Nike 签下了篮球运动员乔丹，开始了 Air Jordan 系列的传奇。这是历史上最成功的体育营销之一，也开启了品牌与偶像合作的双赢模式。直到今天，乔丹每年依然可以从 Nike 的相关合作上取得约 1 亿美元的收入。

无论是联想式植入还是真人偶像映射，都需要品牌进行谨慎选择和持续投入。品牌可能会因为明星代言人的负面新闻而承担品牌形象受损的结果。在与明星和网络红人的合作过程中，品牌并不能掌握足够的主动权和影响力，让明星和红人按照品牌的意图来行动。

相比之下，品牌数字替身的可控性和可塑性更强。

比如，在欧美日韩引领潮流的美妆领域里，"'中国妆'究竟是什么样的？"这个问题靠文字无法描述，靠 2D 图片无法传达，靠明星代言无法阐释。为了能够呈现"中国妆"和"东方美"，花西子使用了数字替身"花西子"来向用户展现中国妆到底是什么样的。这个由中外制作团队共同打造的品牌数字替身，用现代技术，结合东方美学，打造了一位古典又时尚的东方女性形象。为了增强记忆点，制作团队深度研究了东方美学，特意在数字替身花西子的眉间点上了"美人痣"。

品牌数字替身不仅呈现立体化的品牌形象，投射用户的理想化形象，还让品牌叙事更加丰满可信。品牌可以通过品牌数字替身直接表达品牌信息，发起品牌活动，并在活动中直接参与用户互动。山姆是 IBM 公司推出的品牌数字替身，依靠人工智能自动驱动并且具有情感反应。这个由 IBM 和 Soul Machines 共同开发的数字替身，可以直接与用户对话，并邀请用户关注处理海洋垃圾等公益活动。

2. "真人"互动，所见即所得

"见字如面"常见于书信的开头，是我们对文字寄予的美好期望。中文，作为世界上最难学习和掌握的语言之一，要想实现见字如面的效果，需要写作者经过长久的艰苦练习，掌握文字的空间感和节奏感。

"一图胜千言"，是见字如面的巨大进步。把静态的图片以每秒 24 张或者更快的速度播放，就得到了视频。图片和视频让我们可以向用户展示产品的设计理念、内部构造、应用场景等。今天，图文和视频已经成为内容营销的主要形式。

那么如果在元宇宙中，品牌能够通过数字替身来模拟现实世界中的真人互动，与用户之间的沟通效果会不会更好呢？

我们以万科的数字人崔筱盼为例，来回答这个问题。

对应收账款的催收是让每一个企业都头疼的问题。不及时催收会导致企业现金流紧张引发坏账，催收的过程也消耗大量的人力物力。以往，企业通过系统邮件或者短信的方式，对欠款企业和相关业务员进行提醒和催收，但是效果并不好，这些催收邮件和信息往往会被忽略。

2021年2月1日，数字人崔筱盼在万科财务部"入职"。这个由万翼科技公司出品、沈向洋博士和小冰团队开发的数字人，开始承担各种应收账款的催收提醒工作，并且帮助公司排查催收和实付中的异常。

得益于深度神经渲染技术和生物学ID技术，崔筱盼有着专业干练的形象。从她发送的邮件上看，她就像一个真实的人。邮件里面有她的名字、联系方式，甚至工位号。为了增强真实感，她会在邮件最后提醒收件人多加衣服、注意保暖。

截至2021年底，这位虚拟员工已经在万科财务部默默工作了十个月，她催办的预付应收逾期单据核销率高达91.44%。

未来，我们在元宇宙中也许无须用语言沟通。这个大胆的猜想来自虚拟现实这个名词的创造者杰伦·拉尼尔。他认为VR将把人类带入"去符号化沟通"时代。人类的沟通不再局限于语言和文字，而是通过意识实现。在未来的元宇宙世界中，如果你想和我沟通，可以直接进入我的梦境。

3. 融入社群，所在即互动

为了与元宇宙用户进行更自然、深度的沟通，全球奢侈品集团 LVMH 推出了品牌元宇宙数字替身 Livi。这位拥有灰蓝色眼睛和波浪卷发的品牌数字替身由人工智能驱动。在 2022 年 Viva 技术大会上，Livi 代表 LVMH 集团发言，分享了该集团的品牌和技术创新等话题。

Livi 由 LVMH 和 ALTAVA Group 联合开发。ALTAVA Group 是一家总部位于新加坡的元宇宙技术和品牌服务商，致力于为品牌打造元宇宙的社交和商业平台。LVMH 选择 ALTAVA Group 作为合作伙伴，为 Livi 进军元宇宙打下了基础。在此之前，ALTAVA Group 已经上线了元宇宙游戏化社交商务平台 ALTAVA Worlds of You（你的 ALTAVA 世界），并开始销售一系列虚拟时尚装备和奢侈品品牌 NFT。除此之外，ALTAVA Group 还在 The Sandbox 平台上购买了虚拟土地，建立了名为 ALTAVA LAND 的虚拟空间。ALTAVA LAND 与 ALTAVA Worlds of You 两个平台已经逐渐实现互认互通，允许用户在这两个平台上使用相同的数字替身形象、装备和 NFT 资产。

4.4.2　品牌数字替身的不同应用阶段

进入 2022 年，我们没有等来苹果的 AR 设备发布和 Loot 游戏上线，却等来了数字人的集体爆发。

Ayayi 和柳夜熙的成功，令有着智能语音、CG 动画、3D 设计和动作捕捉技术背景的公司都试图奔向虚拟偶像的"星辰大海"。

越来越多的虚拟偶像出现在品牌海报、活动现场以及抖音和淘宝直播间，以至于出现了虚拟偶像多过品牌需求的情况。

但是，不用等到海水退潮的那一刻，就能看见谁在裸泳。大多数的虚拟偶像缺乏丰满的人物设定、可信的故事脚本和恰当的应用场景，其制作团队又缺乏认真的态度和足够的诚意。这让大部分的虚拟偶像只限于在形式上模仿，而在功能和应用上都乏善可陈。

除了游戏公司在开发虚拟偶像之外，品牌也加入了打造品牌数字替身的行列。花西子（花西子）、屈晨曦（屈臣氏）、M 姐（美即）、山德士上校（肯德基）、哈酱（哈尔滨啤酒）、崔筱盼（万科）等品牌数字替身被相继推出，并被应用到直播和品牌活动之中。

无论是借助虚拟偶像还是自研数字替身，我们都处在品牌数字替身营销的初级阶段。品牌数字替身的发展阶段将取决于应用场景的复杂程度和技术实现的难易程度。

从应用场景来说，品牌数字替身的应用场景按照其复杂程度排序，从低到高依次为品牌形象代言人、客服助手、虚拟主持和主播、数字员工。到目前为止，在品牌形象上已经大量使用数字替身，第三方虚拟偶像和模拟数字人已经被广泛使用。

作为数字员工的品牌数字替身，需要在元宇宙店铺里接待顾客，也需要在元宇宙游戏里参与互动，而且在同一个时间内可能需要使用多个分身，这是目前最复杂的应用场景。

从技术实现的难易程度来说，虚拟偶像是容易实现的，然后是模拟数字人和智能数字人。模拟数字人是在虚拟偶像建模的基础上，通过光效捕捉或者惯性捕捉技术实时捕捉真人动作并进行合成和渲染，让模拟数字人可以根据环境进行实时反馈。智能数字人则通过算法、算力和数据的多模态技术以及自然语言处理、实时渲染等跨学科的技术，实现自主学习和自主反馈。智能数字人是实现与用户数字替身进行"真人互动"和"自然沟通"的基础。

按照技术难度，品牌数字替身战略的实现需要经历虚拟偶像、模拟数字人和智能数字人 3 个阶段，如图 4-4 所示。

图 4-4　品牌数字替身的发展阶段

1. 品牌数字替身入门：虚拟偶像

对于暂时没有技术能力和资源打造成熟的数字替身的品牌来说，选择与虚拟偶像合作是最常见的选择。

不同的虚拟偶像有不同的人物设定和应用场景。时尚偶像和虚拟歌手是常见的两类人物设定。2021 年洛天依登上中央电视台春节联欢晚会，她是以虚拟歌手的身份进入大众视野的。第一代虚拟偶像 Lil Miquela 在出道时的定位是时尚达人，之后被打造成虚拟歌手和娱乐明星。这样的人设和职业发展路径也是众多虚拟偶像的经典模式。

虚拟偶像本身自带流量，可以为品牌带来足够的曝光度。爱奇艺《2019 虚拟偶像观察报告》显示，全国有近 4 亿人正在关注虚拟偶像或者对虚拟偶像感兴趣。在虚拟偶像的发源地日本，一位虚拟流行歌星非常受欢迎，有近 4000 名粉丝与她完成虚拟婚礼。

相比于真人偶像，虚拟偶像更加"完美"。从身材、容貌、性格等方面的设定来看，虚拟偶像是理想化的人类。

虚拟偶像的可塑性也极高，为之后的品牌定制和深度合作奠定了基础。带有梅派京剧人物形象烙印的虚拟偶像翎，由次世文化和魔珐科技联手打造，具备时尚运营基因和技术基因。翎被塑造成极具东方特色的偶像，喜欢京剧、书法和太极等中国传统文化，是将"国风"融入人设而打造的"国潮"虚拟偶像。2020 年，翎登上央视选秀节目《上线吧！华彩少年》，开始正式出道并开启商业化进程。翎获得的极高的关注度和国风的特别人设吸引了大量的品牌进行商业合作，合作的品牌包括奈雪的茶、Vogue、天梭、100 年润发、特斯拉以及运动品牌 Keep。

动图宇宙推出的阿喜代表另外一种人设和风格。这个走可爱俏皮风的虚拟偶像因为表情多样逼真、皮肤肌理写实而受到了很多用户喜欢。目前在抖音、微博、哔哩哔哩等平台上，阿喜每条视频的播放量从数千至几十万不等。推崇年轻化和差异化的钟薛高和雅迪等品牌选择与阿喜联名。

除了对人设进行塑造，虚拟偶像也通过故事和脚本设计来强化形象。虚拟偶像柳夜熙的故事主线是美妆和捉妖。这个由创壹科技推出的虚拟偶像主要活跃在抖音平台上，她的抖音账号上线 3 天涨粉 230 万，其首发视频超过 250 万点赞，关联词条也一度登上抖音热榜第二名。柳夜熙的东方面孔、中国风的妆容与捉妖师的身份契合了当下盛行的国潮风尚，同时她妆容中的荧光元素运用、视频中充满科幻感的特效与赛博朋克风格的后期色调又迎合了 Z 时代年轻人的喜好。有消息称，柳夜熙未来合作的品牌方有可能涉及美妆护肤、食品日化、互联网等行业。

虚拟偶像与品牌合作的应用场景包括品牌邀请虚拟偶像担任品牌体验官。2021 年 12 月，美妆品牌兰芝邀请虚拟偶像川 CHUAN 担任潮流体验官，一起推出 3 款新品护肤品。川 CHUAN 的技术团队通过人工智能捕捉和渲染技术加真人实拍合成技术，在这个男性虚拟偶像脸上实现了美妆粉底的细腻质感。

除了兰芝之外，理想国和 WonderLab 等品牌也与川 CHUAN 展开了合作。作为国内首位超写实虚拟男偶像，川 CHUAN 由新锐品牌营销公司 mos 旗下的 mos meta 虚拟营销厂主理，其宣传的大本营首先选择小红书，之后川 CHUAN 将涉足数字潮玩艺术策展和 NFT 等领域。

但是借助虚拟偶像的营销可能会使品牌遇到"体验真实性"的质疑。比如，翎向用户推荐 GUCCI301 珊瑚魅影口红，并分享了"滋润不干，是温柔的珊瑚色调，有点草莓的感觉"等使用体验，被用户质疑不是基于真人的真正试色，卖家秀和买家秀并不一致。

直播也是品牌与虚拟偶像合作的应用场景之一。在 B 站，泠鸢 yousa 和 hanser 两位虚拟偶像入选 B 站"2020 年百大 UP 主"。B 站在 2021 年 8 月发布的虚拟主播粉丝数排行榜显示，前 9 位虚拟主播的粉丝数都超过百万，从粉丝量级看，这些虚拟主播的粉丝数确实可与百大 UP 主相比。2020 年 5 月，虚拟偶像洛天依进行了一场跨界直播带货，1 个小时内观看人数最高达 270 万人，近 200 万人打赏互动。

但是与虚拟偶像进行联名和合作需要品牌投入较高的成本。这是因为虚拟偶像运营公司的运营成本高，这部分投入需要平摊到品牌合作预算中。虚拟偶像的形体、面容、神态以及动作都基于表情追踪、语音识别、语音合成、自然语言解析等跨学科技术的支撑，这需要虚拟偶像运营公司在前期进行大量的投入。

虚拟偶像的建模、驱动和渲染等每一个步骤都需要技术和人力的大规模投入。在建模阶段，对 AYAYI 和花西子这样的超写实虚拟人，每一根毛发都需要精确建模和渲染，每秒的制作成本可能数以万计。在驱动阶段，无论是光效捕捉还是惯性捕捉，都需要昂贵的设备并进行大量的学习和调试。在渲染阶段，要做到说话口型准确和动作逼真，需要与精通多模态技术、Unity 或虚幻引擎的团队通力合作，要做到微表情自然和毛发细节清晰还需要更多的投入。以柳夜熙为例，创壹科技公司服务于柳夜熙的大中台团队有 150 余人，小前台团队人数则在 10 人以内。其中最为重要的技术团队更是经过了 3 年多的积淀，不断积累技术，引进人才。团队中大部分成员都是专业的电影和 CG 人才。该公司仅半年的研发成本、人员成本、技术成本累积已经超百万。

虚拟偶像的品牌合作视频动辄上百万，因此虚拟偶像的直播合作费甚至可能超过真人主播。

2. 品牌数字替身进阶：模拟数字人

如果综合考量虚拟偶像的合作成本和品牌营销的持续性，打造品牌专属的数字替身是更经济的做法。

在人物造型和角色设定上，品牌专属数字替身可以按照品牌的理想型人设进行打造，比如花西子的虚拟人"花西子"、肯德基的"山德士上校"和美即的"M 姐"。在角色成长和功能完善上，品牌专属数字替身可以让品牌根据互动的需要自由升级并探索数字替身的更多应用场景，比如哈尔滨啤酒的"哈酱"和屈臣氏的"屈晨曦"。

品牌模拟数字人可以像虚拟偶像一样，作为品牌形象和创意的载体，成为未来品牌元宇宙营销的支点之一。

品牌模拟数字人往往由真人驱动。真人驱动是指由真人模特做出唱歌跳舞等动作，然后进行动作捕捉采集，转化为数据迁移到虚拟人身上进行模拟和渲染。

2021 年 5 月，香港雀巢咖啡推出全新品牌宣传片 Re/Imagine。这个广告片由雀巢的模拟数字人 Zoe 出演。这是雀巢联合日本创作单位历时一年打造的虚拟角色，其制作过程从真人拍摄开始，再以动作捕捉技术合成渲染出动作与表情。Zoe 的头部是由 CG 合成制作的，其余均由真人驱动。

为了保持品牌模拟数字人的新鲜感和热度，品牌需要为其设计养成路径和职业发展规划。哈尔滨啤酒的品牌模拟数字人"哈酱"经历了从街头潮人到电竞主播再到音乐人的职业发展路径转变。2021 年 9 月，哈酱在 QQ 音乐、网易云音乐等多个平台上发布了自己的新歌 MISS WHO，正式以歌手身份出道。哈酱的音乐创作由签约的华纳音乐支持，声音则是由微软人工智能仿真人声实现。

品牌模拟数字人的养成同样需要持续的曝光和多元化的尝试。以国潮为核心标签，哈酱在不断探索新的身份和角色，这个过程让哈酱的形象更加丰满和立体，也让哈酱能够深入不同消费群体和文化圈层，保持热度和被关注度。在电竞圈里，哈酱在LPL决赛表演开场秀也作为虚拟电竞主播进行了深度参与。在时尚圈里，她成为GQ杂志的模特，并且以特邀虚拟模特的身份亮相纽约时装周。哈酱还尝试公益推广大使的角色，曾与哈尔滨啤酒一起开启零酒驾宣传，承担起社会责任，积极发挥偶像正向影响力。

以模拟数字人作为品牌数字替身在立体化品牌形象和丰富内容营销形式上已经是元宇宙营销的一大步。

但是模拟数字人的局限性也很明显。和人工智能驱动的智能数字人相比，模拟数字人的自动化和智能化水平偏低。

模拟数字人的动作生成和内容创作大量依赖预先设定的脚本以及真人模特的现实动作捕捉。真人模特的临场反应和动作控制会在很大程度上影响模拟数字人的表现。同时围绕光学和惯性捕捉以及AI动作捕捉搭建的硬件后台及合成渲染中台需要大量的人工。

模拟数字人基于预先设定的程序实现，无法进行机器学习。自动化和智能化两个短板，导致模拟数字人无法实现有效的一对一真人沟通和即时互动。因此，模拟数字人的主要应用场景在品牌宣传和营销部分，无法承担企业客服、个性化推荐以及定制化服务等复杂任务。

3. 品牌数字替身进化：智能数字人

智能数字人是品牌开启元宇宙营销的钥匙。智能数字人，又被称为人工智能替身，是由人工智能驱动的数字人。智能数字人具有超写实的人类外貌，可以借助自然语言处理算法与人交流，同时依赖多模态和深度学习、机器学习等技术实现实时反馈和真人互动。智能数字人以预加载的算法和规则为起点，将持续通过与用户互动进行深度学习。

机器人"小冰"和智能新闻主播"新小微"是我们熟悉的智能数字人。机器人小冰通过自己创作的诗歌和绘画作品让我们体会到了人工智能在内容创作上的创意和效率。新闻主播新小微则让我们看到了智能数字人在内容再创作上的能力。

2020 年，新闻主播新小微在两会召开期间在新华社客户端上进行新闻播报。这位由新华社智能化编辑部联合搜狗公司研发的智能数字人主播，通过学习机器上输入的文字内容，进行专业的新闻播报。在进行新闻播报时，新小微在肢体动作、眼神与唇动等各方面都能做到与真人极为相似，无须对真人模特动作进行模拟。

数据、算法、算力、多模态技术、AI 建模和渲染等技术推动着智能数字人成为集美貌和智慧于一身的超现实品牌数字替身。虚幻引擎提供的数字替身制作工具 MetaHuman Creator，将以往需要数周乃至数月的数字人创作时间缩短至一小时以内，并且让保真度和逼真感都达到了超写实的标准。利用 MetaHuman Creator 工具，虚幻引擎与 3Lateral、Cubic Motion、腾讯和 Vicon 合作，根据中国女演员姜冰洁的相貌制作了高保真实时数字角色 Siren，解决了在虚拟人物制作上的恐怖谷效应这一难题，为超写实智能数字人设定了新的标准。

商汤的 SenseMARS Agent 数字人可以实现口型准确、动作逼真，并可以与真实用户进行智能对话。SenseMARS Agent 数字人经过不同领域的专业知识培训，可以被应用在零售、金融、旅游、交通等各个细分行业。NVIDIA 推出的 Omniverse 替身平台，基于语音 AI、计算机视觉、自然语言处理、推荐引擎和模拟技术而搭建，在该平台上创建的智能数字人可以快速学习专业领域的各种知识，并理解对方的说话意图。Soul Machines 的 Digital DNA 平台，是更先进的智能数字人制作系统，在超现实建模、同步高保真渲染以及机器学习能力上保持领先。

随着智能数字人智能化和自动化水平的提升，他们被赋予的角色和任务也在加强。美的集团旗下品牌华凌于近日宣布智能数字人凌魂少女·凉然、凌魂少女·暖沁正式入职华凌，分别担任该品牌在中国区域的数智体验主理人、潮流设计主理人。根据官方的资料，智能数字人凉然擅长分布式计算和交互，是华凌数字智能产品的体验官，会负责搜集用户和市场的反馈；暖沁则具备时尚趋势敏感度，她将参与产品工业设计和包装设计等工作。

为了帮助品牌打造和运营数字替身，百度、网易、腾讯以及阿里巴巴都在自研或者投资布局智能数字人平台。智能云曦灵智能数字人平台，依托百度的 AI 技术能力，提供 2D/3D 数字人生产线，并基于 3 大平台分别进行人设管理、业务编排与技能配置、内容创作与 IP 孵化，面向不同应用场景提供对应的数字人解决方案。网易云信推出的"IM+RTC+虚拟人"解决方案可以通过扫描真人造型，生成一个与之类似的客服数字人，该数字人可以与金融等行业的客户进行答疑解惑、服务沟通。当然，腾讯也在这个领域中积极布局，比如腾讯通过投资 Epic 游戏公司，使虚幻引擎及其 MetaHuman Creator 成为其数字人技术拼图中的重要一块。

4.4.3　品牌数字替身：个性化的挑战

去中心化的元宇宙是创造价值的互联网，也是个性和创意的进化社区。品牌数字替身除了具备颜值和智慧，还需要拥有个性。

品牌个性是用户认知的品牌具备的人类和组织特征。这些特征会影响用户对其产品、服务、使命或价值观的看法。企业通过使目标用户市场产生情感、心理甚至生理上的反应来逐步建立品牌个性。品牌个性有助于品牌激发用户的积极性、强化用户购买动机，并为品牌带来可持续的增长和利润。

虽然品牌的主要目标是为公司以及其他利益相关方创造利润，但打造品牌个性同样是一个重要任务。没有品牌个性加持，产品在提升竞争力和进行模式创新上难免陷入增长陷阱和"创新者的窘境"。

有效打造品牌个性在传统营销和数字营销中并没有得到真正实现。品牌在营销漏斗的顶端时，会将大量的精力投入到如何体现品牌个性、魅力和价值。传统广告和品牌视频在这方面做得非常好。然而，随着营销漏斗的下沉，品牌在用户旅程早期展现的大部分个性和独特性往往会逐步消失。

品牌数字替身正在帮助品牌解决个性打造的问题。花西子是江南女子，个性温婉含蓄；哈酱是北方潮女，个性活泼张扬；崔筱盼是职场精英，自带精英气场，同时又深谙人情冷暖。品牌数字替身与传统营销和数字营销在品牌个性打造上的差异如图 4-5 所示。

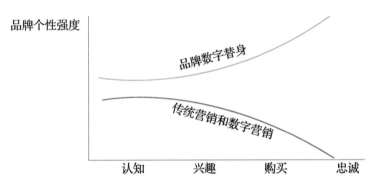

图 4-5　品牌数字替身、传统营销和数字营销在品牌个性打造上的异同

在设定品牌数字替身的个性时，可以根据品牌的价值观来发展自己的品牌个性，也可以从图 4-6 所示的品牌个性框架入手。品牌个性框架包含了常见的 4 类个性，下面分别讲解。

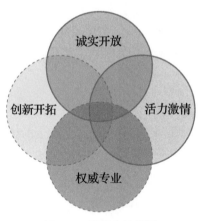

图 4-6　品牌个性框架

- 创新开拓的品牌个性

创新开拓的品牌个性适合在产品和服务的定位以及营销方式上需要打破常规的公司。IT 和科技品牌因为产品本身迭代速度

快，淘品牌和新锐品牌因为在产品上的颠覆性和营销上的突破创新，很容易给用户留下创新的印象。创新开拓的品牌个性体现在品牌前瞻性上，产品的开发设计可能是面向未来的客户需求。

- 诚实开放的品牌个性

这是强调同理心的品牌个性，通常适用于注重营销和销售策略的品牌。在开发和设计产品、服务时，这些品牌将客户放在首位，以满足市场需求。

- 活力激情的品牌个性

发展这种个性的品牌通常会基于潮流文化或亚文化设计产品和服务。这种品牌个性也可以从品牌正在建立人气的细分市场中获得情感反应和即时需求，基于此制定营销策略。这些品牌集中在食品饮料等快消行业，本身同质化程度高，可替代性很强，需要用情感刺激的手段来创造消费。

- 权威专业的品牌个性

这是细分市场的奢侈品品牌和 B2B 品牌最常选择的品牌个性。这类品牌需要帮助高消费人群和专业用户建立安全感以及控制欲。这些品牌不仅要把用户的需求放在首位，还要考虑用户所在圈层和价值链条的利益和需求。

除了具备个性特质，个性化的智能数字人也具备情感沟通能力。三星公司推出的虚拟人 NEON 会对不友好的语言生气，也会在工作太多时表现出疲倦，也需要独处的时间。阿里的达摩院正在开发千人千面的技术，可以让同一个品牌智能数字人面对不同的消费者使用不同的沟通方式，实现一对一的个性化沟通。

4.5 结语：面向未来，面向数字真人

元宇宙营销的对象从现实用户变为用户数字替身只是第一步。在未来，人机合一的数字真人也许将成为品牌营销的对象。数字真人是将人造硬件和人工智能软件植入或者装配在有机体身体内外，但思考动作均由有机体控制的未来人类。

科技对于人类，将不再只是辅助工具，而是和人类融合在一起。AR眼镜、服装、外骨骼都不只是附加物，而是集成在我们身体上的"器官"。或许，我们将像科幻电影里描述的一样，将获得更长的寿命和更高的生活质量，因为人造器官可以和人类器官一样有效地运作。

元宇宙正朝着科技与人逐渐融合的方向发展，而面向数字替身的营销也将朝着面向数字真人的方向演进，如图 4-7 所示。

图 4-7　元宇宙及元宇宙营销的演进（资料和数据来源：futurism.com、
nvidia.com、德勤元宇宙系列白皮书）

|第5章| CHAPTER

增强赋能

品牌进行元宇宙营销的过程就是对用户及其数字替身进行体验增强以及对用户所有权和价值进行赋能的过程。这个过程是由两条分别承载价值流和体验流的传导链实现的，一条是由实向虚的传导链，另一条是由虚向实的传导链。

如果我们把体验流和价值流分别按照从实到虚和从虚到实的流动过程进行梳理，就得到了品牌在元宇宙中对用户及其数字替身进行增强赋能的 4 条路径，如图 5-1 所示。

由实向虚的体验流传导链主要通过品牌为用户提供虚拟现实的体验和品牌 NFT 完成，由虚向实的价值流传导链主要通过增强现实和工业元宇宙实现。

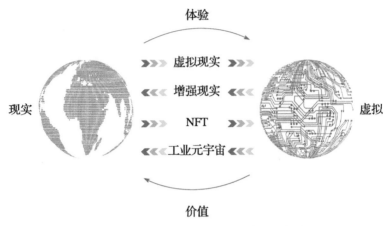

图 5-1　元宇宙增强体验、赋能价值的 4 条路径

5.1　虚拟现实：由实向虚的体验增强

"未来，一切的营销，都是为了使用户在场。"这是 VR 营销最盅惑人心的宣言，也预示着 VR 对数字营销的影响巨大而深刻：从内容形成上看，VR 内容比文字、图片和视频都更加栩栩如生、更加令用户身临其境；从媒介作用上看，VR 媒介比报纸、广告、电视和任何屏幕的信息传递都更加高效。而 VR 营造的"在场感"，对用户产生的影响是巨大的。

那么虚拟现实如何由实向虚地增强用户的体验？我们总结了这个实现过程的 3 个阶段，如图 5-2 所示。

5.1.1　虚拟现实：沉浸式体验

Joann Peck 和 Suzanne B.Shu 的研究表明，顾客无论是在真实的状态还是虚拟的状态下"触摸"到产品，都愿意付更多的钱购买。虚拟现实设备可以模拟出刺激大脑的外部信号，让消费者感觉"真实"和"在场"。它会"欺骗"你的感官和判断，让大脑分不清哪些是虚拟哪些是现实。

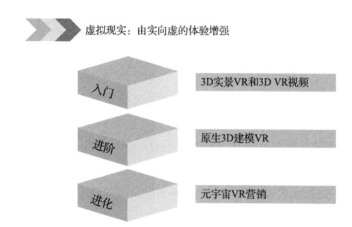

图 5-2　通过虚拟现实由实向虚实现用户体验增强的 3 个阶段

这种在场的沉浸式体验，是品牌与数字替身互动的基础，也是 VR 在数字营销领域的杀手级应用。

在讲故事这个营销难题上，VR 可以更好地帮助品牌找到感性吸引用户和理性说服用户这两种方式之间的平衡。大多数品牌在讲故事时都缺乏段子手的好玩和犀利，也没有网红的颜值和个性。缺乏个性和创意的品牌往往擅长对消费者进行理性说服，而不擅长对他们实现感性吸引。但营销不是举办"奇葩说"，品牌的用户既没有时间也没有兴趣去听关于产品特性和优劣的长篇大论。而 VR 是品牌打通用户感受，植入产品印象的最佳媒介。

随着计算机传感和视觉技术的进步与高速宽带的普及，VR头显设备已经逐步朝着小型化和舒适化的方向发展。市场上主流的 Oculus Quest2、三星 VR Gear、索尼 Playstation VR、Pico VR 和爱奇艺 VR，无论在技术上还是体验设计上都在逐步成熟。

根据国际数据公司（IDC）发布的全球 AR/VR 头显市场跟踪报告，2021 年 AR/VR 头显的全球总出货量达到 1120 万台，比 2020 年增长近一倍（同比增长 92.1%），预计在未来 4 年内会再增长两倍。

营销内容的 3D 化是品牌进入 VR 营销的第一步。内容的 3D 化可以通过 VR 摄像机拍摄现实物体和场景或者通过 3D 模型的新建及转化来完成。在 3D 内容生成之后，品牌需要决定 3D 内容的互动平台和互动场景，设计用户与 3D 内容的互动模式，最后这些 3D 内容将会通过 VR 设备和平台的渲染引擎向用户呈现虚拟现实体验。

5.1.2　入门：3D 实景 VR 和 3D VR 视频

3D 实景 VR 和 3D VR 视频是现在应用最广泛、开发成本较低的 VR 内容形式。3D 实景 VR 由配备鱼眼镜头的相机或者专业的 VR 相机（如 Insta360 One X2、GoPro Max）拍摄现实场景和物体，然后利用软件将拍摄的素材进行缝合。3D 实景 VR 一般是静态图片形式，而 3D VR 视频则是视频格式，包括单视场（monoscopic）和立体视场（stereoscopic）两种格式，3D VR 视频可以进一步分为 180° VR 视频和 360° VR 视频两种。（在本节中，3D 视频均指 3D VR 视频。）

在中国，3D 实景 VR 已经被大量应用在产品展示和虚拟展厅上。汽车之家推出的"VR 车型库"支持用户查看汽车的虚拟全景。用户可以在网页、手机以及 VR 头显上，自由放大汽车的各个部分进行仔细查看。除了以实拍图片为基础合成的 3D 全景内容，汽车之家的 AR 车型库还添加了锚点信息作为辅助，将图片、视频和文字信息悬浮在全景内容中播放，使用户可以在短暂时间里快速地了解一台车的全貌和由内到外的特点。汽车之家在 VR 上的应用还包括 VR 网上车展、VR 品牌智能展馆和 VR 4S 展厅等，基于 VR 技术实现沉浸式汽车体验场景，让用户足不出户实现一站式购车。

喜利得公司在 2021 年上海举办的中国国际进口博览会（以下简称进博）上推出了虚拟展厅，把线下的展会搬到线上，让不能来到进博现场的客户也能通过手机、电脑以及 VR 头显参观展厅、参与互动。该虚拟展厅对喜利得的实际展厅进行全景拍摄，再在后期合成视频。用户可以在线访问，并单击锚点浮窗来观看产品介绍和应用的视频，也可以单击虚拟展厅上浮现的预约和服务按钮，一键提交产品需求。

我们使用 VR 头显进入 3D 虚拟世界后，除了可以试玩 VR 游戏，也可以观看 Youtube、爱奇艺、哔哩哔哩、央视网等 VR 视频频道上的 3D 视频。VR 头显市场的强势增长和市场保有量的激增将培养用户的 3D 视频观看习惯。

3D 视频不仅改变了内容的形式，还会对观看者心理和认知能力产生更深层次的影响。实验显示，观看 3D 视频的观众的肌电图的分形维数比观看 2D 视频观众的更大。这表明在激发肌电图信号响应上，3D 视频比 2D 视频更复杂。换句话说，观众在观看 3D 视频时面部肌肉更活跃。

在认知能力方面，用户观看 3D 视频后回答问题的正确率为 92.60%，高于观看 2D 视频后的 80.87%。这种差异表明 3D 视频导致用户对视频细节有更多关注，从而提高了用户的学习能力和认知能力。国外的 Foretell Reality 和国内的哔哩哔哩等平台正在通过 VR 视频来提升人们的关注能力和学习能力。

360° 视频是虚拟现实的一项强大功能，因为它将使观看者完全沉浸在全景场景中。这种效果类似于坐在黑暗的天文馆里，你确信自己被传送到了宇宙的中心。

Adidas 使用装置在 Google Jump VR 摄像工具上的 16 个 GoPro 相机矩阵跟拍了职业登山者德莱尼·米勒和本·鲁克攀登科西嘉岛巴维拉山脉的经过。对于登山爱好者来说，这是一个很好的机会，能够在壮阔的群山间获得身临其境的攀登体验。Adidas 把这个 VR 视频上传到网络，并且在 Adidas TERREX 整备区向公众展示，在中国 10 个主要城市进行了巡回演出。

Toms 公司以"买一捐一"的公益性商业模式闻名，公司承诺每卖出一双鞋子，将会捐赠一双免费的鞋子给需要的儿童。这家公司拍摄了一个 VR 视频记录片，带领观众"穿越"到秘鲁的乡村，和公司创始人布雷克·麦考斯一起把鞋子送到一所乡村小学。

《纽约时报》在 2015 年上线了第一部 VR 电影 *The Displaced*，并向报纸订阅用户发放超过 100 万副 Google VR 纸板眼镜。*The Displaced* 是《纽约时报》与虚拟现实内容制作公司 VRSE 联合出品的，通过 360° 视频真实还原了战争的毁灭性影响以及难民儿童的悲惨经历。在这个 VR 电影中，观看者化身记者，以战争亲历者的视角去感受战争。

5.1.3 进阶：原生 3D 建模 VR

原生 VR 内容以 3D 建模为基础，借助实时渲染技术生成。

与 3D 实景 VR 和 3D 视频相比，原生 VR 能够为用户提供更好的沉浸式体验，同时允许用户进行更深入的互动。比如，在原生 VR 体验中，用户可以选择更多的观看角度，并且通过眼动捕捉和动作捕捉设备进行实时画面渲染。

原生 3D 建模 VR 不仅可以再现场景和建筑的外观，还可以让用户体验场景和建筑的内部。这一功能可以让品牌的 VR 场景更加逼真，对于需要体验真实场景和产品细节的用户来说这是非常必要的。以腾讯云和万科集团旗下的万翼科技合作推出的"云上南头古城"VR 微信小程序为例，这是一款具有电影级可视化体验的 3D 建模 VR 项目，按照 1∶1 对实景进行建模，超精细还原古城风貌。这个 3D 模型不仅包含街道及两侧建筑立面，甚至包含建筑内部。除了超精细的建模，该小程序在内容加载和实时渲染上也有所突破。万科使用腾讯云提供的云渲染技术和 Epic 虚幻引擎支持的云游戏解决方案，实现秒级渲染加载和无缝画面衔接。为了让应用兼容不同的设备和网速，万科还通过数据透明传输通道实现了分辨率自适应功能，保证画面的保真性和体验的流畅性。

同时，原生 3D 建模 VR 允许用户与环境进行交互，用户可以在虚拟环境中与 3D 物体进行互动。一直以来，B2B 品牌一直通过线下实物展示和现场讲解的方式向客户介绍其产品和服务。但是在解释产品的工作原理以及描述工作流程时，却难以用语言和文字直接表达。食品加工系统公司 Key Technology 通过 VR 互动视频向食品加工的企业客户显示其 VERYX 数字食品分拣平台的工作原理，让客户企业的工程师了解机器内部构造，让管理者了解平台的整个分拣流程。

除了用于产品演示，原生 3D 建模 VR 还可以用于虚拟游戏。这种虚拟游戏可以为用户带来更逼真的沉浸式视觉体验，还可以让用户通过头显和手柄自由选择观看视角和互动故事线。

通过原生 3D 建模 VR，用户更愿意进入品牌的虚拟世界。如何更好地向客户介绍一艘价值 3400 万元的豪华游艇呢？造船厂 Arksen 决定开发一款原生 3D 建模 VR 游戏。这个游戏为该船厂的 Arksen 85 Explorer 系列游艇以及码头和海洋等环境打造了 3D 模型。Arksen 的设计合作方 canVERSE 以 Arksen 的 CAD 设计和数据为基础在 Unity Forma 中为 Arksen 85 Explorer 游艇制作了一个可配置的 3D 实时模型。为了让游戏里的游艇更加逼真，游戏制作方在船坞内实地拍摄了 Arksen 85 Explorer 游艇的照片，再将照片导入 Unit ArtEngine 用于制作材质。由 AI 驱动的工具能在 Unity 中生成高度逼真的材质。

在 Unity Forma 软件里完成建模后，工程师进行 VR 游戏互动设计。用户在游戏中可以改变游艇的颜色，并模拟游艇在大洋、冰海以及群岛周边等不同海洋环境里的航行。为了让用户获得更好的沉浸式体验，Arksen 还模拟了船体在波浪中的真实俯仰和横摇，让用户的体验更加逼真。

5.1.4 进化：元宇宙 VR 营销

我们进入元宇宙有两把钥匙，一把是元宇宙游戏，如 Roblox 和 Dencentraland，另外一把钥匙是 VR 头显。VR 体验不仅可以映射现实世界中的体验，还可以呈现在现实世界中难以获取的体验，比如月球漫步。三星公司与美国国家航空航天局合作打造了沉浸式 4D 月球重力虚拟现实体验，用户穿着飞行服，同时佩戴 Gear VR 耳机，然后沉浸在逼真的视觉和触觉体验中，重现登月任务。

对大多数的人来说，受伤、衰老和疾病会降低其移动速度和平衡性，甚至对于一部分人来说正常行走都是奢望。Limbic Life 和 Reha Clinic 开发了 Limbic 智能 VR 座椅。这把基于神经科学和人体工程学打造的椅子与 VR 头显配对使用，用户可以通过移动他们在椅子上的身体，体验行走和奔跑的快感。每一个体验过 Limbic 智能 VR 座椅的用户，都会感觉不可思议和开心。

万豪国际酒店和特效制作公司 Framestore 尝试把嗅觉和触觉体验带入虚拟现实中。他们制作了一个提供虚拟旅游体验的设施，称为 Teleporter。这个外形像个电话亭的设置，除了提供 Oculus AR 头显以外，还加装了加热器、风力喷射器，可以让用户感觉自己在夏威夷和伦敦旅行。

那么如何把品牌的 VR 内容植入元宇宙原生的社区中？

游戏广告植入技术公司 Admix 与元宇宙游戏公司 Somnium Space 达成合作，希望把品牌 VR 内容带入 Somnium Space 社区。Somnium Space 是一个虚拟世界，用户可以在其中购买和拥有虚拟土地，设计自己的建筑物和数字替身形象。游戏中的虚拟土地领主需要从 OpenSea NFT 市场购入一个 NFT 广告牌。土地领主购买 NFT 后，将其放置在自己的土地上，可以解锁 Admix 服务。Admix 服务包括连接各种来源的广告商，然后将它们的 VR 广告内容展示在广告牌上。

综合以上案例，品牌想要进行元宇宙 VR 营销，需要打造原生的 VR 内容并将其植入元宇宙社区，通过向用户提供沉浸式体验保持与用户的持续互动，并在这个过程中邀请用户共创品牌新体验。这是一个长期持续的过程，也是品牌在元宇宙世界中树立品牌形象并且提升品牌体验的必经之路。

5.2 NFT：由实向虚的价值增强

工业革命让消费品的供应多样而丰富，并催生了大众传播和现代营销等方法论，以此来鼓励和刺激消费。一个多世纪以来，品牌都是通过大众媒体和新媒体建立起来的。首先是杂志、广播，然后是电视广告和社交平台，最后是电商平台、直播和短视频平台。

元宇宙让消费品的供应更加多样，并催生了虚拟商品。而数字替身的 ID 和形象、游戏装备、个人收藏以及虚拟地产等，都是以 NFT 形式出现的。

所以，我们可以认为，在元宇宙中，品牌与用户之间的价值交换是通过 NFT 来实现的，如图 5-3 所示。

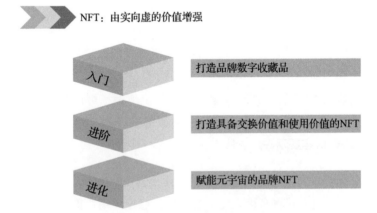

图 5-3　通过 NFT 由实向虚赋能用户价值的 3 个阶段

5.2.1　NFT：品牌与用户进行价值交换的新模式

今天，品牌正面临一个虚拟消费逐渐兴起的新世界。在这个新世界中，数字替身同样有衣食住行以及社交的需求，我们需要重新定义商品的属性和价值，并重新确定品牌与用户进行价值交换的模式。

1. NFT 与现实商品的不同

对于现实世界的商品，它的交换价值和使用价值在用户购买和使用后就会降低甚至消失。比如当我们购买一瓶可口可乐并把它一饮而尽之后，它就成为我们身体内水分和脂肪的一部分，它剩余的交换价值就只剩下一毛五分钱的瓶子。至于耐消品，比如汽车，从交付到车主手上那一刻就开始折旧。很多商品在使用过程中，因为人为或者环境因素，会发霉变质或者磕碰损坏，其价值会进一步降低。

现实商品的生产需要消耗可再生以及不可再生的资源，也会带来环境问题。在使用过程中，这些商品的塑料包装和容器、报废后的电池和化学品废弃物是海洋和陆地的重要污染源之一。正如我们之前所说，以鼓励物质消费为主的消费主义经济并不是一个健康和可持续的经济模式。一个物欲驱动的世界并不能给用户带来持久和正向的体验。

在这一点上，NFT 与现实商品有着很大的不同。NFT 的交换价值和使用价值在一定程度上不会随着时间推移或者使用而降低。用户在 Roblox 上的装备或者在 Fortnite 上的服饰，不仅不会轻易损坏，还可以公开交易。虽然 NFT 市场也会经历震荡和泡沫，但是去中心化的经济基础和治理方式将让 NFT 交易走向稳定。

当然，NFT 的生产也会产生能源消耗和环境问题，特别是 NFT 的铸造环节需要大量的算力。剑桥大学的一项研究表明，全球比特币挖矿每年消耗的电力比整个阿根廷国家消耗的都要多。根据天风证券的报告，每件 NFT 艺术品就将带来 200kg 的碳排放，大致等于一辆汽车行驶 500 公里的碳排放。这是元宇宙下一步需要解决的问题。类似 StarkWare 这样的公司正在试图将更多的 NFT 铸造过程放在同一个区块里，就像在一辆公交车上塞进更多的乘客，以此来减少能耗和碳排放。

另外一个解决的方案是 NFT 的重复利用。比如 Nike 的 CryptoKicks 专利，允许用户将一双虚拟运动鞋的部件进行拆分，然后重新拼装做成一双全新的鞋子，以节省因为铸造新的 NFT 消耗的电力。

2. NFT 成为价值交换媒介的 3 个主要原因

NFT 能够充当品牌与用户之间价值交换的媒介，主要原因有 3 个。

（1）NFT 是元宇宙的社交货币

NFT 是显示自己身份、个性、爱好甚至财富的符号。即使像 NBA 球星库里，也会把自己购买的 BAYC 的 NFT 作为自己社交媒体的头像。NFT 还是记录生活和展示美好瞬间的凭证。无人机竞速联盟（Drone Racing League）将 NFT 作为选手参加无人机竞赛的成绩凭证。美的联合绿发会、咖菲科技，共同发起了"熊小美守护濒危动物"数字收藏品项目，用户购买的数字收藏品就是用户参与濒危动物保护活动的凭证。

（2）品牌发行的 NFT 可以承载交换价值和收藏价值

品牌 NFT 具有稀缺性价值，比如啤酒品牌 Stella Artois 发行的赛马 NFT 限量 50 枚。品牌 NFT 的设计也会邀请数字艺术家和设计师参与。雷朋品牌的 NFT 是由德国 3D 艺术家 Oliver Latta 设计的；Adidas 三叶草品牌的 NFT 设计是和 BAYC、G-Money 和 Punks Comic 一起完成的；Nike 干脆收购了虚拟产品和服务设计公司 RTFKT；在国内，麦当劳基于上海西岸的新总部大楼设计的首个 NFT 创意作品"巨无霸魔方"，是由国内数字资产创作机构咖菲科技设计制作的。

（3）品牌发行的 NFT 具备在虚拟世界和现实世界的双重使用价值

在虚拟世界中，越来越多的品牌开始用 NFT 解决用户数字替身的衣食住行的需求，迈凯伦提供赛车、D&G 提供衣服、Nike 和 Adidas 提供鞋子、The North Face 提供滑雪服。啤酒品牌 Stella Artois 的赛马可以在虚拟比赛中参赛。在现实世界中，品牌 NFT 可以用来兑换门票和礼品。足球俱乐部 AC 米兰推出的 NFT，可以让其持有者享有俱乐部的部分决策权。

奢侈品品牌、运动品牌和快消品牌在 NFT 上的集体发力是全球 NFT 市场强势增长的推动因素之一。NFT 市场分析公司 DAppRadar 报告称，2020 年 NFT 产生的市场交易总量为 9500 万美元。到 2021 年，全球 NFT 市场交易总量达到了 230 亿美元。根据 WPP 的报道，2025 年全球 NFT 市场总市值将超过 800 亿美元。这个指数级的增长，归功于投资机构、音乐行业、艺术市场和明星的涌入与参与，也得益于品牌的积极布局。2021 年 2 月，NBA 的球员收藏卡 NBA Top Shot 创造了 2.26 亿美元的交易额，占全球 NFT 总交易量的 46%。这个由 DApper Labs 旗下的数字收藏品平台基于福洛区块链打造的 NFT 系列，累积交易额已经超过 7.47 亿美元。Adidas 与 BAYC、G-Money 和 Punks Comic 合作推出的 30 000 个穿戴 Adidas 服装的人类与猿猴形象的 NFT 已经在 OpenSea 交易平台上创造了 5200 万美元的交易额。

在现阶段，中国不存在开放的二手交易市场，类似以太坊和福洛这样被广泛接受并且生态健全的公有链也并未成熟，NFT 的完全资产化和互通性问题将不能得到有效解决，这可能导致区块链游戏和元宇宙的经济体系不能完成搭建。如何建立一个开放的二级市场同时又能抑制炒作，这是国内 NFT 行业未来发展的关键。

5.2.2 入门：打造品牌数字收藏品

在现阶段，中国的 NFT 的主要类型是数字收藏品，不能用来充当虚拟代币，并不具备金融属性。在 NFT 铸造过程中，为降低金融性风险和合规风险，多数品牌选择在腾讯、百度、京东、阿里巴巴以及其他国内企业联合建立的联盟链上铸造 NFT，NFT 的铸造和发行数量也较大。这些被存放在联盟链上的 NFT 也适用《艺术品经营管理办法》。

这些数字收藏品在空投或者发售之后，其持有者不能公开转售和转让，也不具有完全的所有权。这些基于联盟链铸造的数字收藏品，也可以通过转链的方式在以太坊等公有链上转铸。但是品牌需要考虑公有链转铸的成本和流程复杂性，这可能要比在公有链上直接铸造的经济性更差。

数字收藏品依然可以作为品牌营销的创新工具使用。大众对

NFT 和数字收藏品的关注度逐渐提升，腾讯幻核、阿里巴巴鲸探、京东灵稀、百度希壤以及小红书 R-Space 上的数字收藏品一经发售就会秒空。即使是数字收藏品的内部项目比如腾讯内部员工奖励藏品和麦当劳"巨无霸魔方"，也会引起媒体和大众的兴趣。市场和大众对中国数字收藏品的未来发展是谨慎看好的，对数字收藏品的保值甚至升值趋势保持乐观。

一汽大众基于腾讯至信链平台在 2022 年 1 月推出"一汽大众 2022 年限量版数字收藏品"。一汽大众推出的这些结合国潮元素的数字收藏品涵盖了国民车型桑塔纳、新春限量涂装版的 ID.4 CROZZ 等车型。用户需要在一汽大众官方 App 上实名认证登记，通过限定抽签的方式获得这批数字收藏品。

一汽大众的数字收藏品在营销上有两个重要突破。一是借助腾讯生态体系，允许数字收藏品的持有者通过微信进行分享，解决了数字收藏品营销活动的二次传播问题，也提升了持有者的体验。二是数字收藏品的领取通过品牌的官方 App 进行，通过用户注册的方式获取用户身份信息，这是把数字收藏品融合进私域运营的尝试。

除了利用数字收藏品在现阶段的热度和稀缺性来助力营销，数字收藏品的公益性价值也在被发掘。这解决了品牌发行数字收藏品的正当性和价值性的双重问题。

上汽奥迪携手腾讯幻核、腾讯碳中和实验室，共同打造上汽奥迪 Q5 e-tron 数字收藏品，并在腾讯公益和 QQ 音乐两个平台的技术支持下，融合数字收藏品艺术创作活动与碳中和公益活动，将可持续发展的绿色出行理念与数字艺术相结合，提升用户的低碳意识，推动环保风潮。该系列数字收藏品上架腾讯幻核后，用户需要通过公益答题的形式抽取。美的联合绿发会和咖菲科技，共同发起"熊小美守护濒危动物"数字收藏品项目，限量发售 12 套数字收藏品，以濒危动物形象为数字收藏品的主题。腾讯公益在幻核发布"小红花数字收藏品"活动，用户可通过腾讯公益小程序完成任务并领取小红花，使用小红花兑换数字收藏品。

2021 年，"南海数字文化产业创新峰会"在海口市成功举办。会上宣布，海南国际文化艺术品交易中心上线运营，实现了国内首批由交易中心主导运营的、提供数字人民币结算的数字艺术品交易。这是数字收藏品向未来发展的重要一步。

而让我们担心的是，中国方兴未艾的品牌数字收藏品营销也遇到了很多的问题。

其中一个问题是，品牌正在利用大众对数字收藏品的关注度来强制用户关注和下载，粗暴地把数字收藏品作为品牌导流的工具，这会降低用户的体验。某汽车品牌在腾讯幻核上的数字收藏品项目采取抽奖的方式进行，用户的抽奖机会需要通过做任务来获得。这些任务包括分享到朋友圈并邀请好友、命名该品牌的虚拟形象、观看产品介绍广告片、参与有奖问答，以及下载该品牌的 App。腾讯新闻在幻核上发售的新春太空遨游系列数字收藏品，尽管活动页的内容和互动设计一流，但是在用户领取数字收藏品时会引导用户下载腾讯新闻 App。

另一个问题是，NFT 发行方在数字收藏品的设计和创意上发力不足，大多数品牌方都直接把广告素材铸造成数字收藏品。这种把现实的创意作品和艺术品进行上链确权作为数字收藏品的做法，同样广泛存在于 NFT 艺术品市场。把 NFT 当作版权保护和确权的手段无可厚非，但是把这些动辄发行量超过 1000 份的传统艺术品的复刻作品进行上架销售，背离了 NFT 的初衷。全球 NFT 市场对将博物馆里的馆藏艺术品进行 3D 复刻的兴趣不高，对于传统画家和艺术家的"线上复制品"估值偏低。

什么才是有价值的数字收藏品，这是中国数字收藏品市场在未来发展过程中需要回答的问题。什么才是增强用户体验的品牌数字收藏品，这是每一个试图发行数字收藏品的品牌需要解答的问题。

这两个问题如果不能得到足够的重视并进行妥善的解决，当热度消散，数字收藏品的概念将是一个虚幻的泡沫。

5.2.3　进阶：打造具备交换价值和使用价值的 NFT

品牌 NFT 不只是营销噱头。在未来，品牌 NFT 具备交换价值和使用价值，是品牌对现实用户和数字替身进行体验增强和价值赋能的载体。

NFT 的交换价值不仅由其稀缺性和市场供需来决定，还取决于 NFT 的创意价值和品牌价值。

关于创意价值，奢侈品品牌的 NFT 之所以受欢迎，因为它们大多是由这些品牌的御用设计师设计的，比如 GUCCI 的 NFT 手袋背后的设计师是 Alessandro Michele 和 Floria Sigismondi。奢侈品品牌之外的品牌则大多采取与设计工作室和艺术家联名的方式，比如 Adidas 三叶草系列 NFT 背后是 BAYC 等 3 个著名虚拟设计团队，Nike 则直接收购了虚拟设计工作室 RTFKT。

关于品牌价值，品牌的标志及其承载的历史和文化都可以作为价值元素，被铸造进 NFT，使该 NFT 成为品牌与用户进行价值交换的载体。

可口可乐公司拥有悠久的历史，其标志性的品牌标识与宣传语——"惊喜愉悦，轻松时刻"——深入人心。在 2021 年 7 月 30 日国际友谊日这个特殊的日子，可口可乐在 OpenSea 上发行了可口可乐品牌历史上第一套 NFT。

无论是在创意设计上还是在与元宇宙元素的融合上，可口可乐这套 NFT 都为其他品牌提供了参考。

可口可乐携手 10 位数字艺术家以及虚拟内容创作公司 Tafi 设计了 4 个独一无二的 NFT，并将其放在同一个虚拟的神秘盲盒里面，其中包括一个 *Friendship Box* 复古冰柜、一件可口可乐泡泡夹克、一个音乐盒以及一张友谊卡。

可口可乐从品牌历史中挖掘灵感，把复古的代表性物品和 NFT 设计理念相结合，通过与设计师的合作创作出具有品牌和创意双重价值的 NFT。*Friendship Box* 复古冰柜是以可口可乐早期冰柜为原型，以"友谊和分享"为主题进行创新设计，并通过 3D 建模技术进行复刻的。为了增加设计上的未来感，艺术家和程序员们为这个复古冰柜增加了照明增强和光线渲染功能，可以让这个复古冰柜与其他 3 件 NFT 进行有机联动，为其他 3 件 NFT 提供照明。

可口可乐友谊卡的设计灵感来源于 1948 年可口可乐品牌推出的交易卡，设计师复刻了这一卡片，并且增加了运动、光线和 3D 效果。

可口可乐音乐盒开创了品牌有声 NFT 的先河。这个 NFT 音乐盒会播放饮可口可乐时具有代表性的声音：瓶盖开启时的气泡爆裂声、饮料倒在冰块上的"噼啵"声以及用户畅饮一瓶可乐之后的"嘶啊"声。

可口可乐的 NFT 不仅是数字收藏品，也是元宇宙中数字替身可使用的装备。可口可乐泡泡夹克巧妙地在可口可乐早期送货员的服装上添加了未来感设计，铸造成一个复古潮流的可穿戴 NFT。为了贴近元宇宙的风格，这款夹克的配色融合了可口可乐铝罐的金属红色和饮料的焦糖棕色。用户可以在 Decentraland 中解锁并穿着这件复古潮流夹克。

除了本身的交换价值，NFT 的价值还体现在它在元宇宙和现实世界中的使用价值。

通过编程，NFT 可以配备一些功能，比如 NFT 可以用作会员卡或门票，提供独家活动、商品和折扣的访问权限。品牌甚至可以将其他配套或联动产品直接发送给 NFT 的持有者，作为辅助权益。所有这些做法都为 NFT 持有者提供了超越 NFT 本身的价值，同时为品牌提供了一种围绕其品牌 NFT 建立具有高度参与感的社区的新方式。

让我们看一下啤酒品牌 Stella Artois 如何利用 NFT 的可编程功能来增强其与餐饮行业的合作关系。餐饮业务一直都是 Stella Artois 的业务中心之一。这家啤酒品牌决定与詹姆斯·比尔德基金会⊖合作，推出了一个有影响力的 NFT 项目。这个 NFT 项目包括大厨 Marcus Samuelsson 的 *Fried Yardbird* NFT 以及数个美国最受欢迎的餐厅食谱的 NFT。Stella Artois 希望利用这一 NFT

⊖　詹姆斯·比尔德基金会是一家非盈利组织，每年会评选并奖励年度大厨、餐厅老板、美食作家和记者。

项目向大众介绍顶级大厨的食谱并为受疫情影响的餐饮业提供支持。

5.2.4 进化：赋能元宇宙的品牌 NFT

在未来的元宇宙游戏和元宇宙社交平台，品牌 NFT 将发挥为用户进行所有权确认和价值增值的作用。这些作用可以简单分为虚拟权证、完全权证、游戏化、社交、公益 5 个类别，如表 5-1 所示。品牌发行的 NFT 可以同时具备其中多种作用。

表 5-1　品牌 NFT 的作用

品牌 NFT 的作用类别	作用描述	应用举例
虚拟权证	NFT 作为用户进入某一虚拟社区的通行证，或者作为用户获取线上权益的凭证	AC 米兰俱乐部的 NFT 持有者可以加入俱乐部管理社区，参与决策 百威啤酒的 Royalty NFT 持有者可以参加该品牌在 Discord 上举办的虚拟派对
完全权证	NFT 作为线下权益的凭证	持有某酒水品牌的 NFT 就可以在线下换取限量版龙舌兰
游戏化	NFT 作为游戏的装备、配饰、数字皮肤等	奢侈品品牌 Balenciaga 的皮肤和服装 NFT 可以直接在 Fortnite 中装扮数字替身
社交	NFT 作为元宇宙社交的赋能工具，可以表明用户身份，实现用户的个性化表达	BAYC 的 NFT 可以作为用户的个性化头像
公益	NFT 作为公益活动的筹款方式和捐赠证明	美的联合绿发会和咖菲科技发起了"熊小美守护濒危动物"活动，并推出一系列数字收藏品

表 5-1 表明，NFT 能起到游戏化和赋能用户社交的作用。在给用户带来强烈沉浸感的游戏和社交平台，其数字替身的皮肤、衣着和使用道具都是用户的个性化表达。这首先为时尚品牌提供

了机会。

作为第一个与元宇宙游戏平台 Fortnite 合作的时尚品牌，Balenciaga 打造的 NFT 服装和配置，可以直接作为游戏中数字替身的皮肤和配饰。Balenciaga 的品牌数字替身 Doggo 也会在 Fortnite 舞台上穿着 Balenciaga 服装。

Nike 通过在元宇宙游戏平台 Roblox 上自建品牌社区 Nike 乐园，为用户提供虚拟服装和鞋履，包括 Air Force 1 和 Nike Blazer 等产品的 3D 复刻版。为了向数字替身提供原生的 NFT 运动鞋和服装，Nike 收购了专门设计虚拟产品的工作室 RTFKT。RTFKT 由 Benoit Pagotto、Chris Le 和 Steven Vasilev 于 2020 年创立，这个面向元宇宙的设计工作室利用游戏引擎、NFT、区块链身份验证和 AR 来设计虚拟产品和体验。RTFKT 有丰富的数字产品与体验的设计经验，同时拥有活跃的创作者社区。RTFKT 与村上隆合作的 CloneX NFT 项目总成交额超过 6500 万美元。

品牌 NFT 如何影响现实世界？

奢侈品品牌 NFT 本身在元宇宙中就具备社交属性。比如 LV 的 NFT 手包，会在 Decentraland 或 Cryptovoxels 上被用户用来表明身份和爱好。

品牌 NFT 不只可以在虚拟世界中使用，也可以映射到现实世界。时尚品牌 Overpriced 发布的连帽衫上印着一个 V 型码（V-code）。当用户穿着这件连帽衫上街时，衣服上的 V 型码可以被路人看到和扫描，扫描后会显示连帽衫的 NFT 款。同时，这件基于 NFT 理念设计的连帽衫，还具有"防盗"和"永续"的功能。如果用户的连帽衫被损坏或者被盗，Overpriced 会注销对应的 V 型码并且免费邮寄一件全新的连帽衫。这件连帽衫在 NFT 平台 BlockParty 上发售，售价为 20 600 美元。

满足数字替身衣食住行的需求，都需要品牌的赋能。

5.3 增强现实：由虚向实的体验增强

增强现实是营销和销售的新工具。它使品牌可以方便地利用用户的手机以及 AR 眼镜等装备，为用户提供独特的体验。

关于构建未来的元宇宙，Meta 和腾讯重点布局在构建虚拟世界上，而苹果和 Niantic 则把眼光放在增强现实世界上。对于品牌来说，利用增强现实，由虚向实增强用户体验需要经历如图 5-4 所示的 3 个阶段。

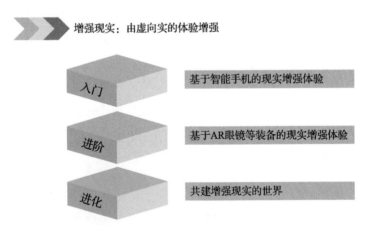

图 5-4 通过增强现实由虚向实实现用户体验增强的 3 个阶段

5.3.1 AR：让虚拟走进现实的新体验

增强现实是指对摄影机影像的位置及角度进行精算并加上图

像分析技术，让屏幕上的虚拟世界能够与现实世界场景进行结合与交互的技术。这个词由波音公司前研究员 Tom Caudell 在 1990年提出，最早被应用在军事和航空领域。北卡罗来纳大学教授罗纳德·阿祖玛认为增强现实包含 3 个最重要方面，分别是虚拟物与现实结合、虚拟和现实即时交互、三维标记。

在现阶段，增强现实的交互设备包括智能手机、智能互动屏幕以及 AR 头显。AR 头显可以分为轻量级 AR 眼镜和专业级 AR 头戴式装备，市场上在售的轻量级的 AR 眼镜包括 Ray-Ban Stories、Snapchat Spectacles 以及 Vuzix Next Generation；专业级 AR 头戴式装备包括微软 HoloLens 2、Nreal 的 Light 系列和 Air 系列，以及被业界寄以厚望但始终不及预期的 Magic Leap 2。在未来，苹果的 AR 设备、Niantic 与高通合作的 AR 设备值得期待。

为了更好地理解增强现实及其应用，我们来看一下手机游戏《宝可梦 GO》的例子。

《宝可梦 GO》是一款基于地理位置的增强现实智能手机游戏，由任天堂和宝可梦公司授权、Niantic 公司开发和运营，从 2016 年 7 月在安卓和 iOS 平台上线后立即成为现象级的手机游戏。

《宝可梦 GO》把现实世界变成了玩家的游戏场。玩家打开手机上的《宝可梦 GO》游戏软件，根据线索捕捉藏在公园、河流和山林里的皮卡丘、独角犀牛、迷你龙，或者妙蛙种子、毒蔷薇、橡果等宠物小精灵。玩家发现宠物精灵后，用手机对准它并扔出精灵球，如果击中，宠物小精灵就会被收进精灵球，晃动 3 次后未跳出精灵球就被玩家收服。被收服的宠物小精灵接下来会被玩家抚育和训练，玩家可以让自己的宠物小精灵和其他玩家的宠物小精灵进行单独对战或者参加团战。

这款革命性的手机游戏，把游戏体验从虚拟世界带入现实世界。这款游戏在现实世界上增加了一层虚拟信息层，用户透过手机屏幕可以看到出现在现实世界中的宠物小精灵和道馆道具。现实世界中的地理和天气因素也会反馈到游戏里，比如下雨时才会出现莲叶童子，而沙漠仙人掌会大量出现在艳阳高照的日子。

Niantic 公司创始人兼首席执行官 John Hanke 认为元宇宙是反乌托邦的噩梦，增强现实才是一个更好的现实。John Hanke 相信我们可以利用技术来拥抱这个更好的现实——每个人不再沉浸在虚拟世界中，而是站起来，走出去，与周围的人和世界建立联系。

《宝可梦 GO》在让人们站起来走出去的方面确实效果明显。由于游戏中的商店和补给点被放置在现实社区里的地标建筑、公园，甚至电信公司的变电箱上，让很多不关心自己社区和身边事物的玩家，走出去重新认识自己居住的区域、认识自己的邻居。以香港为例，不少公园在大多数时间里只有老年人使用。但该游戏上市后，陆续多了不少年轻人在公园漫步和聚集。在平日被老年人占据的天水围天秀路公园，到晚上有多达千人进行游戏，其中大部分都是年轻人，人群至深夜仍未散去。而且，在一些行驶速度较慢的公共交通工具上，玩家既能安心乘坐，又能捕捉宠物小精灵，所以这些交通工具的载客量突然上升。

我们再以另一款 AR 游戏 Ingress 为例，来了解 AR 游戏如何让玩家更好地体验现实世界。在这个游戏中，玩家通过手机的 GPS 或者 WiFi 功能确认地理位置，然后就可以通过游戏的扫描器看到在该地理位置上叠加的虚拟信息，包括 3D 形式的传送门、异形物质、游戏装备。为了鼓励用户与现实世界进行互动，在游戏的地图各处散落着白色亮点，代表异形物质所在的位置，玩家必须靠近该位置才能进行搜查。

这是一款重体力和强社交的游戏。玩家必须要通过开车和步行才能到达传送门所在地点，甚至有的玩家会把手机绑在宠物狗身上实现游戏步数目标。同时，玩家如果想在游戏中升级战力，必须要与其他玩家合作，否则将任人宰割。

5.3.2　入门：基于智能手机的现实增强体验

基于智能手机的现实增强为用户提供更加沉浸式的体验。正如苹果官网对 AR 的描述，AR 的绝妙之处在于能将原本不切实际或天马行空的想法呈现在你眼前，令你的工作、学习、玩乐、购物，以及你与周围世界的联系，都随之发生蜕变。

用户的智能手机可以变为 AR 游戏机。基于苹果 AR 技术开发的"AR 空间"应用通过添加虚拟特效为现实世界增添乐趣。利用手机扫描功能对所在之处进行深度感测之后，"AR 空间"能在你的房间抛撒漫天彩屑、把地板变成虚拟舞池，或在你身后留下璀璨星光。类似"AR 空间"这样的 AR 应用还有 Snapchat 和抖音上的 AR 滤镜，可以用来拍摄 AR 短片。

除了使用智能手机的拍照扫描功能调出 AR 游戏和应用，用户也可以通过支付宝和微信扫描实物或者二维码来调出 AR 内容。第三方手机应用程序如视 +AR 等，也支持 AR 实物扫描、虚实互动和实时渲染。

品牌可以利用这种叠加在现实世界上的特效为用户创造惊喜。哈根达斯的冰淇淋在经过两分钟的软化后味道最佳。那么，如何让用户等待两分钟后再吃呢？哈根达斯用 AR 体验来填充这段在用户看来非常漫长的等待时间。哈根达斯告诉顾客如果他们用手机扫描冰淇淋，就可以享受两分钟小提琴演奏的全息影像。用户还可以扫描第二个冰淇淋，让大提琴加入协奏。

由于 AR 技术可以将虚拟物品叠加到现实的用户身上，AR 被大量应用到产品的试穿和试用上面。宜家基于苹果 AR 技术推出的 IKEA Place 应用，可以让买家在手机上查看家具摆放在家中的效果。借助手机的扫描功能，这个应用的智能推荐还会向用户推荐适合搭配房主已有家具和空间的产品。

在服装和化妆品行业，AR 手机应用或者店铺里的 AR 镜已经被广泛应用。丝芙兰、Burberry、ASOS、欧莱雅一众品牌都有自己的 AR App。除了品牌自己研发的 AR App，国外的 AR 产品试用平台 Wanna 以及国内的天猫、京东都可以让买家在购买之前查看试穿或者试用效果。

AR 应用除了应用于静态物品，还可以应用于更大的工厂、商场、博物馆，甚至整个街区。

位于上海张江的长泰广场，里面建筑雷同、商铺林立，用户在这里迷路是常见情况。长泰广场和视 +AR 合作，为整个广场开发了 AR 导航。为了让每一家店铺变得更加个性化和易识别，长泰广场为每家店铺都量身定制了个性化虚拟装饰，让用户在手机屏幕上看到风格迥异的店铺。在中心广场和商店之间的通道上增加了 3D 信息层，用户可以观看招财猫 DJ 的现场表演和《鱿鱼游戏》的现场版。

故宫博物院与腾讯携手打造的"数字故宫"小程序新增

"AR 探索"入口。从此入口进入，通过镜头内的 AR 空间标签，游客可以对故宫内的建筑名称和方位一目了然，还可以进一步查看到如脊兽等正常情况下较难注意的建筑细节。在腾讯地图完善的基础路网和 EasyAR 精确的局部路网的结合下，游客可以开启 AR 实景导航，根据镜头内的 3D 箭头指示前往任何带有空间标签的建筑或地点，进一步满足游客寻路导航的需求。此外，游客还可以解锁 3D 瑞兽模型、知识卡片、室内全景等丰富内容和官方语音讲解。

酒类品牌 Bon V!V 把 AR 与户外广告结合，把 AR 的应用场景扩大到城市的街区。该品牌与 AR 服务提供商 Aircards 合作，在美国西海岸推出了 Spiked Seltzer 活动。在活动中，带有二维码的海报被放置在洛杉矶和圣地亚哥的道路上，路人可以扫描二维码并看到融入现实场景的虚拟 3D 自动售货机。人们可以在这些实际并不存在的自动售货机上购买 Bon V!V 产品。基于 Aircards 提供的网络原生 AR 技术，用户不需要在活动中下载任何应用程序。

为了解决手机屏幕过小的问题，品牌还可以通过专门的 AR 大屏幕来提升用户体验。Timberland 使用 AR 技术和动态传感技术搭建一个虚拟试衣间，供购物者试穿该品牌的最新系列。百事可乐将一个公交站的透明告示牌改造成一个 AR 双面镜，乘客透过这面镜子会看到自己身后的街道上发生了大爆炸和外星生物袭击，这让乘客等车不再无聊。

5.3.3　进阶：基于 AR 眼镜等装备的现实增强体验

在营造沉浸感和提升客户体验上，AR 眼镜和头显设备比智能手机更具有优势。

AR 眼镜等装备为用户提供了更强的真实感和更优秀的实时渲染和交互能力。高档汽车以其时尚的设计吸引眼球，但它们的品质体现在其精密、高度复杂的技术。高档汽车制造商很难在汽车展会或者 4S 展厅以直观的方式向用户演示车型的技术创新并解释这些技术创新如何提升车辆性能。奥迪携手 vStream 设计了基于微软 HoloLens 设备的全息数字内容交互体验。用户在奥迪展厅佩戴 AR 眼镜，可以像超人一样透过汽车的引擎盖看到发动机内部的每一个部件及其工作细节。作为体验的一部分，全息机器人会在一旁播放 3D 声音和视频，为用户讲解更多技术细节。

基于 AR 眼镜和头显设备的增强现实正在提升 B2B 的营销和销售效率以及客户体验。 AR 可以实现更专业的产品建模和流程 3D 演示，创建动态演示环境。AR 眼镜和头显设备可以作为品牌的销售工具，进行产品的拆解，让客户详细查看产品。

安德里茨集团使用 Metris AR 眼镜和微软 HoloLens 设备在工程师和客户之间建立更高效的协作，降低全球化带来的旅行成本，摆脱地域限制，提升客户的体验。与微软的 Azure 云服务、用户管理系统 Dynamics、360° 办公套件以及 Teams 深度绑定，安德里茨集团的 AR 应用可以让客户和自己的工程师随时随地调取文件、识别设备名称和功能、读取机器的状态和获得实时数据。如果机器出现故障，客户方的工程师和维修人员可以通过 AR 眼镜直接视频连线安德里茨的工程师，把实时画面传给工程师。安德里茨可以远程在电脑或者手机上看到客户的现场实时画面，在画面上进行 3D 故障标识和维修指引，回传到客户的 AR 眼镜上。

2020 年，斗山工程机械公司使用亮风台公司的 AR 技术，为用户推出远程智能巡检 AR 系统，主打智能诊断和远程支援两大功能，能够适用于各类工程设备的巡检及维修工作。检修时，现场检修人员通过 AR 眼镜扫描设备身份码，快速掌握设备整体运行情况，实现设备数据可视化，对于设备故障可以初步进行智能判断，节省检测时间，提高检测效率。系统实现了"AR+大数据＋云计算"的融合，通过高效率的检修模式为客户减少损失。

三一集团引入 AR 技术与树根互联公司提供的系统融合，搭建售后远程支持平台，将 AR 技术应用于服务体系。处于不同地点的一线现场人员和服务中心专家、售后团队成员可以通过这个平台建立一体化的 AR 协作空间，搭建故障解决、产品改进与人员培训的数字化赋能平台。

基于 AR 眼镜和头显的 AR 技术通过与物联网、云计算、端运算等技术结合，优化企业的生产和运营。

在 2020 年疫情期间，湘钢携手湖南移动、华为、亮风台，在某特钢生产线关键的安装调试阶段，运用 5G+AR 技术，实现中国、德国、奥地利 3 地跨国远程装配。这也是我国钢铁业首次实现 5G+AR 跨国远程装配。在跨国远程装配时，湘钢现场工程师佩戴 HiAR G200 AR 眼镜，将第一视角的现场画面通过 5G 网络实时推送给位于德国和奥地利的工程师，国外工程师依托 AR 实时空间标注、音视频通信、桌面共享等技术，远程协助现场工程师的产线装配工作。在华为联合 3 大运营商、亮风台、宝武、河钢、湘钢、柳钢、首钢等企业撰写发布的《5G 智慧钢铁白皮书》中，明确 5G+AR 远程装配为 5G 智慧钢铁十大应用场景之一。

2021 年，宝武钢铁推出了"AR 智能运维系统"，充分结合

5G、云计算、边缘计算、大数据、AI、AR 等新一代信息技术，对运营维护、设备管理等各个环节进行智能化和可视化的升级。在发挥下沉式部署优势，保障数据安全的前提下，实现关联设备的数字信息可视化、精准远程协作与高效过程记录管理。

5.3.4　进化：共建增强现实的世界

在现实世界中，品牌越来越重视社会责任，积极参与环境保护、教育普及以及推动社区的发展和建设。在未来的元宇宙世界中，品牌除了利用数字替身和 NFT 帮助玩家创造一个平等、正向的虚拟世界，也需要考虑如何利用 AR 技术为用户建设一个更美好的现实世界。

这是品牌在元宇宙时代应该承担的社会责任，也是消费主义退潮和去品牌化趋势的背景下品牌重建和新生的必经之路。

品牌如何帮助用户养成更健康的生活方式，让他们多放下手机出去散步？品牌如何推动建设一个更好的社区，让居民之间有更亲密、互助的邻里关系，让他们更关心小区里的四时花开和公园里的鸟语花香？

AR 向物理世界添加信息化和游戏化内容，让现实世界的体验更丰富。

2020 年 10 月，手机应用程序 Snap 在伦敦卡纳比街推出了"城市画家"项目。这个项目让用户能够在社区墙壁和商店外墙上进行虚拟涂鸦，美化自己的社区。在此之前，Snap 把这个街道的建筑物进行了 AR 定位标注和信息层附加，用户可以通过 Snap 应用查看其他用户已经绘制的涂鸦作品。Snap 用户可以使用专门的画笔和喷涂功能，在建筑物的外墙和商店橱窗上自由绘画，或者使用预设的装饰物进行创作。为了增强应用的社交性和互动性，Snap 允许用户在别人涂鸦的基础上进行修改、优化或者完全覆盖。

"城市画家"项目展现了元宇宙的另外一个未来——城市中的每条街道、建筑物和房间都将在镜像世界中拥有一个数字孪生模型，并且与现实世界完美融合和共生。VR 创造另外一个空间，AR 则在同一个空间中创造了新的现实。这两种技术将在未来合二为一，形成 MR。

想实现这种虚拟和现实融合的未来，在技术和应用上还面临着许多挑战。这些挑战包括同步定位与地图构建（Simultaneous Localization and MApping，SLAM）和计算机视觉（Computer Vision）等技术仍需进一步发展。SLAM 可以在未知环境中确定自身方位并同时构建环境三维地图，而计算机视觉可以更准确、更高效地识别现实世界中的物品以及它们的运动。

包括 Niantic 和微软在内的公司都在积极应对这些 AR 技术和应用上的挑战。微软的解决方案是基于微软 Mesh 系统的。Mesh 是建立在微软云计算平台 Azure 上的 MR 平台，它将简化多用户 MR 应用程序的创建。Mesh 具备手动和眼动追踪功能，支持 HoloLens 技术平台以及全息图。MR 设备也许是继个人电脑和智能手机之后的第 3 代交互工具，它让人们从屏幕中解放出来，直接与现实世界进行物理和虚拟的交互。2021 年，微软在 2021Ignite 开发者大会上首次展示了运行在微软 HoloLens 上的《宝可梦 GO》游戏。与之前的智能手机版本游戏相比，运行在 HoloLens 上的游戏沉浸感更足，玩家可以与宠物小精灵进行直接的互动。

5.4 工业元宇宙：由虚向实的价值增强

未来的现实世界会是什么样子？你也许会在小区遛狗的路上遇到突然从草丛里闪现的宠物小精灵。你也许会在长泰广场闲逛时驻足观看一场足球比赛的全息直播，你的加油声、呐喊声会被同步到比赛现场。当然，如果你支持的队伍输掉了比赛，你还可以现场参与该队伍后续赛程的投票。但是，这些还不够，这些都是基于信息的体验。

你在 Decentraland 里穿的鞋子看上去很潮，能不能在现实世界中也来一双？你很喜欢在 Roblox 上开的汽车，能不能在现实世界中也拥有一辆？甚至，虚拟世界中的那些好看的建筑和好用的工具，在现实世界能不能再来一套？

我们如何让这些基于价值的虚拟创造成为现实？图 5-5 是我们总结的价值赋能的 3 个阶段。

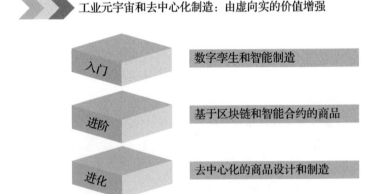

图 5-5　通过工业元宇宙和去中心制造由虚向实赋能
用户价值的 3 个阶段

5.4.1　工业元宇宙

现实和虚拟同频同步的融合，被 NVIDIA 称为全宇宙，我们也可以称之为工业元宇宙。

现实和虚拟的融合正在由工业 4.0 和元宇宙技术及应用合力推动。

在现实世界中，工业 4.0（工业物联网或 IoT）在过去的 10 年间一直在加速发展，从设备和环境中收集数据，为生产流程优化和安全生产提供技术支持。这些数据越来越多地被存储在云端，云端服务的提供商包括微软的 Azure、亚马逊云、华为云、阿里云和腾讯云。

同时，为了更好地建设虚拟世界，3D 内容、AR/VR、空间计算以及区块链等元宇宙技术也在飞速发展。

这两大趋势的融合将创建一个沉浸式的工业物联网，联通虚拟世界和现实世界，由实向虚赋能用户，并且为现实世界创造价值。

沉浸式 3D 交互方式已经被广泛应用到工业物联网，在实现数据可视化的同时，还可以实现更高效的实时协作。AR 眼镜等设备，已经融入云计算和边缘计算，让品牌销售和营销、员工培训和协作以及产品的生产和运维变得更加高效和智能化。游戏技术特别是游戏引擎渲染技术正在与工业物联网融合，为用户创造更好的交互体验。

在 Omniverse 上进行建模的建筑、物品和工具，可以通过 VR 技术进入虚拟世界，也可以通过 AR 技术进入现实世界。借助数字孪生和虚实整合系统，Omniverse 可以改变地球上每一种有形资产——服装、电器、建筑、飞机、机器人、汽车等——的设计、研发、生产、建造和运营方式。

在工业元宇宙的初期阶段，基于数字孪生的智能制造将迅速发展。工业元宇宙将在以下五个方面为品牌赋能。

- 更快的生产周期。品牌可以对整个产品的生产流程在虚拟世界中进行模拟，方便优化流程、排除风险，缩短产品的生产周期。
- 更具协作性的产品研发。新产品研发将与元宇宙社区及用户的需求高度同步。
- 更加个性化的无库存产品生产。在产品设计环节，工业元宇宙允许用户加入设计，设计出更加多元化和个性化的产品。在制造环节，3D 打印技术将把工业化流水线生产变为个性化生产，企业将不再有库存。
- 更好的质量控制。数字孪生将让产品生产更加安全和透明，同时更严格控制产品生产工艺以及产品质量。
- 更透明的用户沟通。区块链和智能合约将让用户了解产品的生产和销售过程，甚至通过溯源来核算产品的实际成本。

波音公司的下一代飞机可能诞生在工业元宇宙。波音公司将3D 工程建模与工厂智能机器人结合，位于世界各地的机械师和工程师将通过微软 HoloLens 协作。

5.4.2　入门：数字孪生和智能制造

NVIDIA 推出的 Omniverse 首先实现的就是对物理世界的

1：1 全真模拟。这个全真模拟不仅是模拟机器或者物品的外观和构成部件，还可以模拟现实世界中的物理规律。Omniverse 最重要的特征之一是遵循物理定律，Omniverse 可以模拟粒子、液体、弹簧和线缆，并且可以完成对刚体、软体和流体的物理学模拟和有限元建模。

这意味着现实世界中的所有东西都可以利用 Omniverse 制作一模一样的复制品，即数字孪生。

数字孪生源自 Michael Grieves 教授在产品全生命周期管理（Product Lifetime Management，PLM）理论中提出的"物理产品的虚拟数字化"这一概念，随着 IT 技术的不断发展，其含义也在不断演进。华为认为数字孪生是综合运用感知、计算、建模等信息技术，基于物理模型、实时状态等通过仿真等手段再现物理世界的形状、属性、行为和规则的过程。数字孪生可以在虚拟空间中进行映射、同步更新状态，反映物理世界对象的全生命周期。

数字孪生模型大致可分为 3 类：基于物理法则的模型，数据驱动型模型以及混合模型。

无论是哪种类型的数字孪生都具备 3 个特点。对现实对象的1：1 映射和精准模拟；对现实对象的半生命周期甚至全生命周期进行模拟，与其共同进化；对现实对象的运行进行描述，同时能实现预警、调优甚至自动控制。

新产品的研发和生产是数字孪生技术应用最广的领域之一。医疗器械公司 Vyaire Medical 利用西门子的 Simcenter 技术开发新产品的数字孪生模型，在虚拟环境中构建和测试产品原型，来减少开发时间。以研发"飞行出租车"为目标的 Ascendance Flight Technologies 公司利用达索系统公司的 3Dexperience 平台为新的 4 人座飞行器建立了数字孪生模型，方便对新产品的性能、噪声、成本和排放进行监控和调试。

通过数字孪生系统，我们能模拟出物理世界中的事物。当我们为一个工厂构建出数字孪生模型后，就可以基于该模型对工厂的生产进行实时监测。宝马与 NVIDIA 合作打造工厂的数字孪生模型。该过程将完全采用数字化设计，自始至终都在 Omniverse 中进行模拟，创建数字孪生模型，并且让机器人和人类协同开展运营。国网冀北电力有限公司打造电力物联网虚拟电厂，利用数字孪生技术为现实的发电厂优化生产工序，合理安排设备投入，最终既能利用低谷电能进行生产，又能在不改变供热质量的基础上降低成本。

民权电厂在其智慧电厂建设中使用数字孪生技术，将全厂建筑与设备进行虚拟化，范围覆盖升压站、汽机房、集控楼、锅炉房、脱硫塔、煤场等全区域全设备。对电厂内各系统和设备的外观、工艺流程进行三维实时在线展示，工作人员能通过数字孪生模型监控设备的运行状态。

数字孪生的应用对象不仅可以是一个产品或一家工厂，还可以是一座建筑、一个网络甚至一座城市。

Bee'ah 携手微软和江森自控，基于"五维智慧建筑"的理念为新总部大楼生成数字孪生和智慧建筑系统。五维智慧建筑是江森自控围绕建筑行业需求和特点所提出的一个概念，意在为建筑形成数字映像，在此基础上围绕跨系统的数据产生交互应用，并将应用按需组合创建智能场景，打造智能建筑。

新加坡是最早开始建设数字孪生城市的国家。这个与达索系统合作的项目被称为虚拟新加坡，是一个动态的三维城市模型和协作数据平台。虚拟新加坡可以用于协作办公、沟通可视化、城市规划决策以及太阳能能效分析等。

5.4.3　进阶：基于区块链和智能合约的商品

智能合约是一种基于区块链的特殊协议，使用合约中的代码确定合同履约条件，这些履约条件是否达成通过区块链技术进行去中心的验证。

简单来说，智能合约就是用来约束合同双方权利和义务的自动执行的程序，使用"如果……，那么……"的条件判断逻辑来自动执行合同。智能合约一旦生效，合约上的规则就会被强制执行。这些规则由计算机源代码预先定义，所有网络节点会复制和执行这些计算机源代码，这意味着智能合约不能作假。

智能合约可以简化原本复杂的流程并确保品牌的承诺能够自动兑现。保险业巨头安盛公司曾经推出航班延误险。这个保险采用智能合约，与全球民航交通数据库相连，一旦航班延误超过两小时，智能合约就会向参保的乘客自动发起补偿。

如果我们购买了 10 斤智利进口车厘子，怎么判断这不是山东本地大樱桃？如果我们购买了一部折叠屏手机，在半年之后却发现系统运行缓慢、通话质量降低，我们能要求品牌退钱吗？2016 年，沃尔玛、IBM 和清华大学合作成立了一个食品安全协作中心，利用区块链技术改进食品跟踪流程。2017 年底，京东加入这一合作，形成了一个基于区块链的食品安全联盟，目标是提高食品供应链的透明度。

基于智能合约进行的买卖将有效保护消费者权益。如果品牌不能按照承诺履约，智能合约将自动执行相关条款，给予消费者补偿。整个过程无须消费者投诉举证，也无须等待。

路易达孚、ADM、邦吉、嘉吉、中粮和威特发等全球农产品企业经过两年的沟通和策划，上线了全球农业区块链平台Covantis。这一平台将利用区块链技术来更好地连接航运商、贸易商和租船商，实现传统农产品贸易的现代化。Covantis建立在J.P.摩根公司基于企业以太坊开发的区块链系统Quorum上。依托这一平台，中粮与各大国际粮商提供农业区块链解决方案，致力于大宗农产品的国际贸易标准化、数字化和现代化，取代依赖纸质合同、发票和人工付款的交易流程，有效降低交易风险，建立更安全、稳定、高效的国际粮食供应链。

众安科技与杭州物联网公司Wopu合作，通过绑定在鸡腿上的智能跟踪器，跟踪一只鸡从养鸡场到屠宰场再到货架的全流程。这些养殖、屠宰、物流和上架数据都记录在区块链中，并允许消费者通过手机扫码查看。通过对这些数据的分析，养殖户还能有效改进饲养方法。

智能合约将催生一种新的品牌和用户关系。作为区块链的重要部分，智能合约已经被广泛而深入地用于元宇宙游戏、元宇宙社交以及其他的元宇宙场景。智能合约是一种去中心化的工具，可以让产品的定价实现去中心化，品牌和用户签订智能合约，用户按照体验和效果来付费。

国家电网以及国网区块链公司利用区块链技术和智能合约来解决交易主体复杂和信用机制不完善等问题。智能合约可以实时协调太阳能电池板和其他发电装置的生产数据，并自动执行售卖交易，使电力能源能够在网络中便捷地双向流通。

2022 年国网雄安金融科技集团有限公司、国网河北省电力有限公司、国网国际融资租赁有限公司（河北分公司）、中国工商银行（北京分行、河北分行）联合攻关的数字人民币智能合约赋能光伏结算场景，实现全国首单落地。电力公司为用户结算光伏发电收入后，依托数字人民币智能合约定向向设备出租公司支付租金，剩余收益由农户全额享有，在充分保障农户无忧享受光伏收益的同时，有效防范了金融机构的资金回收风险，提高了结算效率。

5.4.4　进化：去中心化的商品设计和制造

工业物联网、数字孪生和智能合约，让品牌为每一个用户量身定做产品成为可能。除了生活必需品和日用品，个性化的商品将是未来消费的主流。我们熟悉的消费者面向品牌（Consumer to Business，C2B）模式将在元宇宙世界中得到更广泛的应用。

同时，品牌还需要参与元宇宙社区建设，并建立与用户的沉浸式互动，建立基于 NFT 和价值交换的协作关系，以此去了解现实用户以及他们的数字替身的需求和诉求。

用户需求的个性化和商品的虚拟化让去中心化的商品设计和制造成为必然。这个去中心化的过程，首先从产品概念开始。换句话说，什么是产品或者企业应该生产什么产品，不再依赖市场部和研发部的经验和研判，也不再依赖竞争对手的动向和数据。

个性化的商品是通过产品设计、研发和生产的去中心化来实现的。

1. 产品设计和研发的去中心化

新产品的设计和研发周期，在 B2C 领域是以月为时间单位来计算，在 B2B 领域是以年来计算。除了基础化学品和生产型工业品，大多数产品的上市之时就是产品的过气之日。

在未来元宇宙世界中，借助 NVIDIA、Unity、微软 Mesh 或者 Meta Workplace，品牌新产品的设计可以邀请设计师、数字艺术家、品牌 NFT 持有者甚至元宇宙律师来共同参与。随着通用场景描述技术、低代码甚至无代码技术、人工智能辅助设计的普及，任何人都可以成为设计师。

2. 产品生产的去中心化

产品的设计和生产流程将通过智能合约的方式，传递给供应链上的原材料供应商、配套厂商、生产工厂、渠道商和合作方。这一切在工业元宇宙里甚至可以一定程度上实现并行，通过区块链智能合约进行无缝、高效衔接和流转。

当品牌生产一双运动鞋时，用户可以要求品牌必须使用新疆的棉花或者在配色上必须选择自己喜欢的色卡。这些个性化的需求不仅需要品牌调整传统的生产管理方式，还需要借助 3D 打印等技术，才能为用户量身定制产品。

最后，未来的商品是否需要数字孪生？

如果我们买到一斤樱桃，樱桃映射在虚拟世界中的数字孪生模型会链接我们自己的数字替身，可以模拟这一斤樱桃在我们体内的消化和吸收过程，告诉我们吃掉这些樱桃的最佳时间和最佳方法。

当然，这只是一个笑话。但是如果我们把樱桃替换成汽车、药品、机器人等需要向我们实时反馈的商品，数字孪生就显得非常必要。应用数字孪生技术的汽车，不仅可以帮我们及时发现行车隐患，还可以通过实时模拟和预测实现安全驾驶。应用数字孪生技术的药品，可以帮我们实时监控药品对我们身体的作用，及时发现不良反应，实现科学和安全的用药。

5.5　结语：基于双向链路的价值和体验创造

在这一章中，我们了解到，构成元宇宙社交货币的两个重要元素是价值和体验。价值流和体验流可以在虚拟世界和现实世界之间进行自由流通。

品牌控制或者引导价值流和体验流进行流通的过程，就是元宇宙营销的过程。为了实现这个过程，品牌可以利用 VR、AR、NFT 以及工业元宇宙等主要技术和工具。

但是元宇宙的增强赋能作用远远不止这些。

在未来，品牌可以用全息影像向用户展示一辆汽车的构造和性能，也可以用 3D 打印为用户定制数字替身的同款服装。元宇宙甚至可以帮助企业加速数字化转型，让用户深入参与产品的设计和研发，积极拓展产品的使用方式和应用场景，为用户创造新体验和新价值。

但我们需要牢记，元宇宙营销的目标不是为了吸引更多的用户并创造更高的利润，这只是成功营销的必然结果。元宇宙营销的目标是为用户在虚拟世界和现实世界中创造更多的价值以及更好的体验。

全 时 互 动

无论在过去还是现在，品牌营销的首要任务和挑战是相同的：如何与客户建立实时的互动。

在元宇宙中，在解决了品牌数字替身和增强赋能的相关问题之后，下一个要解决的问题就是如何建立持续的实时互动。这种持续的实时互动，我们称为全时互动。

尽管在元宇宙中，品牌不能像在数字营销中一样使用埋点和用户身份匹配的方式来精确推送，但是依然可以通过建立品牌虚拟专区的方式与用户进行全时互动。品牌虚拟专区将为品牌和用户提供全时互动的场境，让基于信任的信息交换和价值交换成为可能。在营销的语境里，场境指的是品牌触达用户并与用户互动的场所和情境。

6.1　全时互动：持续的实时互动

实时互动是指品牌基于对用户的理解提供相关性和个性化的信息，以促进用户和品牌之间产生更深层次的联系的过程。简单来说，实时互动就是品牌在合适的时间，把合适的内容和价值，通过合适的渠道，传递给合适的人。全时互动是指品牌持续性的实时互动。简单来说，全时互动就是让实时互动的 4 个"合适"变得可靠和可持续。

实时互动和全时互动，从来都不是只强调互动的即时性。当用户观看品牌的产品视频时，品牌不一定需要立刻推送优惠券给用户。品牌需要对用户的单一行为进行记录，并结合该用户的标签群组以及用户评分进行综合判断，才能决定如何进行反馈。比如，如果该用户的标签是"竞争对手"，那么品牌即时推送的优惠券的模板消息很可能会被举报。

实时互动和全时互动更侧重建立品牌与用户的可持续互动，是通过渠道的相关性、内容的个性化以及互动的有效性来实现的。

如何实现实时互动和全时互动，一直是传统营销和数字营销的首要任务和挑战之一。

6.1.1　从营销活动到实时互动

非持续和侵入性的品牌营销活动依然是品牌与用户互动的主要方式之一，但是品牌营销活动的效率在逐渐降低。在数字营销时代，品牌已经开始进行以再营销和全链路营销为主要手段的实时营销，并且逐步建立以营销自动化为基础的私域营销，来实现与用户的实时互动。

1. 品牌营销活动

虽然用户的购买和体验旅程是螺旋式的持续过程，但是品牌与用户的互动却是非持续的。这是因为品牌并不总能准确判断介入用户旅程的时机并有效地评估互动效果。这是品牌与用户互动，甚至整个品牌营销战略，现在面对的最大挑战之一。

这种非持续性是由主观和客观因素共同造成的。主观原因是品牌营销活动依然是品牌与用户互动的主要方式。品牌营销活动是围绕品牌形象、信息传递和产品推广而设计和实施的一整套全渠道的用户触达和用户参与活动，通过广告、公关、赞助、合作、联名等整合营销的方式进行。

这种品牌营销活动因为品牌内容的准备周期长、广告和媒体的投放预算需要精心计划，很难做到连续展开。在品牌营销活动中，品牌会设定活动的阶段和周期，人为把活动分为准备、预热、启动、高潮、结尾等阶段，每个阶段的营销内容和渠道根据不同阶段的目的来设计和选择。每个阶段的周期也不相同，比如有些品牌在进行营销活动前需要 2 个月的准备周期，在这个周期内品牌营销活动对用户来说是不可见的。

客观原因在于信息和用户。用户既不是静止不动的靶心，等在原地让品牌一次又一次击中，也不是盗梦空间中的旅客，会在一层层的梦境里被品牌植入意识。在信息充盈的时代，在争夺用户稀缺的注意力的战争中，每一个品牌都应该意识到其最大的竞争对手不是同行而是信息本身。在传统营销时代，一个品牌软文可以占据报纸全部版面的四分之一，一个品牌电视广告可以占据播放时长的三分之一，品牌是稳定的内容输出者。但是在信息充盈的数字营销时代，由平台、用户甚至人工智能创造的内容无论是在数量上还是在对用户的吸引力上，都远远超过了品牌。

品牌营销活动的另外一个缺陷是侵入性强。为了让更多的潜在用户看到品牌营销活动，品牌会选择在平台或应用上流量聚集的首页、首屏或者搜索结果页投放活动广告。随着对用户大数据分析的大量使用，平台会把品牌活动的广告和宣传限定在目标受众范围之内，只向兴趣人群推送品牌广告，但是无论是在爱奇艺上的视频贴片广告，还是在今日头条上的信息流原生广告，都是对用户体验的侵入甚至阻断。

2. 再营销和全链路营销

为了改变品牌营销活动不持续和侵入性强的两大缺点，品牌正在改变与用户的互动方式，希望建立起与用户的实时互动。但在真正的实时互动实现之前，碎片化的再营销方式成为品牌获取用户的常见方式。

（1）再营销

再营销是实现实时互动的基础。这种技术可以再次触达曾经访问过品牌活动网页或者参与过品牌活动的用户，加深用户印象并强化他们的购买意愿。假如一个用户在百度上搜索了"电动剃须刀"，他可能会点开某品牌在搜索引擎上投放的关键词进入品牌的落地页面。当这个用户几天后进入视频应用时，该品牌的广告会出现在视频的广告中。这就像古董行里的做局，所有的"偶然"背后都有着必然的设计。

那么再营销能否贯穿用户旅程的始终呢？对这个在视频网站观看了品牌广告的用户，品牌能够在他逛淘宝的时候把相关产品广告再次推送给他吗？当他表现出对产品广告感兴趣时，品牌能够直接推送给他品牌优惠券吗？当他领取了品牌优惠券，品牌能够在品牌日或者淘宝大促时，将降价信息直接推送到他的手机短信和淘宝账号上吗？

（2）全链路营销

针对同一个用户在不同渠道的反复再营销，业内有不同的说法，腾讯将这个过程叫作全链路营销，阿里妈妈叫作全域营销，百度叫作全链 AI 营销，字节跳动叫作全连接营销。这种营销方式以用户的唯一身份信息或者其他可识别的数据对用户进行标记。这种做法就像农户养殖，标记过程类似于养殖者在散养鸡的翅膀上涂上特殊的颜料。如果有标记的散养鸡喜欢在竹林里觅食，养殖者就会适时地在竹林里撒一把大米。如果有标记的散养鸡不喜欢吃大米，养殖者就会更换其他更有吸引力的食物。此外，养殖者还会在散养鸡的饮水点加装称重装置，方便知道哪只鸡已经长大。

简单来说，全链路营销就是对用户进行标记，并在其可能接触的每一个节点上都进行触达反馈，以"碎片化营销"的方式应对"碎片化用户"，以"十面埋伏"应对随机偶然。

虽然全链路营销能起到促进用户转化的作用，但它并不能从根本上实现品牌与用户之间的实时互动，因为全链路营销方式仍然存在以下问题。

全链路并不完整。全链路营销目前只是在互联网大厂自己体系内实现。即使平台之间可以相互开放，但开放程度也往往有限。比如微信和阿里妈妈采用不同的用户身份标识，巨量引擎和百度凤巢使用不同的兴趣和行为算法，这些平台之间的联通是比较难实现的。

成本高。全链路营销需要品牌付出持续、大量的广告费用和内容制作成本。

严重依赖品牌的数据存量和处理能力。全链路营销对数据的依赖，也要求品牌首先要积累自己的用户数据。对大多数品牌来说，它们依然在数字化转型的过程中，对用户数据的积累和分析有限。对其中大多数 B2B 品牌来说，由于客户数量有限或者品牌自身等因素限制了用户数据的量级，数据规模不足，因此无法进行有效的数据匹配，也就无法有效使用全链路营销。

3. 实时互动

实时互动包含实时和互动两个因素，前者是在时间上即时同步数据，后者是实现双向的价值交换。全链路营销满足了前者，而实现品牌与用户的价值交换只依赖碎片化的营销活动是很难实现的。

基于营销自动化的私域营销是对全链路营销的补充，可以弥补全链路营销在互动上的短板，帮助品牌建立实时互动模式的营销。

品牌利用品牌账号以及用户管理平台把用户吸引到品牌私域场景中，然后通过营销自动化实现与用户的实时互动。

还是以农户养殖为例。营销自动化好比在鸡的腿上安装了跟踪器，私域场景好比养殖者自建的养鸡围栏，可以把鸡进行分类养殖。通过养殖自动化工具（类似营销自动化工具），养殖者可实时监控鸡的状态和轨迹以便进行实时投喂和科学养殖。比如，可以对每一只鸡都试投青菜，对其中喜欢吃青菜的鸡进行额外标记，在它们的食谱中加大青菜的比例。

全链路营销辅以私域运营和自动化营销，让品牌与用户之间建立实时互动，推动可持续的品牌用户关系。

6.1.2　从实时互动到全时互动

数据是 Web 2.0 时代互联网的"能源"。它一方面产生流量，另一方面促进流通。程序化购买、客户关系管理系统、用户数据平台、数据管理平台、全链路营销等平台和手段构成了营销技术栈。营销技术栈就是品牌营销的引擎，它需要源源不断的数据作为燃料。

无论是全链路营销还是私域营销，数据，特别是用户数据的获取和分析是其基础条件。客户关系管理和实时互动软件的服务提供商 SalesForce 认为，实时客户互动就是对品牌拥有的用户数据进行打通和整合。另一家专注于实时互动领域的公司 Pega 认为，基于人工智能的实时决策是品牌优化渠道、提升内容相关性、建立与用户的情感互动的解决方案。

在元宇宙中，算力、创意、数据，甚至人们在游戏和社交上花费的时间和精力，这些以往被视为免费并被平台和品牌无偿使用的东西，都有了实际价值。它们的价值不仅可衡量，而且可以进行所有权的确认。在这种情况下，用户有权处置自己的数据，决定是否与品牌进行等价的交换。

我们还是以农户养殖为例。在元宇宙中的养殖场，养殖者无法在鸡身上做标记或者在鸡腿上安装跟踪器，也不能再以数据为工具掌握鸡的一举一动，并且据此做出反应。

以用户主动触达为主要依据的实时互动，和元宇宙的开放、去中心化的属性是背道而驰的。农场的围栏拆掉了，变成了彻底的散养形式；鸡也更加聪明和自由，可以轻易识别哪些是伪装的陷阱。为了吸引这些鸡，养殖者除了要准备食物和水，还要准备沙子、干草，让它们休息娱乐。

也就是说，当用户掌握了自己数据的主导权，品牌需要使用更新的、可持续的方式来触达用户并与之建立有效的互动，也就是与用户进行全时互动。

Havas EHS 的数据和技术负责人 Ben Silcox 认为，全时互动有如下两个主要特征。

- 用户主导

实时互动是品牌主导的方式，例如，航空公司主动将购票广告和机票优惠活动"推送"给正在买票的受众，希望其中一些人能够感兴趣并购买。将这样的主动营销在多渠道上反复执行，最终把机票出售完毕。而在用户主导的场景下，用户会主动访问这家航空公司的官方渠道，并且在第一时间得到航空公司的个性化服务，进而完成一次愉快的购票。这种愉快的购票体验让用户更加有可能在下次购票时还找到这家航空公司，甚至推荐朋友购买。

- 预测性反馈

品牌不再根据用户的历史数据来对他们进行诱导和"杀熟"，而是通过预测性推荐，让用户自己选择和匹配符合自己需求的产品。举例来说，航空公司的官方渠道需要准备一整套针对不同旅客的不同解决方案，让用户自行选择和匹配。在这个过程中，用户可以选择向品牌公开自己的个人数据，作为价值交换条件，航空公司或者票务公司需要向用户提供相应的机票优惠或者服务。

全时互动的实现依赖品牌的实时互动场境。实时互动场境是共享的互动空间，这个空间里的所有参与者都可以听到相同的声音，看到相同的景象，并且可以进行真实的沟通和互动。直播虚拟空间就是实时互动场境的一种。

VirBELA 是一个用于办公、教育等用途的沉浸式共享虚拟平台，支持全时互动。蒙特雷科技大学和 VirBELA 合作打造了一个沉浸式虚拟校园。来自蒙特雷科技大学 26 个学院的学生可以在这个虚拟校园中一起上课，学生可以参加由教师设计的通过 VR 技术实现的课程。在教学过程中，学校可以实时监控每个学生的进度和学习情况。除了课程之外，这个虚拟校园还向学生提供举办虚拟的学术会议、研讨会和其他虚拟活动的机会。

6.2　元宇宙全时互动场境

在数字营销时代，社交媒体上的品牌官方账号、天猫或者京东上的品牌旗舰店以及线下的快闪店都是品牌互动场境的一种。

我们说过，现实中的一切都可以在元宇宙中重新实现一遍，这个过程正在发生。Roblox 正在把我们熟悉的赛车和社交小游戏进行 3D 化复制，Fortnite 正在把"吃鸡"游戏 3D 化，Decentraland 和 The Sandbox 正在把博物馆、商店以及街道搬到虚拟空间中。

在社交领域，Meta 公司的 Horizon Worlds、微软的 AltspaceVR、百度希壤都在致力于成为元宇宙的社交"绿洲"，而腾讯和网易则通过丰富的生态，把元宇宙社交因素植入游戏、音乐等平台或应用之中。但是相比于 VRChat、Rec Room 两个 VR 社交应用、Decentraland、The Sandbox 虚拟游戏和社交空间以及 Zepeto 这样的时尚社交应用，这些互联网巨头的元宇宙社交平台还未展现自己在社交领域的优势。

在工作领域，数字替身已经在 Zoom 和微软的 Teams 会议系统中应用，更具创新性的远程沉浸式协作平台 Horizon Workrooms、微软 Mesh、NVIDIA Ominiture 和协作软件 Spatial、MeetinVR 正在开创未来的工作模式。那未来会不会出现专门的元宇宙职业呢？答案是肯定的。未来元宇宙会出现虚拟建筑师、虚拟导游等新职业。

在娱乐体育等活动领域，Fortnite 和腾讯 TMELAND 已经证明虚拟演出能比线下活动容纳更多的观众，同时能提供更加沉浸式的体验。

在购物领域，OpenSea、Rarible、SuperRare 就是元宇宙世界中的亚马逊商城、天猫商城和小红书，同时 Decentraland 和 The Sandbox 也有自己的商城体系以及专门的商业社区。NFT 和虚拟店铺已经在元宇宙中随处可见，人们可能不再需要去专门的购物平台。

进入元宇宙后，品牌需要在游戏、社交、工作、购物和活动场景中找到合适自己的互动场境。

6.2.1 游戏

微软 CEO 萨提亚·纳德拉认为元宇宙本质上是一个创造游戏，它能够将人物、地点、事物放入物理引擎中，并使它们相互关联。

元宇宙游戏被称为元宇宙的雏形，它建立在区块链的基础之上，支持 NFT，有着自己独立的经济体系。元宇宙游戏也承载了元宇宙的世界观和价值观，在一定程度上实现了去中心化、互联互通，并且充分赋能用户和玩家，让他们成为元宇宙的造物者、价值创造者和拥有者。

微软一直是一个知行合一的公司。2022 年 1 月，微软宣布以 687 亿美元收购《魔兽争霸》和《使命召唤》的游戏开发商动视暴雪。微软的元宇宙版图，除了 Mesh、Teams 以及 Dynamics 365 Connected Spaces 之外，又将加入游戏的元素。微软对动视暴雪的收购创造了游戏行业并购的新纪录，也让微软在全球游戏行业成为继腾讯、索尼之后的第 3 大游戏厂牌。

但在目前，除了具备游戏基因和投资眼光的腾讯之外，传统的互联网大厂并没有在元宇宙游戏领域建立绝对的优势。元宇宙游戏依然是由独立游戏平台主导并且存在充分竞争的市场。

为了更好地了解在元宇宙的游戏中品牌有哪些与用户全时互动的场境，我们不妨以 Fortnite 为例，看一下品牌可以如何利用游戏来与用户进行全时互动。

Fortnite 是由 Epic 游戏公司开发的，它包含 3 种不同的游戏模式，几乎囊括了元宇宙游戏的主流类型，而且游戏画质和玩家体验都出类拔萃。Fortnite 的 3 种游戏模式包括：合作射击生存类游戏 *Fortnite Save the World*（《堡垒之夜：拯救世界》），这是 4 名玩家对抗异形生物的塔防性游戏；"吃鸡"生存类游戏 *Fortnite Battle Royale*（《堡垒之夜：大逃杀》），最多支持 100 名玩家同时在线游戏和相互竞争；沙盒类游戏 *Fortnite Creative*（《堡垒之夜：创造》），像是 Roblox 和 Decentraland 的结合体，玩家可以创造自己的岛屿并且进行建设。

案例：Balenciaga × Fortnite

时尚品牌 Balenciaga 与 Epic 游戏公司旗下的 Fortnite 合作，通过 4 种方式探索品牌的游戏化场境：游戏定制皮肤和装备、品牌虚拟店铺、定制化游戏，以及线上线下联动活动。

2021 年 9 月，Balenciaga 为 *Fortnite Battle Royale* 游戏中 4 个最受欢迎的角色 Doggo、Ramírez、Knight 和 Banshee 定制了限量版皮肤，用户可以在游戏内商城购买。其中 Doggo 和 Knight 的皮肤售价为 1200 V-Bucks（约合人民币 75 元），另外两个定制皮肤售价 1500 V-Bucks（约合人民币 94 元）。这些皮肤的灵感都来自 Balenciaga 线下发售的服装，其中 Ramirez 的鱼鳞上装和 Knight 的复古套装均来自 Balenciaga2021 秋季系列，Doggo 的卫衣和长裤来自 2021 春季系列，Banshee 的条纹紧身衣来自 2020 春季系列。

除了 4 款定制皮肤，该游戏套装还包括 4 款枪械涂装，两款背包和帽子，1 款有 5 种配色的急速跑鞋。这些装备售价从 20 元到 50 元不等。Balenciaga 定制的游戏装备不仅可以让玩家穿在身上，还具备多种功能，比如售价 50 元的急速跑鞋可以装备加长的握柄来作为游戏战斧使用。这一整套 16 件装备在 Balenciaga 全球各大门店以及官网上公布发售。

在 *Fortnite Creative* 游戏中，Balenciaga 与著名的 Strange Times Hub 社区联合开设了 Balenciaga 虚拟商店。游戏玩家可以和其他喜欢时尚的朋友一起在该虚拟商店中挑选 Balenciaga 的套装进行试穿。

这家虚拟商店不仅展示专属装备，还为玩家创造了新的游戏场景，比如搜集装备的活动等。为了增加游戏的趣味性，Balenciaga 在 Strange Times Hub 周围的建筑上安放了超大屏幕，在屏幕上不放品牌广告而放玩家秀。玩家在游戏内或者在 Twitter 上上传自己的游戏自拍，就可以在大屏幕上展现自己的玩家秀。这些玩家秀不仅可以在游戏内的大屏幕上播放，还会在伦敦、纽约、东京等城市的现实的广告大屏上进行直播。

6.2.2 社交

除了游戏，人们在元宇宙上也需要社交。数字替身在元宇宙中进行沉浸式的朋友聚会、闺蜜逛街和篝火晚会，也会把其愉快体验传达给现实用户，让现实的伙伴之间提升亲近度。

元宇宙的社交平台可以分为大型元宇宙社交平台、虚拟现实社交平台、增强现实社交平台以及垂直元宇宙社交平台。

1. 大型元宇宙社交平台

元宇宙社交是否会成为元宇宙的主流应用？互联网巨头用行动来说话。Meta 公司正在发力构建 Horizon Worlds 和 Horizon

Venues 两大基于 VR 场景的社交平台。Horizon Worlds 和 Venues 可以联通用户的 Facebook 等社交媒体，添加和邀请好友。Horizon Worlds 现在只支持半身数字替身，用户可以和好友试玩 3 对 3 射击或者划船等轻社交游戏。

为了真实还原真人社交场景，Meta 公司在元宇宙社交平台上推出了隐私边界的功能，这个功能让数字替身拥有半径约 0.6 米的安全社交保护气泡，这个气泡把数字替身之间的舒适社交距离限定在 1.2 米以外。

微软的 AltspaceVR 同样具有隐私边界的功能，这个功能被称为"个人空间泡沫"。AltspaceVR 是一个带有复古导航条的平台，支持数字替身进行走路、跑步、转身以及抓握、拾取、投掷等动作。AltspaceVR 内置的联系人列表，可以让用户添加和邀请好友，AltspaceVR 也允许用户进行加好友、静音和拉黑等操作。AltspaceVR 提供了各种各样的活动，包括现场音乐会、会议、喜剧表演、节日庆典以及科技讲座。AltspaceVR 中每一个用户都有姓名标签，当用户查看数字替身头像，其姓名将会显示在该数字替身的头上。为了增强社交属性，用户之间的互动功能包括发送消息，加入朋友所在的世界或活动，邀请朋友加入用户所在的任何世界或活动，发送和回复好友请求等。

用户可以通过 AltspaceVR 的世界编辑器来构建自己的世界，也可以基于已有的现实世界，组织活动并邀请朋友参加。比如，玩家可以组织一次脱口秀活动，通过活动编辑器来确定主持人、嘉宾以及活动规则。在国内，百度已经推出了希壤平台，支持数字替身万人同场的活动。希壤平台引入大量中国元素，希望打造首个以中国叙事为核心的元宇宙空间。在整个空间中，用户可以寻访千年古刹少林寺、三星堆以及三体博物馆。但是，百度希壤现在看来还只是一个充当 VR 展厅的几何空间，社交元素有待开发。

2. 虚拟现实社交平台

相比于正在成型的大型元宇宙社交平台，虚拟现实社交平台 Rec Room 和 VRChat 带给用户的友好度、社交性和体验感更好。

无论是 VRChat 还是 Rec Room 都提供了一系列的社交小游戏，这些游戏形成不同的世界。这些世界与其说是游戏，不如说是交朋友、闲逛、聊天、发呆和培养亲密关系的空间和道具。

Rec Room 的 Reccenter 活动中心有乒乓球、台球、篮球等小游戏，用户可以一边玩耍一边添加"顺眼"的朋友。此外，在旋转木马公园里用户可以和朋友一起去骑木马。逃离鬼屋游戏打造了一个特别有沉浸感的鬼屋，适合用户和好朋友打上手电筒一起探索。Taco 冬日小屋游戏里面有壁炉、圣诞树和舒适的大沙发，适合好友们一起聊天休息。如果你喜欢运动，也可以和其他用户一起参加爬楼比赛。

VRChat 充满了好玩有趣的虚拟空间，适合和朋友一起闲逛。这些地方大多是由玩家自己创建的，比如玩家 ITOAR 创建的日本神社是一个春日里的日本庭院，是和朋友一起闲逛看日本樱花的好去处；玩家 fr1ed 创建的时光之家建在四面环水的岛上，布置温馨，顶层还有供玩家休息娱乐的舒适大床；玩家 LOLI 建造的休息和睡眠空间干脆就是一个让玩家休息和睡觉的地方；在玩家 Big Al 创作的数字替身长廊里，玩家可以试穿各式各样的衣服。

在 VRChat 和 Rec Room 上，你还可以通过表情符号来表达情绪。选择对应的表情符号，这些表情符号就会从数字替身里飘出来。

案例：AT&T × VRChat

AT&T 与时尚和游戏品牌 100 Thieves 联合在 VRChat 上建立了虚拟社交空间站。

AT&T 空间站是一个虚拟的空间站。这座蓝色调的空间站充满科技感，有长长的走廊可以让玩家看到远处的地球和星空，包括休息区、游戏区、购物区和娱乐区。

休息区位于空间站的中心，玩家可以透过透明的空间站保护罩看到地球和太空，在一旁聊天或者发呆。休息区旁边是游戏区，玩家可以和好朋友一起组队打一局太空斯诺克，但是这个游戏体验并不怎么真实。玩家也可以走到购物区，试穿 100 Thieves 的服装。对喜欢 100 Thieves 这个潮牌的玩家来说，这是一次好玩的体验。

VRChat 的大部分用户的年龄在 18 岁到 34 岁之间，这些用户和 100 Thieves 的目标用户重合。AT&T 空间站的设计师使用虚幻引擎设计服装，真实感更强。太空站里的每件 100 Thieves 服装都被植入了超链接，支持用户跳转到 100 Thieves 网站采购。

AT&T 空间站对用户最有吸引力的地方可能是 HBO Max 电影院。进入电影院之前，玩家可以领取免费的虚拟爆米花。穿过贴满电影海报的长廊，玩家可以进入建在太空里的电影院，一起坐在沙发上观看电影。电影放映的背景就是蓝色的太空和地球。但是，电影院放映的内容是 HBO 的预告片，期待之后能在

AT&T 空间站看到真正的完整版电影。

3. 增强现实社交平台

VRChat 和 Rec Room 在虚拟世界中建造了密室逃脱和太空电影院，而 Niantic 让现实世界变成游乐场。Niantic 推出的《宝可梦 GO 》、*Ingress*、*Pikmin Bloom* 等都是社交性极强的 AR 游戏。Niantic 的创始人和 CEO John Hanke 曾经开发了 Google 街景应用，他对现实世界更感兴趣。Niantic 的目标是把现实世界变成一个游乐场，让它更神奇、更有趣。

当你把手机、游戏机或者 AR 眼镜设备对准你熟悉的街道和咖啡馆时，你就从麻瓜变成了魔法师，能看到在到处闲逛的神奇动物，发现隐藏在建筑里的道场，或者发现银行的大门原来是一个传送门。

《宝可梦 GO》游戏是其中一个很好的例子，它实现了人们对于现实世界中存在宠物小精灵的神奇幻想。玩家可以走出家门找到宠物小精灵，并且在公园里和山顶上与其他玩家的宠物小精灵对战。尽管有些宠物小精灵会随机出现在你的房子里，但要获得更多、更强的宠物小精灵，最好的方法就是去街角的麦当劳和公园绿地上碰碰运气。迄今为止，Niantic 游戏中的所有玩家的行走距离已经累计超过 560 亿公里，相当于地球到太阳系外的 Kepler-22 b 行星的距离。因此大量《宝可梦 GO》的玩家都注销或者暂停了自己的健身卡。社交一直是 Niantic 游戏的核心。无论是《宝可梦 GO》还是 *Ingress* 游戏，都帮助人们在现实生活中聚在一起，与朋友和家人共度时光。为了强化游戏的社交机制，《宝可梦 GO》即将推出一个新功能，如果你正在日本观赏樱花，可以把你现在看到的景色做成一张明信片分享给朋友。而 Ingress

游戏将要做的事情就是为现实世界中的所有人生成一个包含个人信息的身份标签，对那些总是记不住别人名字的玩家来说，他们只要查看一下对方的身份标签就可以轻松解决问题了。在这些游戏中，社交都是重要的组成部分，你可以尝试联合现实中同一个小区的玩家，一起建立防御或者策划一次针对对面小区的突袭。

AR 社交游戏基于现实地图开发，所以线下的品牌门店位置和游戏的地图可以完全重合。品牌可以像利用百度地图一样，在 AR 游戏中申请入驻并获得相应的位置标识。

以《宝可梦 GO》为例，这款游戏有两个重要的虚拟场所，一个是为宠物小精灵补充能量的精灵驿站（pokestop），另外一个是搜集道具装备、进行训练和对战的道馆（gym）。因为《宝可梦 GO》的地图基于现实世界的地图系统，所以精灵驿站和道馆可能就位于现实中的咖啡馆、商场和城市地标建筑的附近，这为周围的商家带来了巨大的客流量。

在美国，电讯公司 Sprint 与 Niantic 合作，把全国 10 500 多家 Sprint 营业厅以及 Boost Mobile 和 Sprint-RadioShack 店铺变成精灵驿站和道馆。在新加坡，新加坡旅游局把深藏在街道和社区里的旅游景点打造成精灵驿站，以便让人们探索那些隐藏在城市深处的景点。在《宝可梦 GO》的故乡日本，麦当劳把 400 家店铺变成了道馆，剩余的 2500 家店铺则成为精灵驿站。在拉丁美洲，2300 家麦当劳门店加入了与《宝可梦 GO》的合作。在澳大利亚，悉尼歌剧院让玩家在欣赏完演出之后能够捕捉稀有的宠物小精灵。

即使线下商家附近没有精灵驿站或者道馆，商家也可以购买游戏的虚拟诱饵组件，投放在自己店铺里。诱饵组件可以吸引周围的宠物小精灵聚集。如果周围的玩家探测到这些被诱饵吸引的宠物小精灵，就会蜂拥而至。比如，土耳其自助烤肉连锁店VERTS 充分利用了游戏提供的机会，不仅购买了诱饵组件在店内投放，还为玩家提供了每周一次的游戏主题培训。在这个培训课上，VERTS 会邀请有经验的玩家传授宠物训练和游戏升级经验，吸引了大量玩家在此聚会。据悉，一家位于长岛的披萨店，在投放精灵诱饵期间，店铺的销售额提高了 75%。

在 Ingress 游戏中同样有虚拟建筑类道具：传送门。全球最大的保险公司之一安盛集团与 Niantic 合作，把安盛的营业厅设定为游戏中的传送门。安盛把自己的"陪伴用户抵御风险"的品牌叙事融入游戏中，为玩家提供防御能力超强的安盛防护盾，供玩家在传送门领取。

预计在 2022 年上市的 *Polkacity* 是一个 3D 的 AR 游戏，也是第一个支持多个区块链协议的 NFT 游戏，*Polkacity* 支持以太坊和币安区块链。预计到时会有更多商家参与到该游戏的场景建设中。

案例：星巴克 ×《宝可梦 GO》

星巴克和 Niantic 的合作是一个典型的互惠互利的营销案例。

2017 年，星巴克首先在美国市场与 Niantic 公司合作，把全国的 7800 多家星巴克店铺变成《宝可梦 GO》游戏的精灵驿站或者道馆。Niantic 是一个注重用户体验和企业社会责任的公司，旗下所有的游戏并未开放商业广告合作。

星巴克遍布美国的连锁店铺是 Niantic 看中的资源，同时星巴克的企业理念和 Niantic 鼓励探索和社交的理念不谋而合。

星巴克专门开发了一款《宝可梦 GO》专属星冰乐饮料。吸引了大量用户购买"打卡"。

从 2020 年 11 月起,星巴克与 Niantic 的合作扩展到了亚洲市场。星巴克在很多国家和地区的店铺都陆续开放游戏场景。

在疫情期间,星巴克还特别提醒玩家在进行游戏中注意保持距离,并遵守当地健康和安全指南。

4. 垂直元宇宙社交平台

传统的垂直社交软件都在往元宇宙转型。声音社交软件 Clubhouse 和加密社交软件 Telegram 已经是 NFT 玩家交流和交易的主要渠道之一。

在线交友和约会软件也在积极转型为元宇宙垂直社交平台。在国外,Tinder 的母公司 Match Group 正在着手创建一个能提供虚拟约会体验的虚拟世界,已经在韩国首尔小范围测试了一个名叫 Singletown 的虚拟交友平台,用户可以以数字替身的形象出现,通过语音交友。在 Tinder 提供的虚拟交友空间中,数字替身会聚集在一个音乐酒吧。这个虚拟酒吧和现实中的酒吧一样,你可以在里面听音乐,找到陌生人聊天,或者坐下来倾听别人的谈话。

相比之下,Zepeto 更具备垂直社交元宇宙平台领袖的气质。这个发源于韩国的元宇宙平台,正在被打上虚拟时尚社交的标签,是适合用户穿着时尚潮服一起"出街"玩耍的虚拟空间。到目前为止,Zepeto 有超过 2.4 亿用户,其中 90% 来自韩国以外的国家和地区,80% 用户是青少年,70% 用户是女性。

Zepeto 之所以受到年轻女性的广泛欢迎，是因为它提供了逼真精致的数字替身形象和装扮。Zepeto 提供了数字替身和虚拟服饰编辑器 Zepeto Studio，该编辑器使用强大的 Unity 引擎，可以让数字替身的装备更加生动逼真。GUCCI、Dior、Ralph Lauren 和 Nike 等时尚品牌都在为 Zepeto 用户定制个性化的虚拟时尚服装和配饰。世界 3 大时装学院之一的意大利马兰戈尼时尚设计学院迈阿密分校也在和 Zepeto 合作。

Zepeto 是让用户变美、变时尚的平台，用户在该平台上进行"捏脸"和挑选时尚服饰来装扮自己的虚拟形象。为了获取一个美美的自拍照，玩家还会购买游戏套餐来解锁不同的姿势和动作。Zepeto 中的游戏场景也不是粗糙的像素化的街景和建筑，而是更加精细、唯美，适合合照和自拍。Zepeto 上的社交活动也是以草地野餐和虚拟婚礼这种重时尚的活动为主，同时注重音乐元素。

Zepeto 作为元宇宙社交平台领袖的地位因为众多明星和名人的入驻而更加稳固。赛琳娜·戈麦斯（Selena Gomez）、菲律宾天团 SB19 等会在 Zepeto 上举办粉丝见面会等活动。

2021 年 5 月，Zepeto 和 The Sandbox 达成合作协议，在对方的平台上建立各自的专区，并逐步支持双方 NFT 的交易和互通。这是向未来统一元宇宙迈出的一大步。

案例：三星 × Zepeto

我们很容易想象时尚品牌与 Zepeto 的合作模式。而对电子品牌，大多数人认为三星会通过提供数字替身服装来实现与用户的全时互动，但是三星却选择了多种不同的切入角度。

也许手机可以作为用户自拍的道具？三星与 Zepeto 的第一

次合作是推出了 Galaxy Booth 互动空间，内含 4 个拍照场景，用户可以和三星的 4 款手机进行自拍。之后，三星与 Zepeto 联合推出了印有三星电视 Logo 的服装，并在一款跳跃游戏中植入了 Galaxy House，让玩家可以体验虚拟智能手机。

此外，三星与流行组合防弹少年团合作。玩家可以把他们的合影作为自拍背景，也可以在跳跃游戏中欣赏防弹少年团的三星手机宣传照。

那么三星的电脑和显示器等产品怎么办呢？有谁愿意和吸尘器玩自拍呢？

为了解决用户和旗下众多的产品进行实时互动的问题，三星在 2022 世界消费电子展会上公布了与 Zepeto 合作开发的社区 My House。

这个社区搭建在 Zepeto 平台上，让用户把一所豪宅暂时当成自己的家，可以在里面布置家具和家用电器。玩家可以在这个虚拟的空间里塞满三星的电子产品。在现实中，大多数普通人都不会有面积这么大的住所，三星希望提供一个理想之家，突破面积的限制，让用户发挥想象力，尽可能把三星旗下的 18 种产品都放进家里。

除了对房间进行装饰，玩家还可以体验所有产品的功能。玩家可以使用虚拟吸尘器打扫卫生，同时收听三星智能音箱上播放的音乐。

用户还可以在社区里与好友互动。系统会询问你是否需要到朋友或者其他玩家的家里做客，同时你可以邀请朋友来参观这个满是三星产品的家。

6.2.3 游戏化平台

Roblox、Decentraland 以及 Somnium Space，与其说是元宇宙游戏应用，不如说是游戏化平台（Gaming As Platform）。因为它们提供的不只是游戏，也包括社交、娱乐、购物、活动、商业甚至工作等场境。我们提供这样多元场境的应用称为元宇宙游戏化平台。

在元宇宙游戏化平台上，游戏、社交、购物的界限已经越来越模糊。玩家在 Roblox 中自己搬砖造房子是游戏，邀请好友参加聚会是社交。玩家在 Decentraland 上参加对战获取战利品是游戏，组团去观看虚拟演唱会是社交。

头部的 Roblox、Decentraland、The Sandbox 以及中腰部的 Somnium Space、My Neighbor Alice、Cryptovoxels 等游戏平台都具备社交元素。

甚至，这些平台带来的游戏化社交可能正在孕育元宇宙中新的主流社交模式。这些平台认识到游戏化的社交才是更有效的社交。社交并不只是聊天和逛街，而是在建设性的互动中享受快乐和满足。

在这些平台上，集游戏、社交、购物等功能于一体的虚拟地产项目和虚拟城市建设正在如火如荼地进行。Decentraland 上的时尚街区被 Tokens.com 以 240 万美元买下，这个虚拟街区未来将支持演出、时装周等活动，并把服装设计师、时尚品牌带入未来的虚拟时尚生态系统，这将孕育时尚社交的新模式。The Sandbox 正在建设 Mega City，打造一个以电影、音乐、娱乐和时尚为核心的超级虚拟地产项目。

品牌也在探索如何在元宇宙中建立能与用户全时互动的永久性品牌专区，常见方式是租赁或者购买一块虚拟地产。Absolut Vodka 在 Decentraland 上建造了提供社交、游戏和娱乐体验的品牌虚拟专区，Adidas 在 The Sandbox 上已经买下一块虚拟地产用于建造阿迪宇宙（adiVerse）。

案例：Absolut Vodka × Decentraland

2022 年 4 月 15 日，伏特加品牌 Absolut Vodka 在 Decentraland 上举办了虚拟音乐节，同时揭幕了该品牌的虚拟专区 Absolut.land。

作为知名的伏特加品牌，Absolut Vodka 的虚拟酒吧也在音乐节期间对外营业。用户的数字替身可以在虚拟酒吧里充当调酒师，为其他用户调制鸡尾酒。

增进用户的参与和互动是这个虚拟空间的设计理念之一。

参加本次活动的用户可以围坐在草地上欣赏和讨论斯德哥尔摩乐队的虚拟演出，也可以坐在虚拟酒吧里和其他用户的数字替身讨论伏特加和鸡尾酒。除此之外，用户还可以参加各种社交和游戏项目，来赢得线下科切拉音乐节的门票或者其他 NFT 奖励。其中一个互动活动把虚拟游戏、社交分享以及 NFT 发行三者有机地结合在一起。用户需要在 Absolut.land 上找到一个虚拟自拍室，在里面进行虚拟自拍。然后，用户需要把自拍照通过 Twitter 或者以太坊社区分享给自己的好友。对这个活动，品牌提供的游戏奖励包括外套、衬衫、帽子以及拖鞋等 NFT，允许数字替身在游戏中穿戴。

为了增强 NFT 的吸引力，Absolut.land 发行的 NFT 由知名艺术家设计，其发行数量也被严格限制。Absolut Vodka 邀请到了纽约设计师苏珊·亚历山德拉等知名设计师和数字艺术家参与了 NFT 的设计。在 NFT 的铸造数量上，除了 Absolut puffer 外套 NFT 的发行数量是 300 枚以外，其他 5 款 NFT 的发行数量都在 200 枚以内。

游戏化的设计理念还体现在这个虚拟空间的其他互动场境中。比如用户在这个虚拟园区游览时，可以收集瓶子和水果等道具。这些道具可以用于解锁游戏内的奖励，以及与其他的互动项目联系起来。比如用户在花园里散步时搜集到的水果道具可以解锁一个新的鸡尾酒配方，那么用户在虚拟酒吧充当调酒师时又多了一个配方选择。

除了虚拟酒吧，Absolut.land 里面还有一座主题建筑、一个虚拟花园、一个艺术画廊、一个反重力舞池。其中，这座 3 层的主题建筑的设计灵感源自 Absolut 的一款伏特加酒瓶，这个设施仅仅对年满 21 岁可以饮酒的用户开放。

Absolut Vodka 希望这个虚拟空间不仅仅是讲述品牌文化和发行 NFT 的场所，还是一个让年轻的用户聚集在一起享受音乐和社交的平台。

6.2.4　工作和协作

2019 年 2 月，亚特兰大一家 VR 内容工作室 Disrupt VR 的联合创始人 Jak Wilmot 尝试 VR 式生存，在连续 7 天（共计 168 小时）内持续佩戴 VR 头显，社交、工作、吃饭和睡觉都戴着 VR 头显完成。当前，VR 头显将 Jak Wilmot 的活动范围限制在室内，而在未来，AR 眼镜和 MR 头显的进步会让 Jak Wilmot 的活动范围扩展到室外。

　　像 Jak Wilmot 一样佩戴头显来完成工作是可能的吗？在元宇宙中开会、写报告、准备 PPT 是什么样的体验？品牌应该如何利用元宇宙的工作场景？

　　Meta 公司的 Horizon Workrooms 是一款用于远程协作的 VR 应用。你可以把它想象成一个 3D 虚拟办公室，需要办公的人使用 Oculus VR 头显设备进入这间办公室。

　　在 Horizon Workrooms 里，空间音频处理系统根据用户在虚拟空间中的位置和与其他人的距离，模拟真人对话的空间音频：说话人离你越远，你听到的声音越小。Horizon Workrooms 还支持常见的电话会议功能——白板、屏幕共享、聊天。你在 Horizon Workrooms 里可以有自己的虚拟办公桌，甚至可以把电脑屏幕投影到虚拟电脑屏幕上，通过虚拟键盘进行工作。这一切都可以通过 Oculus Remote Desktop 应用来完成。

　　如果你是微软办公软件的重度用户，你还可以试试微软的 Mesh for Microsoft Teams（以下简称 Mesh for Teams）。Mesh for Teams 不仅支持 MR 头显，还支持用户通过电脑、手机等其他设备进行访问和使用。

　　对大部分公司来说，开会永远是工作的重要主题之一，而找到一个会议室永远是开会的难题。现在你可以通过 Mesh for Teams 创建一个会议室，而同事们可以通过手机、HoloLens 或者电脑接入。在这个虚拟的会议室里，你可以摆脱冗长的 PPT 和逻辑解释，直接从把一个方案的 3D 流程图或者产品的全息影像拖到会议中，让所有人参与其中。

　　虚拟会议将是更加有建设性和参与感的会议方式，如果你要讨论某个建筑的施工方案，你可以把虚拟会议室放进施工现场。虚拟会议也是更有效率的会议，可以让创意和解决方案而不是信息和逻辑论述成为会议的主要内容。当一个同事引用某些信息来印证自己的观点时，不需要长篇大论地讲述这条信息本身，因为这条信息的详细内容以及来源已经出现在大家的共享屏幕上。

甚至，连会议记录都可以由人工智能完成，并且人工智能还整理出下一步计划进行通知、任务分配和进度跟踪。

案例：埃森哲 × Mesh

埃森哲在全球拥有 60 多万名员工，分散在世界各地为客户提供咨询服务。

为了方便协作，埃森哲已经建立了一个基于微软 Mesh 和 AltspaceVR 平台的虚拟办公园区。这个被称为 N 层空间（Nth Floor）的虚拟办公园区，允许来自任何地方的员工聚在一起喝咖啡、做演讲、参加聚会和其他活动。

在 N 层空间中员工可以生成一个虚拟形象，即使在现实中你显得比较疲惫，这个虚拟形象也可以为你呈现一个充满活力并且积极参与的员工形象。

像埃森哲的 N 层空间这样的虚拟办公区，不仅可以供员工使用，还可以作为品牌与企业客户和个人用户进行沟通和协作的平台。在元宇宙的工作场景中，品牌可以把产品和服务进行 3D 建模和展示，并提供相关的软件插件或者接口，提升工作效率。

6.2.5 活动

2020 年 4 月 24 日，一个"巨人"降临了 Fortnite，他巨大的脚掌踩过丛林和岛屿，边走边唱歌，偶尔会从地上跃起跳入空中。在他的身后跟着一群身着各种奇装异服的数字替身，他们跟随着说唱音乐强劲的节奏，在山坡上和建筑之间跳跃欢呼。

这是美国说唱歌手 Travis Scott 在 Fortnite 上举办的 ASTRONOMICAL 虚拟演唱会。

这场演唱会一共吸引了 1230 万名 Fortnite 观众观看，这是一个让任何品牌都"流口水"的数字。和传统的演唱会不同，这场虚拟演唱会没有中心舞台，歌手就在每个观众眼前。观众甚至可以成为演出的一部分，跟随 Travis Scott 在空中跳跃或在水里潜行。当 Travis Scott 跳到空中摘下一颗星星，并且用巨大的手掌将它撕碎时，所有的观众都会被星光点亮。

2021 年 12 月 31 日跨年夜，一场虚拟跨年演出在腾讯 TME 旗下的虚拟数字音乐平台 TMELAND 上举办。用户的数字替身可以一边观看 TME live 上五月天的跨年演唱会，一边跳舞迎接新年。跨年夜当晚，电子音乐制作人 Anti-General、DJ Luminn、DEXTER KING、Vicetone 等 DJ 和音乐人，以及多位视觉艺术家在 TMELAND 上表演。这场音乐会共有 110 万名用户参加，巅峰在线人数近 10 万。

TMELAND 上建造了大量的虚拟建筑和活动中心，玩家在装扮好自己的数字替身之后，可以去雕像广场、音乐博物馆、热气球广场、游戏空间、虚拟直播盒等地去参观和游玩。玩家可以在游戏里跳舞，并且可以做出跳跃、点头、摇摆、飞吻、打 CALL 等动作。在演出过程中，用户之间可以通过"表白墙"上的留言互动。

此外，TMELAND 正在创建专属的数字岛屿并提供自由布景等多样化的功能，为音乐人和喜欢音乐的用户提供创作工具、成长资源与孵化计划等。

当然，元宇宙的活动不局限于演唱会和音乐节，时装秀、狂欢节、慈善捐赠会、玩家聚会，甚至体育运动会都在元宇宙中流行起来。这些活动都是品牌适合进入的实时互动场景。比如在 Decentraland 上举办的虚拟时装周就有十多个品牌参加。品牌可以在时装周期间举办品牌派对或者在赞助现场举办音乐会。比如 Somnium Space 平台上每周都举办艺术展和艺术聚会，品牌可以联合艺术家共同参与。

案例：澳大利亚网球公开赛 × Decentraland

2022 年主办方联合 Decentraland 举办了首次虚拟澳网公开赛。主办方希望这场虚拟澳网公开赛能让那些受疫情影响而不能到场的球迷获得身临其境的体验，以此增加观众数量。因为 2021 年澳网公开赛的现场观众数量已经创造了历史新低。

为了找到面积足够大的虚拟场地，澳网主办方从专门经营 Decentraland 虚拟地产的公司 Vegas City 手中租下了一块土地。在这块土地上，主办方以墨尔本公园的场馆和设施为蓝本，建造了虚拟版的罗德拉沃球场和大满贯公园。

这些虚拟设施向玩家免费开放，玩家可以在场馆内游玩和比赛。同时这些场馆为球迷和玩家提供了独家比赛内容，包括来自墨尔本公园周围 300 多个摄像机拍摄的比赛幕后花絮视频。

在活动期间，球迷和玩家可以和澳网公开赛选手如 Mark Philippoussis 等球员进行虚拟会面。这并不是澳网利用元宇宙活动场景与球迷互动的第一次尝试。2020 年，澳网就在 Fortnite 平台上主办了 Fortnite Summer Smash 虚拟比赛并提供 10 万美元的比赛奖金。但是这一次，澳网通过 NFT 的方式向球迷和玩家提供奖励。

澳网和 NFT 铸造平台 Sweet 合作，以往届的澳网公开赛为主题，一共铸造了 6 款 NFT，这些 NFT 将在比赛期间公开发售。此外，主办方将根据 600 场实际球场比赛的数据，发布 6776 枚澳网 NFT。这些 NFT 对应 600 场比赛中的每一个制胜球，并且每一个球最后的球场落点信息也将被铸造进 NFT。NFT 的持有者将拥有制胜球回合的视频、一套虚拟装备，以及澳网授权商品。如果 NFT 对应的是决赛的制胜球，那么 NFT 的持有者还将收到一个正式比赛用球。

6.2.6　购物

情境和体验交融的场景化购物正在改变线上和线下的商业形态。在线下，这有山、文和友、SKP-S、秦淮 – 戏院里、重庆光环购物公园等商场把购物分别融入怀旧、文化、科幻以及休闲的场景中。在线上，虚拟直播、AR 产品试用程序、VR 虚拟展厅等让用户的线上购物过程从通过文字描述和视频展示来了解商品升级到通过实时展示和虚拟试穿来体验商品。

所见即所购，是直播卖货的基础。当买家在直播过程中能够看到实物产品，看到主播的试用和试穿的实际效果，并且能够向主播直接提问和互动，他们就不再需要阅读冗长的产品介绍页面或者通过买家秀和用户评论来评估产品。

场景化购物的另外一个例子是宜家。宜家把体验区做成一个个样板间，让买家不仅能在实际场景中体验宜家的产品，还能够获得装修和布置的灵感。装修网站 Houzz 是 2D 版的网上"样板间"，用户可以在网站上浏览各种风格的装修设计图片，而且可以直接单击图上的家具、灯具和装饰，了解详情甚至直接下单购买。

Z 世代在虚拟世界中购物的习惯正在形成。根据虚拟购物平台的技术服务商 Obsess 的调查，近 75% 的 Z 世代曾在游戏内购买了虚拟商品，60% 的年轻购物者认为品牌应该在元宇宙平台上销售他们的产品，在这些认为品牌应该在虚拟世界中销售产品的 Z 世代中，54% 的人认为购物体验应该联通任何虚拟平台，包括 NFT 商城或者游戏。Obsess 调查还发现，三分之一的受访者，其中 40% 为 Z 世代，另有 40% 为千禧一代，都对在虚拟世界中购买真实或虚拟产品感兴趣。

在元宇宙，购物平台可以分为很多种。

1. NFT 综合和垂直商城

2017 年，谜恋猫（*CryptoKitties*）游戏大受欢迎，这些可爱的 NFT 小猫开始在一个名为 OpenSea 的 NFT 商城上进行交易。OpenSea 随着一波火爆的 NFT 而受到欢迎，逐渐变成一个综合的网上 NFT 商城，成为全球最大的 NFT 艺术品、服装、虚拟地产、游戏装备、音乐交易平台之一。OpenSea 建在"繁忙而拥挤"的以太坊区块链上，用户使用数字钱包登录，OpenSea 还支持侧链以及超过 240 种代币支付方式。

OpenSea 还是一个 NFT 的铸造平台，允许用户自由上传和铸造自己的 NFT。OpenSea 还兼容 Rarible、SuperRare、NBAShot 等其他 NFT 商城铸造的 NFT，逐渐向着元宇宙亚马逊商城的方向发展。

Rarible 和 Mintable 都是类似于 OpenSea 的综合 NFT 商城。Rarible 支持自己的代币 Rarible，是一个社区文化浓厚的平台。Mintable 以对新手玩家和艺术家提供的友好支持而闻名。如果说 OpenSea 是元宇宙的亚马逊商城，Rarible 就相当于 eBay，Mintable 相当于以手工艺品为特色的 Etsy。

除了综合性的商城，垂直类 NFT 商城也很活跃。

在艺术品 NFT 领域，国外的 SuperRare、Foundation、Nifty Gateway、Zora，以及国内的鲸探、幻核、灵稀、NFT 中国、红洞数藏、唯一艺术都是以艺术品为特色的 NFT 商城。故宫、国家博物馆、湖北省博物馆、湖南省博物馆、河南博物院等文博机构推出的 NFT 及知名书画家和数字艺术家的作品是国内 NFT 商城最常见的藏品。

在体育 NFT 领域，DApper Labs 与 NBA 合作推出的 NBA Top Shot 游戏一枝独秀，撑起了整个体育 NFT 市场。NBA Top Shot 专攻篮球领域，发行的 NFT 的主要内容是球员做出标志性动作的视频，这些 NFT 被视为元宇宙时代的球星卡。除此之外，DraftKings 涉猎足球、冰球和赛车，足球游戏平台 Sorare 则专攻足球。美国橄榄球运动员汤姆·布雷迪创办的 AutoGraph，则借助汤姆·布雷迪的体育明星好友圈，联合 DraftKings 开发体育明星 NFT 产品。

大量其他细分 NFT 市场也在不断涌现，包括以推文内容为特色的 Valuables 平台和以音乐及音频为主的 Tone 平台。

和国外基于以太坊等公有链铸造的 NFT 不同，国内的 NFT

大部分基于联盟链铸造。鲸探、幻核、灵稀分别是阿里巴巴、腾讯和京东旗下的数字收藏品交易平台，分别基于各自的蚂蚁链、至信链和致臻链。这些数字收藏品尚未开放二级市场，体验可怡情，投资需谨慎。

案例：Taco Bell × Rarible

社区活跃、NFT 铸造费用相对较低的 Rarible 还是一个品牌友好型的 NFT 平台。它并不抗拒 Taco Bell 把玉米煎饼主题作品铸造成 NFT。

2021 年 3 月，快餐连锁品牌 Taco Bell 把以辛辣松脆的玉米煎饼为主题的 GIF 动画、3D 视频、涂鸦和抽象画在 Rarible 上铸造成 NFT，并且在这个平台上发售。这些 GIF 动画和涂鸦并非由艺术家或者专业的数字艺术创作者设计，而是由品牌的创意方 Deutsch LA 操刀。

每个 NFT 的起拍价为 1 美元，这和 Taco Bell 的玉米煎饼价格一样。幸好 Rarible 上的 NFT 铸造和交易成本较低，否则 Taco Bell 每卖出一个 NFT 亏掉的钱更多。

但是 Taco Bell 可能低估了玩家们的热情。所有 25 款 NFT 在 30 分钟内售罄。其中一款名为"永远酥脆的玉米煎饼"的 NFT 最终以 2ETH 成交，约合 4 万元人民币。如今该 NFT 的转手拍卖价已经涨到约 20 万元人民币。

Taco Bell 声明这次的 NFT 发行并不是为了赚钱，而是为了能够通过这个机会和年轻的消费者进行更深入的互动。此次 NFT 的所有收入都将捐赠给 Taco Bell 基金会，用于支持青少年的教育和就业。

2. 游戏购物平台

游戏平台 Axie Infinity、Decentraland、Roblox 以及 The Sandbox 本身都有自己的游戏内购物商城。

但是和这些游戏平台或者社区直接合作开发 NFT 需要耗费大量的品牌预算和投入，这并不是每一个品牌都可以负担的。

为了帮助预算有限的中小品牌或者希望以低成本尝试 NFT 的大品牌体验元宇宙游戏，专业的品牌 NFT 代理机构应运而生。Boson Protocol 是一家位于伦敦的初创公司，正在构建基于区块链的电子商务系统。Boson Protocol 斥资 70.9 万美元在 Decentraland 内购买了一块虚拟土地，并且在该土地上建造一个名为 Boson Portal 的虚拟商业中心。

这个为品牌服务的虚拟商业中心将包括品牌精品店、品牌活动区、品牌零售空间等用于品牌虚拟商品、NFT 展示的功能区。除了提供虚拟商业场地，Boson Protocol 将为品牌提供一整套虚拟商品和活动运营服务，让品牌轻松尝试在虚拟世界中新兴的商业模式。用户可以在 Boson Portal 中购买品牌 NFT，还可以在线下将这些 NFT 兑换成实际的商品。时尚品牌 Hugo 已经与 Boson Protocol 签署合作协议。普华永道的香港公司也在 The Sandbox 上购买了虚拟地产，并在声明中表示，元宇宙为品牌及组织的商业创新和价值创造模式提供了新的可能性，并创造了品牌与客户和社区互动的新方式。

6.3　品牌私有的元宇宙互动场境

在数字营销时代，品牌可以建立品牌私域社区。在元宇宙时代，品牌也可以建立属于品牌自己的元宇宙平台。

这让品牌多了一个元宇宙营销场境的选择。

Balenciaga 以 VR 游戏的形式发布了 2021 年秋季系列时装。这一活动的举办地不是大家所熟知的 Decentraland 或者 Fortnite，而是 Balenciaga 自建的元宇宙平台。

这个名为《未来世界：明日之后》（*The Afterworld ：The Age of Tomorrow*）的游戏，为玩家创造了一个充满时尚感的虚拟世界。截至目前，这个游戏已经开发了 5 个场景。玩家从 Balenciaga 零售店这个游戏场景开始探索之旅，乘坐虚拟公交车，穿过一系列废弃的混凝土建筑，进入黑暗森林。在下一个场景中，一只虚拟兔子将带领玩家穿过森林进入"秘密狂欢"的基地……

这款游戏的最大特色就是游戏角色穿戴着极具时尚感和未来感的服饰，比如以 Balenciaga 2021 系列 T 恤为灵感制成的虚拟西装，以高筒靴和细高跟鞋为灵感设计的铠甲等。Balenciaga 创意总监 Demna Gvasalia 称之为"自然与青春"的未来风尚。这些服饰将以环保、永生以及复用为主题，一款虚拟大衣在未来可以拆分成部分，再组合成任何服装。

与 Balenciaga 自建的元宇宙平台相比，迪士尼公司的计划更加野心勃勃。

迪士尼公司于 2021 年 12 月申请了"虚拟世界模拟器"专利。有了这个模拟器，迪士尼可以复制出公司的 12 个主题公园，而游客在这些即将兴建的虚拟世界中将获得与现实中的主题公园相似的、个性化的游园体验。例如，游客可能会看到米老鼠在热狗摊前向自己打招呼，或者请灰姑娘为自己做导游。

迪士尼的元宇宙项目也将用到 AR 技术，将虚拟世界的元素叠加在现实世界之上。根据相关报道，届时人们不需要戴眼镜或头显就可以获得虚拟和现实结合的沉浸式体验。游客将能够随意地四处走动并使用智能手机或其他设备进行位置定位，再通过该模拟器将迪士尼的虚拟世界影像投射到现实环境中，模拟器上还有隐藏的扬声器进行声音传输，使游客的体验尽可能身临其境。

LV 为纪念创办人诞辰 200 周年，推出了一款大量使用 NFT 的手机游戏。这是一款关卡式游戏，玩家可以解锁 200 张记载着 LV 历史的明信片，并在游戏中搜集小配件。该游戏嵌入了 30 个 NFT，如果玩家找出彩蛋 NFT，就可以抽取 LV 的限量版 NFT 艺术品。

6.4 结语：非传统私域的私域

去中心化和开放互通，这两个元宇宙的属性决定了品牌不能像运营微信私域一样来运营品牌虚拟专区。

虽然品牌虚拟专区是由品牌创建的，但是实时互动却是由用户主导的。在这里，用来识别用户身份并监测用户行为的打标签和埋点等手段都将不再适用。用户有更多的自由度和自主权来选择互动的内容以及互动的方式。

我们在现在的私域运营中常用的以自动化营销为基础的私域营销也将被更加多元的社区互动所取代。

传统的私域已经不存在了。取而代之的是元宇宙场景下的私域。这个私域，不再是圈定品牌势力范围和影响力的平台，而是实现品牌与用户全时互动的场景。

共 创 共 生

营销人员花费了大量的时间和精力破解抖音、Facebook 和百度的算法，只是为了确保品牌创造的内容能够在争夺用户注意力的竞争中脱颖而出，品牌能够成为成功的游戏玩家。

流量不仅来源于体验和价值本身，还来源于体验和价值的创造过程。与用户一起共创共生，赋能用户创造、分享，增强用户体验，是品牌开启流量之门的钥匙。

而如何鼓励用户共同进行真实和有意义的创作，始终是品牌营销的难题。但是在元宇宙中，这可能并不是一个难度很大的挑战。

7.1 共创共生：需要紧密合作的新生态

Roblox、Decentraland 以及 The Sandbox 仿佛一个个未完成的世界，等待建设者通过闪光的创意和智慧的双手去填满它们，建造一个建设者梦想的世界。元宇宙的建设者包括专业的设计机构和建造商，也包括数量日益庞大的玩家和用户。他们既是元宇宙的建设者，也是品牌的合作者。品牌只有和这些日益活跃的建设者群体紧密合作，才能打造出一个共创共生的元宇宙生态。

7.1.1 未完成的世界

元宇宙还是一个未完成的世界。在这个未完成的世界里，想要建成曼哈顿或者国贸那样的繁华街区尚需一些时间。现在，如果我们浏览 Decentra land 或者 The Sandbox 的地图，就像穿越到了上古时期的世界。那时候，罗马还是依河而建、与狼比邻的小小城镇，而纽约市还是一片水草丰茂、野牛遍地的草原。这些在虚拟地图上星星点点的地块，会逐渐人烟稠密，从小小的村落发展成城镇，从城镇发展成城市。而这些未来的城市将连成一片，甚至跨越平台和其他的城市群落组成一个更大的宇宙。

这些村落和城镇不会因为 Decentraland 或者 Roblox 的消亡而消失，就像一个国家不会因为王朝的更替而消失一样。这些村落和城镇可能会被更大的城市吸收，但是建立在区块链上的家具、房屋、草地和山脉还会存在。

了解了这一点，我们可以更好地理解为什么投资机构愿意花费数百万甚至上千万美元去购买一块看似虚无缥缈的元宇宙地产。2021 年 11 月，Tokens.com 以 240 万美元的价格购买了 Decentraland 上一块时尚商业地块。不久之后，Republic Realm

公司以 430 万美元的价格买下了 The Sandbox 上的一块土地。总部位于多伦多的 Tokens.com 公司准备在 Decentraland 时尚区的土地上举办时尚活动并开设零售店。Tokens.com 公司 CEO Andrew Kiguel 认为，元宇宙带给企业的真正机会在于商业。他希望向品牌出租这个虚拟空间并帮助这些品牌举办活动。根据 MetaMetric Solutions 的数据，在 2021 年，包括 The Sandbox、Decentraland、Cryptovoxels 和 Somnium Space 在内的 4 大元宇宙平台，其虚拟房地产销售额达到了 5.01 亿美元。BrandEssence Market Research 的报告指出，从 2022 年到 2028 年，元宇宙虚拟地产市场的年增长率预计将超过 31%。

截至 2022 年 2 月，Republic Realm 在 19 个元宇宙"世界"中拥有约 2500 块虚拟土地。该公司会聘请建筑师设计虚拟住宅或商场，然后聘请游戏开发商来完成建造。Republic Realm 和 Atari 正在计划合作开发 Republic Realm 在 The Sandbox 上购买的部分地产。

Axie Infinity、Decentraland、The Sandbox、Cryptovoxels、Bit Country、Aavegotchi 以及 Somnium Space 拥有迄今为止最受关注的元宇宙地产。这些平台上的虚拟地产价格上涨的原因之一就是供需不平衡。

和我们的常识相反，这些虚拟平台上的土地供应是有限的。例如，Decentraland 的土地供应量为 90 000 块，Somnium Space 上的土地为 5026 块，而 Cryptovoxels 上的主城区 Origin City 只有 3026 块土地。稀缺性一如既往地创造价值并促使人们投入资金来获取这些稀缺商品。

元宇宙虚拟地产稀缺的其中一个原因是算力有限。例如，以太坊正在变得日益拥挤和繁忙，Gas 的价格随着交易处理规模的增大而上涨。但是随着侧链的逐渐兴起，这些限制会逐渐消解，Gas 的价格终将回落。

7.1.2　共创共生的创造者经济

那么这些未完成的世界将由谁来建造呢？

电影《头号玩家》中的未来世界"绿洲"，是由一家公司主导建造和管理的。与电影中的绿洲不同，正在建造元宇宙的公司、社区和玩家都倾向于把元宇宙看作一个开放的、可互操作的生态系统，不由现实中任何一家公司主导。

Roblox 的联合创始人尼尔·里默认为元宇宙的"原力"来自用户。Epic 首席执行官蒂姆·斯威尼也强调说元宇宙不是由任何行业巨头单独建造和运营的，而是数百万人共同创造的结果。

1. GameFi

在元宇宙中，每个人都可以进行 3D 内容创作、编程和游戏设计，成为元宇宙的造物者。元宇宙让用户创造的内容有更强的生命力：任何一个人都可以根据自己的创意，把这些虚拟物品和建筑进行组合，生成新的物品、建筑甚至虚拟社区。

虽然元宇宙的内容形式是 3D，其生成难度要比文字、图片和视频等 2D 形式更高，但是游戏平台提供了功能强大且使用友好的工具。Roblox 提供的开发工具 Roblox Studio 为玩家提供了强大的模板库和工具库，可以让新手快速上手社区建造和游戏开发。Decentraland 的 Builder Tool 为拥有虚拟地产的玩家提供了类似儿童编程的简单工具，玩家把各种材料、组件以及物品拖进自己的虚拟地块就可以完成建筑的建造。

在元宇宙世界中，非核心城市的用户也能够作为虚拟劳动力参与虚拟世界的创造并从中获得收益。例如，东南亚的乡村待业青年可以通过在 Axie Infinity 上开发游戏获得可观的收益。Axie Infinity 的这一模式不仅催生了大批 Play-to-earn 类型的玩家经济，也吸引了 The Sandbox 等游戏社交平台采用该模式。

我们把玩家从游戏中获得收益的模式称为 GameFi。GameFi 不仅为玩家带来了实际的经济收益，也为元宇宙的建设提供了源源不断的动力。目前，Roblox 上每日活跃用户数量为 4320 万，而 Roblox 上的活跃游戏开发者数量为 950 万。简单来说，在 Roblox 上每 5 个玩家就有一个是游戏的开发者。

游戏的开发者一旦从游戏中获得收益，就可以投入更多的精力和资源来优化游戏设计和增强游戏体验，从而吸引更多的玩家，而更多的玩家则带来更多的收益。这形成了正向循环，为元宇宙世界的建造和游戏的开发提供源源不断的动力。

Adopt Me 是 Roblox 上一款养成类的角色扮演游戏。在游戏中，你既可以扮演婴儿被其他玩家领养，也可以在领养中心领取自己的虚拟宠物蛋，然后把它孵化。这些虚拟宠物可以成为坐骑，让用户骑着它们去探索这个世界。这个游戏由玩家 Bethink 和 NewFissy 开发并在 2017 年上线，之后逐渐成为 Roblox 上最受欢迎的游戏之一。截至 2021 年 4 月，这个游戏的累计用户登录次数超过 220 亿次。2021 年 5 月，游戏开发者决定成立一间专门的工作室来进行游戏的开发和运行，相关的工作人员数量增长到了 40 人。2022 年 1 月，游戏运行次数已经超过 270 亿次，每年收入超过 5000 万美元。

2. SocialFi

除了游戏，创造者经济也会延伸到元宇宙的社交领域。而对于用户使用社交媒体获得收益的模式，我们可以称之为 SocialFi。BitClout 就是一个 ScoialFi 的社交媒体平台。在这个平台上，用户可以发布文字和图片等内容，并且可以选择把这些内容进行上链铸造变成 NFT 并加以保存或者出售。比如明星的官方宣言或者重大事件的第一条报道都具备成为高价值 NFT 的潜质。

BitCloud 平台基于去中心化的社交媒体（Decentralized Social，DeSo）搭建。DeSo 的目标就是建立一个真正去中心化的社交网络，让用户拥有内容和创意的所有权，并从中获得收益。DeSo 平台使用多元的工作证明共识机制，相比于比特币或以太坊的工作机制，要消耗更少的资源。这为 DeSo 进行海量内容的存储、验证以及上链提供了可能。

DeSo 平台上的创造者经济目前是通过如下 3 种途径实现的。

1）创作者虚拟币

创作者虚拟币是衡量用户受欢迎程度的虚拟代币，由用户持有并支持其他用户购买，并且可以和平台虚拟币（如 BitCloud 发行的虚拟代币 Cloud）进行兑换。如果用户刚刚在 DeSo 平台如 BitCloud、Diamond 或者 Cloudfeed 上创建了新账号，因为大部分新用户并没有明星或者企业家那样的知名度和影响力，所以其创作者虚拟币的价值是 0。随着用户在这些社交媒体平台上发布内容以及进行粉丝互动，用户账号会受到越来越多的人关注，而账号受欢迎程度越高，创作者虚拟币的价格也会越高，并且会吸引其他用户购买该创作者虚拟币。

知名的 NFT 收藏者 Wholeshark 在 BitCloud 上的账号 @WhaleSharkdotPro 有 11 836 个关注者，截至 2022 年 2 月，其创作者虚拟币的单价为 60 721 美元，虚拟币交易总量为 207 个，约合 125 万美元。Hubspot 联合创始人和 CTO Dharmesh Shah 的账号 @dharmesh 对应的创作者虚拟币的单价为 7477 美元，其他用户认购总量为 231 个，约合 172 万美元。

一般 DeSo 平台都会让创作者获取一定比例的虚拟币，相当于"原始股"，来奖励和鼓励原创。

2）社交 NFT

DeSo 平台的用户可以直接把自己发布的内容或者上传的图片铸造成 NFT，然后发售或者拍卖这些 NFT。NFT 的买家可以把这些 NFT 作为内容发布，以提高自己账号的受欢迎程度，提高自己的创作者虚拟币的单价并增加其购买量。用户也可以结合自己的受欢迎程度，举办一场活动并将活动内容或活动门票铸造成社交 NFT。比如，用户希望在线下举办一个 20 人左右的聚会，他可以铸造 20 枚 NFT 来邀请和确认参加者。用户还可以使用社交 NFT 的可编程功能锁定某些内容，只有购买这个社交 NFT 的用户才能够解锁这些内容。例如，独立音乐人可以发行新专辑 NFT，只有购买该专辑 NFT 的粉丝才能收听。当然，对这些内容的审查和过滤将会是一个 DeSo 平台及社区需要解决的问题。

3）社交打赏

在 DeSo 平台上，用户可以给他们特别喜欢的内容打赏"钻石"。比如 BitCloud 上的用户 @reade 一共收到的打赏钻石为 8653 枚，约合 1.5 万美元。

从模式上讲，在 DeSo 平台上，观众将能够直接奖励创作者，创作者将能够把以往的点赞变成实际的收益。这是一个有趣的转变，既是让流量变现并且直接让创作者获益的方式，又同时加深了创作者和观众之间的联系和互动。

DeSo 平台产生了与元宇宙游戏平台不同的另一种创作者经济形式，它没有改变内容的生产方式，却在一定程度上改变了内容的变现方式以及平台的管理模式，让用户成为内容的所有者和最终受益者。

7.1.3　元宇宙的建造者

元宇宙建造者分为机构和个人两类，我们分别来讨论。

1. 机构建造者

Polygonal Mind 是一个创意开发工作室和业界领先的元宇宙建造者。Polygonal Mind 就像元宇宙中的设计院和建筑承包商，在 Decentraland、The Sandbox、Cryptovoxels 等基于区块链的元宇宙平台，以及 VRChat 等非区块链的平台上，为客户的虚拟地产项目提供设计和开发方案。

到目前为止，Polygonal Mind 已经在 Decentraland 上开展了超过 2500 个虚拟地产和虚拟建筑项目。当 Boson Protocol 买下了一块 Decentraland 上的虚拟地产并准备开发一条虚拟商业街时，该品牌找到了 Polygonal Mind 来帮它们设计。

Voxel Architects 是由一群热爱虚拟艺术、VR 和区块链技术的艺术家和建筑师组建的公司。这家公司原本的业务重心在汽车行业，逐渐转向了对虚拟世界的设计和建造。迄今为止，Voxel

Architects 已经参与了 40 个数字建筑及数字社区的设计和建造项目，苏富比拍卖行和 ConsenSys 软件公司等都是它的合作客户。

2021 年，苏富比决定在 Decentraland 平台上建造其首个虚拟画廊，向 Voxel Architects 来寻求解决方案。Voxel Architects 以苏富比在伦敦新邦德街的画廊为蓝本设计并建造了虚拟画廊，目前已经成功展出了包括班克斯和无聊猿游艇俱乐部在内的众多 NFT 艺术作品。2022 年，苏富比宣布与 Meta Residence 和 Voxel Architects 合作，建造一座 MetaReal 住宅。这座由迈克尔·马丁内斯设计的包括 7 间卧室和 9 间浴室的超级住宅将同时拥有实体和虚拟两个版本，并将由苏富比拍卖行进行拍卖。

这座建筑的实体版本位于迈阿密，预计占地 4000m² 以上。它在 The Sandbox 中的虚拟版本将采用相同的设计图纸，并将如实反映现实中建筑的功能和物理属性。

在国内，类似的元宇宙设计和建筑商包括上海风语筑等企业。风语筑已经成为百度希壤的 3D 虚拟建筑开发商之一，接受 3D 虚拟建筑或数字空间的开发、打造及内容运营业务。百度希壤和风语筑将携手开发虚拟建筑，助力政府、企业和品牌在元宇宙时代打造专业的 3D 虚拟场景和数字空间，积极推动数字孪生技术、数字人技术、虚拟展厅、虚拟展览，以及数字收藏品、NFT 艺术品等数字资产在元宇宙时代的应用。

那些充满创造性的建筑设计在现实世界可能因为预算、技术和环境等原因而受到限制，比如扎哈·哈迪德设计的迈阿密"千号馆"公寓、迪拜的未来博物馆。但对于虚拟世界中的建筑来说，几乎任何创意都是可能实现的。在设计苏富比的虚拟展厅时，Voxel Architects 为了更好地呈现猿猴主题 NFT 的展览，将展览区设计成了一个适合灵长类动物生活的丛林空间。当 ConsenSys 公司计划建造一个用于举办虚拟活动的元宇宙总部时，该公司聘请 Voxel Architects 设计了一个超大型圆形剧场和一个浮动酒吧。虚拟建筑不仅是凝固的，还可以是流动的。当 ConsenSys 庆祝虚拟钱包应用 MetaMask 达到 1000 万用户时，Voxel Architects 的设计师重新装修了主题建筑，在圆形剧场旁边增加了一片森林。为虚拟世界进行设计和建造似乎是每个设计师和建筑师的梦想，这里没有物理限制，没有安全规定，没有建筑工地，只有纯粹的创意。设计师和建筑师可以不断地增减和添加，让这些虚拟建筑变成有生命的智慧建筑。

但是，元宇宙中的建筑设计也对建造者有一定要求。首先，元宇宙的设计师和建筑师不仅必须具备传统建筑的知识，还必须掌握艺术概念。因为摆脱了现实世界的限制，所以在虚拟世界中的建筑相比技术执行更强调创造力。然后，虚拟世界中的建筑由多边形或体素组成，设计师和建筑师需要特定的技能来使用这些特定的"材料"进行构建。结构工程师的角色已被游戏开发商接管，他们的工作是让建筑在感觉上更有活力。当你在现实世界中进行设计时，很多交互都是自然产生的，但在元宇宙空间中，考虑每一个元素是很重要的。归根结底，让建筑栩栩如生的是微小的细节。

2. 个人建造者

来自西萨塞克斯郡的双胞胎兄弟玩家 Ben 和 Matt 在他们 13 岁那年，在 Roblox 上开发了一款名为 *Boat Ride* 的小游戏。尽管没有接受过计算机游戏开发方面的正规培训，但他们开发的游戏已经累计有超过 1 亿次用户访问，这对兄弟每人每年的收入都有

10 万英镑。

在接触 Roblox 的前 3 年，他们只是在玩游戏。在 2013 年圣诞节假期，他们决定尝试创建自己的游戏，从此开始了作为游戏开发者的生涯。其中一款乘船游览游乐园的游戏提供喷气背包等道具，玩家可以使用 Roblox 发行的虚拟代币 Robux 购买这些道具。迄今为止，这对双胞胎兄弟已经创建了 20 多款游戏，其中 *Guest World* 和 *Roleplay World* 已经累积了 1 亿次访问。

2021 年 2 月，来自华盛顿州塔科马市的 15 岁男孩 Jaiden Stipp 一时兴起创作了他的第一幅数字艺术作品。这是一幅在月球上挥舞手臂的宇航员与骷髅混合体的动态图片，以约合 3 万美元的价格出售。

Jaiden Stipp 喜欢绘画和设计，经常为他的同学和朋友们制作个人 Logo 和个人纪念册封面。在此之前，他通过这些设计赚来的零花钱总计不超过 50 美元。2020 年的某一天，他在 Instagram 上看到了一篇关于 NFT 的有趣帖子，然后在 SuperRare 上注册了一个账户。因为是未成年人，他大概花了 1 个月的时间在父母的帮助下完成了自己的账号注册。一个月后，他在这个网站上铸造了他的第一件 NFT 艺术品。

现在，Jaiden Stipp 已经创作了 8 个 NFT 艺术品，这些作品的首次交易总金额超过 3 万美元。根据网站 cryptoart 的数据，到目前为止，Jaiden Stipp 的 NFT 艺术品总销售额已经超过 100 万美元。

在元宇宙中个人建造者可以用创意兑现自己的梦想并创造价值，这不限地域，也不限背景。22 岁的印度尼西亚学生 Ghozali

Ghozalu 抱着好玩的心态在 OpenSea 上出售他的自拍照片，这个被称为 *Ghozali Everyday* 的系列作品包括他从 18 岁到 22 岁期间几乎每天拍摄的自拍照。他开始以每张约合 3.25 美元的价格出售这些照片，在他的第一笔交易中，他赚了 3000 美元。两天后，每个 NFT 的售价达到了大约 3250 美元，所有照片的总价已经超过了 300 万美元。

玩家 Artific 儿时的梦想是成为一名雕塑家，但长大后却成了数据分析师。元宇宙游戏 Somnium Space 让他儿时的梦想变成了现实。他创立了 Art & Coffee 元宇宙画廊项目，帮助许多 NFT 艺术家展览他们的作品。随着 Somnium Worlds SDK 的发布，他在 Somnium Space 上建造了 Oasis Meta Games（OMG）空间。OMG 是专门为虚拟世界中的建设者和旅行者构建的，其目标之一是打造一个用户进入 Somnium Space 的门户平台。图 7-1 展示了 Artific 在 Somnium Space 上建造的 OMG 空间。

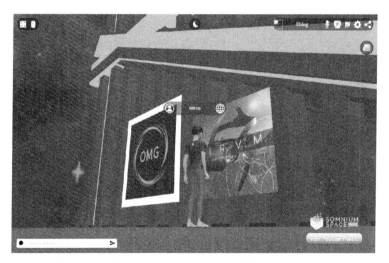

图 7-1 Artific 在 Somnium Space 上建造的 OMG 空间

Artific 也是参与 @Sail_the_Stars 项目的艺术家之一。@Sail_the_Stars 这个项目汇集了 80 多位艺术家，其发起者的目标是利用在元宇宙中获得的收益在现实世界里建造一艘帆船，并用它来航行世界。Artific 还加入了 @Natural_Warp 和 @TCyberpunk88 的项目，为 Somnium Space 上的用户创建数字替身头像。

Artific 相信随着 VR 游戏的普及，人们会开始为他们在虚拟世界中的生活寻找独特的数字替身形象、衣服、建筑物以及其他的虚拟物品。同时具备交换价值和使用价值的艺术品数量届时将迎来井喷式增长。

7.1.4 从游戏到生存

2022 年 2 月，韩国首都首尔公布了世界上第一个"元宇宙政府"计划。根据这个计划，到 2023 年底，首尔居民将能够通过元宇宙享受政府服务，例如市民投诉和咨询。这个计划涉及公共服务、经济、旅游和文化等领域。

岛国巴巴多斯已经在 Decentraland 上获得了土地，并计划开设第一个元宇宙大使馆。

在国内，2021 年 12 月元宇宙首次被写入上海、浙江以及广东等地的"十四五"产业规划。这些地方政府强调加强元宇宙底层核心技术基础能力的前瞻研发，推进感知交互的新型终端研制和系统化的虚拟内容建设，鼓励发展"未来虚拟世界与现实社会相交互的重要平台"。

与人们生活和工作息息相关的元宇宙功能和场景正在不断涌现。随着虚拟世界和现实世界不断融合和同步，未来人们进入元宇宙生存成为可能。

Bullieverse 是一个类似 Axie Infinity 的游戏平台,推动了元宇宙生存新模式的产生。这个平台致力于建立以玩家为主导的社区环境。它是一个游戏生态系统,会补偿玩家投入的时间和忠诚度。Bullieverse 在其游戏规则中融入了玩游戏赚钱、参与赚钱的收益方式,并采用了去中心化的社群管理方式,旨在打造一个能够自我强化、良性循环的元宇宙生存系统。

除了游戏,元宇宙也正在改变着人们的社交、工作和学习等方面。利用 VR 或者 AR 装备,人们可以克服物理世界的障碍,在虚拟世界中进行社交。利用 3D 的沉浸式技术,元宇宙可以为物理和天文等不同学科的人才提供更加纯粹和高效的互动与学习环境。在健康和医疗领域,医生们可以充分利用元宇宙新兴技术进行远程诊断,其中,全息图像和 VR 技术已经在急救培训和远程手术协作方面发挥着越来越重要的作用。

7.2 品牌的共创共生

基于数字替身的共创共生让品牌曝光不再依赖于公共场所的巨幅海报和各种交互界面上的展示广告,而是随着一个个带有品牌元素的数字替身,深入多个元宇宙社区,渗透多层元宇宙场境。

而基于 NFT 的共创共生从根本上改变了商品本身,以及围绕商品产生的品牌与消费者之间的关系。所有这些都为 NFT 持有者提供了超越简单所有权的价值。

最后,品牌的虚拟专区与用户数字替身全时互动,并增强用户体验、赋能用户价值的"品牌空间站"。在品牌建立元宇宙虚拟专区的过程中，元宇宙社区和用户的参与是至关重要的。

7.2.1 基于数字替身的共创共生

元宇宙中的数字替身不只是用户创建的虚拟形象，它本质上是用户在元宇宙中的虚拟生存的表现形式。数字替身不仅能够在用户的操作下完成特定的动作，还可以借助肢体和面部语言来表达情绪。

现在，用户可以上传自拍图片，依靠 Ready Player Me、Metahuman Creator 等数字替身生成引擎来选择自己偏好的数字替身的发型、体型和衣着，配备上基础的数字替身装备。但是，几乎每一个元宇宙玩家都希望自己的数字替身摆脱千篇一律，变得个性十足。

为了帮助用户进行数字替身的个性化改造，GUCCI 和数字替身科技公司 GENIES INC. 合作，让用户可以创建自己的个性化虚拟形象。GENIES INC. 专注于用户的数字替身打造，为用户提供了超过 100 万种数字替身设置选项，涵盖人物个性、喜好、眼睛、发色、肤色、服装、装备等各个方面，让用户依照自己的理想形象打造数字替身。同时，该公司提供的工具 GENIES 有情绪分析功能，可自动检测和识别用户的面部表情，甚至能识别动作、地点等信息，可以根据环境的变化改变数字替身的状态，让用户可以充分融入元宇宙游戏和社交环境。

通过这一合作，GUCCI 实现了与用户在数字替身打造上的协作和共创。游戏玩家可以使用 GENIES 素材库里的 200 件 GUCCI 原生部件和内容，打造更加个性化的数字替身。GUCCI

和用户基于数字替身的协作，为我们提供了品牌的元宇宙营销在品牌曝光、品牌代言、品牌故事三方面的新思路。

- 品牌曝光

品牌曝光不再依赖于公共场所的巨幅海报和交互界面的展示广告，而是随着一个个带有品牌元素的数字替身，深入多个元宇宙社群，渗透多层元宇宙场境。

- 品牌代言

品牌代言人不再局限于少数的公众明星和网红，所有认可品牌理念并且共享品牌价值的无数元宇宙玩家都可以成为品牌的代言人。就像在抖音上品牌账号的粉丝会点亮品牌灯牌，而在元宇宙中品牌的粉丝会把品牌 Logo 和品牌 NFT 装备到自己的数字替身上。

- 品牌故事

品牌用户代言人的元宇宙社交货币，也会成为品牌自己的社交货币。这就是说，品牌故事的讲述者不仅包括品牌本身，也包括所有带有品牌元素的用户数字替身。

品牌和用户在数字替身上的协作还将延伸到数字替身的价值创造上。

由新加坡 OWNFT World 公司上线的"时尚守护者（GOF）"项目，第一期计划发布 6888 个数字替身，每个数字替身的起售价为约合 514 美元。这些数字替身将参演虚拟时装秀、音乐、视频和动画等项目，OWNFT World 将与华纳音乐集团、流媒体网络和时尚品牌共同打造这 6888 个数字替身的"出道"和"巡演计划"。

当用户拥有的数字替身出现在节目或视频中时，用户可以获得部分 GOF 社区代币收入，这些代币可以兑换为其他数字资产，如稳定币。该项目的愿景是让这些 NFT 能够自动为其持有者带来收益，而不是让持有者被动接受二级市场的"摆布"。

7.2.2　基于 NFT 的共创共生

NFT 从根本上改变了商品本身以及围绕商品产生的品牌与消费者关系。

首先，NFT 解决了商品所有权确认的问题，并且促进了新型交易模式的产生。在此之前，人们没有有效的办法将商品或者艺术品的"所有者"与那些保存副本到自己手机和电脑中并进行分享的"拿来主义者"区分开。对于商品的二次出售以及多级交易市场的建立，如果无法明确商品所有权，市场就无法运作。因为在有人购买商品之前，必须明确谁有权出售它，一旦有人购买，市场就需要能够将所有权从卖方转移给买方。NFT 通过去中心化的所有权确立以及交易双方都认可的线上记账凭证等手段来解决这个问题。通过这样做，它们可以围绕新型交易建立市场——买卖以前从未出售过的产品，或者使交易能够以更高效、更有价值的创新方式进行。

每个 NFT 都是独一无二的数字资产，其所有权信息被存储在区块链上并且公开，这意味着可以随时证明谁拥有给定的 NFT 并追溯其以往所有权的历史。此外，将 NFT 所有权从一个人转移到另一个人很容易，由于 NFT 所有权易于验证和转让，我们可以使用它们来创建各种不同商品的市场甚至新的商品交易形式。这种新的交易形式包括商品所有权的共享。

其次，NFT 不仅提供一种数字契约，而且能够通过自身的可编程性扩展用途、增加价值。另外 NFT 还可以联通虚拟世界和现实世界。从这个意义上说，NFT 可以像会员卡或门票一样发挥作用，提供关于活动、独家商品和特别折扣的用户权利或核销凭证。

雅诗兰黛旗下的品牌倩碧，正在尝试利用 NFT 提高用户忠诚度。人们通过在 Instagram、Tiktok 和 Twitter 等社交媒体上分享故事来赢得品牌 NFT，并解锁附加的产品免费使用权。NFT 与用户忠诚度活动的结合，不仅用"独一无二"和"数字确权"的方式进一步提升了用户的体验，还建立了新的品牌与用户的协作关系：用户使用品牌 NFT 的过程，无论将其作为个人头像还是作为数字内容进行分享，都是用户个性和价值表达的过程，也是为品牌代言和背书的过程。

所有这些都为 NFT 持有者提供了超越 NFT 所有权的价值，并为品牌创作者提供了一个契机，可以围绕品牌建立一个用户高度参与的社区。

Adidas 和 Prada 合作推出 Adidas for Prada re-source 项目，这是全球首个基于用户社区的数字艺术协作共创项目。这个项目允许品牌的粉丝集体创作一个数字艺术品，该艺术品最终将被铸造成 NFT 并在拍卖会上出售。

从 2022 年 1 月 24 日起，任何人都可以在项目网站上进行项目注册和作品提交。最终，3000 张用户上传的作品将通过抽奖的方式选出，并由 Adidas 免费铸造成 NFT。提交作品的个人将仍然是 NFT 所有者，能够在二级市场上出售他们的 NFT。作为一个品牌与用户的协作项目，这 3000 张被选定的图像将在数字艺术家 Zach Lieberman 的帮助下拼合成一个完成的 NFT 艺术品。这个品牌与用户共创的 NFT 艺术品将在 NFT 市场 SuperRare 上进行在线拍卖，并在 Prada 和 Adidas 的全球旗舰店进行展示。

品牌与用户基于 NFT 进行共创共生，也是品牌在元宇宙社群里实现品牌价值并建立强大品牌社区的路径。百威最新的 NFT 系列利用数字收藏品的流行趋势来支持新兴音乐家，并借此机会打造了一个强大的品牌社区。百威发起的这个 NFT 项目不仅包括数字收藏品本身的发售，并且在不同的 NFT 中通过编程确定了用户权益。比如，品牌对其中 99 个 NFT 进行了权限编程，这些 NFT 的持有者可以在 Discord 平台上与音乐人一起参加网上音乐会和音乐派对；其中一个 NFT 将允许其持有者与品牌邀请的艺术家进行视频通话。

7.2.3 基于品牌虚拟专区的共创共生

品牌在元宇宙中的虚拟专区是与数字替身进行全时互动，提升用户体验、赋能价值的"品牌空间站"。在品牌建立元宇宙虚拟专区的过程中，元宇宙社群和用户的参与是至关重要的。

GUCCI 的 Roblox Achetypes 虚拟专区是迄今为止品牌建立虚拟专区的最佳案例之一。这个原生的品牌虚拟专区，为用户设计了沉浸式的交互体验，把品牌场景、品牌 NFT、社交和用户参与 4 大因素进行了有机组合，循序渐进地引导用户参与。

GUCCI 的 Roblox Achetypes 虚拟专区的成功源自品牌与用户的紧密合作。Rook Vanguard 是与 GUCCI 合作的用户之一。作为资深的 Roblox 玩家和游戏开发者，他在过去 10 多年间一直进行游戏开发和虚拟时装设计，他开发的 3D 服装已经累计售出了 50 多万件。

Rook Vanguard 认为与 GUCCI 的合作让自己体验了一把 GUCCI 创意总监的滋味，同时这也是用户与品牌合作的新模式。他认为任何人都可以在元宇宙中进行共享和创建。Roblox 的发展由用户提供动力，用户正在成为创造者，通过开发自己的游戏或创建虚拟时尚产品，来实现他们的想象。

快时尚服装连锁品牌 Forever 21 和 Virtual Brand Group 公司合作，让玩家在 Roblox 内经营自己的定制虚拟时装店。Virtual Brand Group 是一家帮助品牌进入虚拟世界的咨询和服务提供商。

Forever 21 将在 Roblox 上建立一个与用户共创共生的社区，这个社区的名字为 Shop City。在这个社区里，Roblox 上的玩家、时装设计师和其他元宇宙造物者可以拥有并管理他们的个人商店。这些用户将能够批发和销售 Forever 21 的虚拟商品，包括配饰和服装，还能够雇用系统角色（NPC）作为员工。要想让自己的店铺生意兴隆，玩家需要进一步建造和美化自己的商店。

Forever 21 Shop City 允许用户自由构建和管理店铺的方方面面，鼓励他们使用自定义选项表达自己的个性。店铺的选址、库存管理、工作人员招聘、收银、店面装饰等都由商店老板自行决策和运作。这些商店出售的商品也由用户自行决定。他们可以把购买的商品进行重新组合和包装，并通过自己店铺的陈列摆放、灯光和音乐搭配，形成自己商店的风格。

随着商店营业额的提升，商店老板可以赚取积分来扩张自己的店面，他们可以新增额外的楼层并获得其他高级选项，并且可以选配不同的建筑风格。

Forever 21 Shop City 里面还有包含娱乐、竞技、美食和社交4 大核心功能的广场主题区，用户可以在这里休闲娱乐，也可以吸引客人做生意。

在虚拟商品的设计上，Forever 21 选择与 Roblox 上的潮流和时尚达人合作。Sam Jordan@Builder_Boy、@Beeism、@OceanOrbsRBX和 @JazzyX3 合作设计了 Forever 21 Shop City 的部分时装。迄今为止，他们的作品已经累计在 Forever 21 Shop City 平台上销售了数百万件。

7.3 结语：走向共创共生

元宇宙营销的目的在于对价值流和体验流的创造。而这个创造过程如果没有用户的参与是无法实现的，让价值和体验在元宇宙中自由流通更需要用户的积极参与。

在数字营销时代，品牌营销依靠用户创造内容。在元宇宙营销时代，品牌营销依靠用户共创价值。

在这个过程中，品牌面临的挑战在于克服对未知的恐惧和放松对主导权的掌握。对于那些有着严苛的品牌形象标准和品牌内容规范的品牌来说，这些挑战是难度巨大的。用户会遵循品牌的用色标准吗？用户会正确使用品牌的标识吗？用户会使用品牌的专属字体吗？这些都是困扰品牌的大问题。

但是，我们需要重新思考：这些标准和规范是合理的吗？它们不是科学，更不一定正确。这些标准和规范是由商学院、咨询公司、营销公司以及设计公司在以报纸、杂志和电视为主流媒介的大众传播时代发明出来的。现在这些大众媒体已经成为小众媒体，而我们依然在使用这一套品牌传播的标准和规范。

　　所以，我们鼓励所有的品牌和营销人员接受新趋势和新做法。如果你对这一章讲述的内容还是心存疑虑，不妨静下心来思考一下：风已来，船应驶向何方呢？

第三部分

元宇宙营销实践

在本书的第三部分中，我们将介绍元宇宙营销的具体实践及常见工具。这些实践涉及品牌内容设计、品牌数字替身的设计和创建，以及品牌 NFT 的设计和铸造。

| CHAPTER

元宇宙品牌内容设计

品牌为 AR、VR 和 MR 设计内容，本质上是在创造新的
"现实"。制作这种沉浸式的多维内容需要遵守新的规则和使用
工具。这些内容设计从单纯的视觉设计（3D、UI）延伸到动作
追踪（六自由度追踪、体感识别）、声音设计（空间声场、听音辨
位置）、感觉设计（肌电感应）。与内容设计紧密相关的体验设计
（UX、产品）也更加个性化和场景化，融入了大量的脑科学、人
体解剖学、消费者行为学、认知科学、心理学等专业知识。

8.1 VR 内容设计

VR 主要作用是创造沉浸式的体验场景，这种沉浸式的体验主要是通过 VR 内容和交互设备来实现的。从内容类型上，VR 内容可以分为图片、视频和 3D 渲染模型 3 种。这 3 种内容类型在视觉呈现上又分为单视场或立体视场。后者能够为用户提供深度感知，因此更具沉浸感。

我们需要从用户出发，设计 VR 内容和应用。首先，梳理一个开放的品牌叙事架构。随后，我们需要使用专业的工具和平台来进行 VR 内容的设计和开发，其中内容捕捉、内容制作和内容分发是重点。

8.1.1　实现过程

作为人类，我们对世界的感知建立在我们的经验和认知之上，我们相信自己对周围的所见、所闻和所感。VR 设计师使用基本的感知规则，利用沉浸式的 VR 内容，来创造与我们周围的世界一样"真实"的环境。

借助 VR 实现设备，以视觉（图片、视频、3D 建模）和听觉（空间声场、模拟音效）为主的 VR 内容，经过交互渲染，为我们模拟出另外一个版本的世界。VR 设备本质上是一个现实模拟机器。这些设备中的陀螺仪传感器、加速器、磁力计以及其他外部设备，能够追踪用户的眼部运动、注视点以及肢体动作，把虚拟内容实时渲染成"现实场景"。

8.1.2　应用场景

在应用场景上，VR 内容可以归纳为游戏和应用两个大类。在营销领域，VR 内容可以被用于设计、营销、销售以及售后等各个阶段。

（1）设计

VR 内容可以作为原型验证手段。AutoCAD、SolidWorks 等软件可以创造 3D 模型，再将其渲染生成 AR 内容，并通过 VR 设备向用户展示虚拟产品，邀请用户参与体验，获得用户反馈。Gravity Sketch、Oculus Medium、Tvori 等软件借助 Oculus Quest 2 等 VR 头显，可以让设计师在虚拟环境中进行产品设计、演示和远程协作。

（2）制造

VR 内容可以用于设计端与工艺制造端的协调，在系统协同、技术培训、机器操作、故障排查等方面发挥重要的作用。

（3）营销

VR 内容作为营销手段，与其他营销技术结合，在种草、获客、转化等各个重要的环节为客户提供更丰富的个性化体验。VR 展厅正在成为品牌一站式营销和获客的有效工具。丹麦一家服装公司为了减轻疫情的影响，把服装样品和简易 VR 装置寄送给世界各地的客户和网络意见领袖，然后以线上虚拟发布会的形式推介最新的服装款式。

（4）销售

VR 内容可以作为销售工具，提升用户的产品试用体验，强化用户购买动机。例如汽车销售公司的销售人员可以通过 VR 内容向用户介绍汽车性能并模拟驾乘体验。

（5）售后

VR 内容作为售后工具，可以提供沉浸式的产品培训。VR

内容也可以作为远程合作工具的一部分，让品牌与用户的协作更加高效。

8.1.3　设计和制作

VR 内容的设计流程可以分为如图 8-1 所示的 5 个步骤。

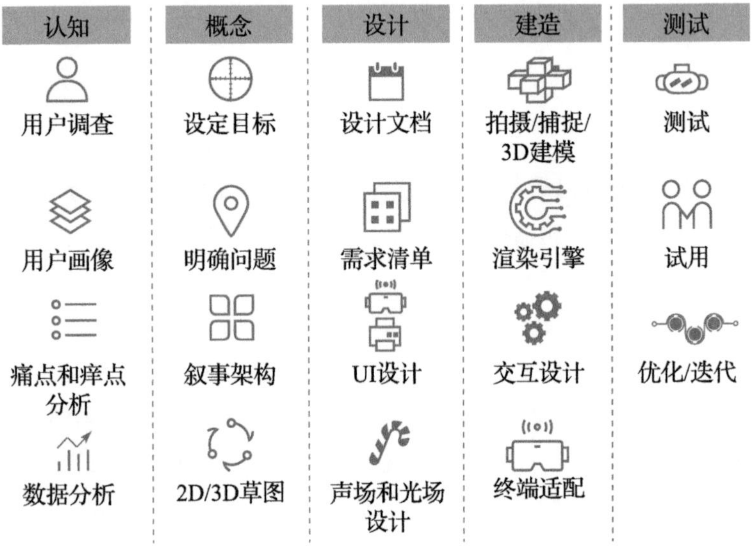

认知	概念	设计	建造	测试
用户调查	设定目标	设计文档	拍摄/捕捉/3D建模	测试
用户画像	明确问题	需求清单	渲染引擎	试用
痛点和痒点分析	叙事架构	UI设计	交互设计	优化/迭代
数据分析	2D/3D草图	声场和光场设计	终端适配	

图 8-1　VR 内容的设计流程

其中，认知是第一个环节，这个环节是最基础也是最容易被忽略的。当一个新的技术开始成为品牌新的营销工具时，我们往往迷信技术本身，相信单凭技术就可以实现我们期待的互动和体验，而忽略了从用户角度出发去设计用户的体验。

我们从用户认知开始，分析了用户虚拟体验的流程，明确了品牌叙事架构，就来到了设计和制作的步骤。在这些步骤中，建造环节中的捕捉、3D 建模是重点。

（1）内容捕捉

拍摄 VR 内容需要专门的设备。VR 内容捕捉在现阶段主要依赖于 360° 摄像机、立体 3D 摄像机、光场摄像机甚至动作捕捉系统来完成。而其中，我们最熟悉的就是 GoPro 和 Google Jump 联合推出的全景摄像机套件。整个套件由 16 台 GoPro 相机组成，可以往一个方向拍摄 4 ：3 比例的 2.7K 视频。Jump 平台可以自动将这些视频组合成"球形"VR 内容。当然，如果你觉得这套设备太复杂或鄙视伪 3D 内容的话，你也可以试一下三星新推出的全景相机 ProjectBeyond。这个形似飞碟的摄像机采用了立体隔行扫描拍摄以及 3D 拼接技术，以类似人眼的方式去捕捉场景，与基于手机使用的 VR 头显 Gear VR 连接，通过无线网络把画面传送到 Gear VR。

更专业的内容捕捉利器是 Lytro、Leia、Avegant、Japan Display Inc（JDI）、OTOY、FoVI 3D 等公司开发的光场捕捉相机和设备。在国内，诺亦腾公司开发的 Noitom Hi5 使用自主研发的惯性动作捕捉技术，在光学环境下，借助 VR 手套精准捕捉用户全手动作，实现实时、自然的 VR 交互体验。

智能手机上的应用或者配备鱼眼相机的镜头也可以完成 VR 内容的捕捉，并在内容制作环节使用软件将捕捉内容进行缝合。

（2）内容制作

由 VR 相机拍摄的内容将交给制作公司做成视频或游戏。当然，VR 内容的"原料"也可以完全不依赖于实物拍摄产生，直接由建模软件来完成。Unity、3DSMax、Maya、Blender 等 3D 建模软件都可以创建 3D 环境模型。一旦环境的 3D 模型准备就绪，就可以输出到 Unity 或者虚幻引擎中进行设计和渲染。

在 VR 内容制作领域中，电影特效公司和游戏公司是最强玩家。无论在国内还是在国外，来自这两个行业的人才都是 VR 内容制作的主力。除此之外还有专门帮助品牌制作 VR 内容的工作室，比如 Framestore 和 NextVR。

（3）内容分发

对于 VR 视频，国外的 Facebook 和 Youtube 以及国内的爱奇艺等平台都已经开始支持其分发，这也是 VR 内容分发的大众渠道。对于 VR 游戏和应用，各大应用商店可以进行分发。VR 垂直内容分发渠道也在逐渐成型，Vrideo 和 Wevr 的网站都是正在兴起的开放式 VR 内容平台。

业内知名的 VR 咨询和研究机构 Greenlight VR 绘制的虚拟现实生态地图是了解 VR 生态的入门宝典。这个地图包含了超过 150 家与 VR 相关的公司，根据它们在 VR 产业链上的分工，分为 11 个大类、22 个领域。至于国外的 VR 生态圈，网上也有类似的汉化版生态地图供参考，比如易观智库制作的沉浸式 VR 设备市场产业链地图。

在 VR 生态圈中，我们除了要关注 Facebook、Google、HTC 和三星等自成一体的独立"王国"，还要重点了解处在 VR 内容制作和分发领域的新锐玩家。

8.2 AR 内容设计

AR 是由终端捕捉、端云（终端与云端）传输、内容创建 / 渲染、对象回传以及终端呈现等一系列步骤来实现的沉浸式交互方式。在应用场景上，AR 内容也可以用于品牌的设计、营销、销售和售后等环节。

与 VR 相比，AR 更加依赖高质量的 3D 内容、高效的云端和终端协作以及明确的应用场景。

8.2.1　实现过程

在介绍 AR 内容制作之前，我们首先简单了解下 AR 的实现原理。

手机或 AR 设备上的摄像头捕捉用户的环境，再由 AR 软件实时解读来自摄像头的图像并计算虚拟内容的定位。AR 软件会从本地存储或云服务器获取适当的虚拟内容并发送到显示设备上，实时叠加在相机帧中。简单来说，AR 技术可识别用户通过摄像头视图看到的对象，并将相关的数字信息叠加在设备的屏幕上。AR 内容的实现过程如下。

- 触发捕获：摄像头、GPS、陀螺仪等输入硬件设备捕获用户环境，并将其转发给硬件上的处理器。
- 编码传输：处理器将信号传输到网络和云服务器，并请求对应的虚拟对象（内容）。
- 生成渲染：AR 内容和渲染系统创建虚拟对象并将它们发送回网络和云服务器。
- 回传解码：服务器将虚拟对象发送到终端处理器，处理器将增强的内容转发给 AR 应用程序和浏览器。
- 内容呈现：AR 应用程序将增强的内容发送到显示设备，例如头戴式显示器（HMD）或者智能手机屏幕。

相比于 VR 设备，AR 设备的发展还远未成熟。无论是智能手机还是 AR 眼镜或者头显，因为体积小、算力有限，AR 需要依赖云端服务器以及高速网络，否则就会出现时延甚至丢帧等严重影响用户体验的情况。

在触发方式上，AR 可以分为两种。一种是基于标记的触发。基于标记的 AR 应用程序使用目标图像或者二维码，在给定空间中定位对象。这些标记决定了应用程序将 3D 数字内容放置在用户视野内的什么位置。换句话说，这些是将应用程序链接到现实世界环境中的特定物理图像标记，以便在其上叠加 3D 虚拟对象。因此，相机必须连续扫描输入并放置标记以进行图像模式识别；如果相机没有正确对焦，则不会显示虚拟对象。

另一种是无标记触发。相比之下，无标记 AR 对用户更加友好。无标记 AR 通过实时检查数据中存在的特征点将 3D 虚拟对象定位并叠加到真实图像环境中。无标记 AR 使用同步定位和映射来扫描环境并创建适当的地图以放置虚拟对象，即使对象不在用户视野内，用户也会看到虚拟内容。苹果开发的 ARKit 和 Google 开发的 ARCore 均使用无标记 AR 技术。

8.2.2　应用场景

在应用场景上，增强现实内容也可以被应用到品牌的设计、营销、销售和售后等环节。丹佛斯气候解决方案公司利用 AR 技术，使用 Holo-Light 公司开发的 AR3S（增强现实工程空间）软件在复杂产品的交互和解释中增加了一个新维度，将复杂概念可视化为全息产品演示。在产品设计上，丹佛斯气候解决方案公司使用 AR3S 平台，先对虚拟设计进行用户验证，然后进行 3D 打印。在沟通协作上，丹佛斯气候解决方案公司还在研发和制造等部门使用 AR 来优化工作流程以及企业内部和外部的沟通协作方式。

AR 内容已经不仅是单纯的娱乐方式，还是一种高效的营销工具。许多行业正在将 AR 融入他们的产品体验和客户服务中。在 AR 的各个分发渠道中，包含 AR 元素的营销活动逐渐结合现有的线下媒体和线上媒体来触达目标客户。AR 在家装装饰、美容美妆、医疗保健、零售、快消、工业制造等强体验和强交互的行业中应用广泛。

- 家装装饰：在布置新家时，什么风格的家具和客厅相配？什么颜色的窗帘和外面的风景相融？不如使用宜家的 AR 应用来挑选不同类型的家具进行搭配。
- 美容美妆：欧莱雅和丝芙兰等品牌正在使用 AR 应用让用户可以虚拟试妆。同时 AR 应用还具备"手把手教学"的功能，让用户轻松驾驭以往需要专业美容师才能驾驭的妆容。
- 医疗保健：医疗保健行业的在职培训可能很昂贵，但是，AR 可以帮助医生和医疗保健行业的技术人员完成复杂的任务。
- 零售：购物者在店内使用 AR 应用来虚拟体验产品，比如时装。
- 快消：快消行业可以使用基于标记触发的方式，让用户扫描饮料瓶或者包装盒后触发 AR 内容。
- 工业制造：工业制造公司使用 AR 来进行产品演示，通过 AR 内容向用户展示飞机发动机的内部构造或者展现具体的施工过程。同时融合 AR 和 VR 功能的 MR 还能够让电梯公司的工程师远程指导现场的电梯维修人员进行电梯的检修，电动工具公司的销售员远程指导工地现场的工人正确操作水钻机进行高效施工。

尽管 AR 内容具有丰富的应用场景和巨大的营销潜力，但是

实现其广泛应用依然存在挑战。其中一个关键挑战是高质量 AR
内容的缺乏，另外一个挑战是交互终端仍未成熟。AR 内容的渲
染是一项需要大量消耗终端处理器功率的任务。渲染面越多，交
互越密集，设备产生的热量就越多，而设备温度的持续升高会影
响设备的物理性能，这也是大多数高性能计算机使用风扇甚至液
体冷却器进行降温的原因。智能手机或者 AR 终端设备需要尽可
能轻巧便携，因此无法安装用于冷却的附加部件，处理器功率也
有限。这就是为什么在计算机上运行流畅的 3D 图形在移动设备
上会出现时延和卡顿。

8.2.3　设计和制作

在设计和制作 AR 内容之前，我们需要清楚地定义目标。该
AR 内容是面向零售客户的产品演示，还是面向专业客户的复杂方
案解读。明确的目标以及对用户需求的充分理解将为选择其内容类
型和创作平台提供明确的方向。AR 内容的设计流程如图 8-2 所示。

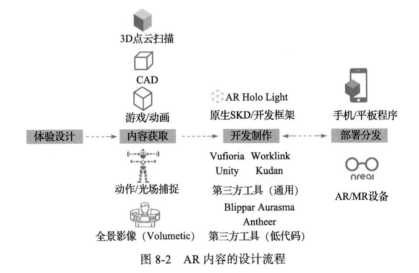

图 8-2　AR 内容的设计流程

无论用户是使用宜家的 ARKit 应用去挑选家具，还是使用欧莱雅的 AR 魔镜去试用美妆产品，决定用户体验的关键因素都是 AR 呈现的内容。其内容类型可以分为以下几种。

- 3D CAD 内容：通过 Catia、SolidWorks 等软件设计和渲染的 CAD 模型可以导入 AR 内容创作平台，以创建 AR 应用程序。
- 通过扫描生成的 3D 点云：iPhone 和 iPad 上的激光雷达扫描仪可以直接扫描生成 3D 点云，然后将其转换为 3D 多边形网格模型，输入到 AR 内容创作平台。
- 原生 3D 建模：由 3DS Max、Blender、Maya、Unity 等 DCC 工具制作的 3D 模型。
- 3D 素材库：从 Unity Assets 商店、虚幻商城、Reallusion 市场、Sketchup 3D 仓库等在线 3D 素材库下载的内容。
- 3D 视频、2D 图像、视频和文档：通过 360° 相机、动态捕捉设备或者光场捕捉设备获取的 360° 音像，通过相机拍摄得到的 2D 图像，产品手册、白皮书等文档内容。

正在迅速发展的全景视频（也称为体积视频、立体视频）是未来一种重要的 AR 和 VR 内容。全景视频捕获技术是一种使用摄像机阵列捕捉数字化三维空间（即空间体积）、对象或环境的技术。捕获的对象可以数字化后实时传输到终端设备，并呈现为 3D 形式。全景视频的优点之一在于它没有固定的注视点，用户可以从各个角度观看视频并与之互动，从而增强用户的沉浸感和参与感。另外，全景视频通过空间声场技术可以让用户实现听声辨位，更加沉浸其中。

2022 年 3 月 17 日，NBA 新泽西网队和达拉斯小牛队的比赛是首次使用全景视频技术进行完整转播的比赛。比赛转播方ESPN 使用了佳能的自由视角视频技术，首先在球场周围安装了 110 台数据采集摄像机，采集和追踪球员的运动，然后将这些数据与每个球员的 3D 模型实时结合起来，并进行渲染。通过ESPN+ 频道观看这场全景比赛的观众可以从任何角度观看球员运动，像是开启了"上帝视角"。

除了佳能之外，全景视频领域还汇集了 8i、Holoxica、OTOY、Realview 等专业公司，以及 Google、英特尔、微软、Unity 9 等技术巨头。

为了保证 AR 内容的沉浸感和流畅性，我们需要强大的工具和开发平台。主流的开发和制作工具除了 Google 等 AR 设备平台提供的原生 SDK 和开发框架，还包括 Scope AR 公司的 Worklink、PTC 公司的 Vuforia。随着营销领域对 AR 内容需求的猛增以及开发领域对低代码甚至无代码开发模式的提倡，Blippar、Aurasma 以及 Antheer 等 AR 开发工具也提供了低成本制作 AR 内容的效率开发工具，营销领域从业者可以方便地使用。

8.3 结语：超越内容的体验设计

虽然我们详细介绍了 VR 和 AR 的设计流程以及代表性工具，但是 VR 和 AR 的体验设计不仅仅包括内容设计。优秀的体验设计需要用户的积极参与。这里的参与不仅指试用和体验，还包括共创和协同。

此外，体验设计还需要考虑硬件。今天，市场上许多具有

AR/VR 功能的设备在性能上千差万别。很多 VR/AR 设备并不是专门为对现实体验进行增强和虚拟而设计的，只是借着这一风口来提升产品销量。

　　AR/VR 设备的研发仍处于起步阶段，还需要更多的设计流程优化和技术进步来提供更优秀的 AR/VR 体验。以 VR 为例，目前市场上的大多数头显都略显沉重，长时间佩戴会带来强烈的不适感。

第9章｜CHAPTER

品牌数字替身的设计和创建

在元宇宙世界中，我们推荐企业以人格化的方式来定位和经营自己的品牌。未来的品牌价值和品牌声量是由该品牌在元宇宙中的社交货币决定的，即用户在多大程度上愿意与品牌进行互动，并且分享与品牌互动的体验。

品牌数字替身，即以数字替身形象出现的品牌画像，是品牌在元宇宙世界中与用户进行互动的重要媒介。品牌数字替身将品牌与用户的沟通带入了自然沟通的新模式。

品牌数字替身既是品牌形象大使，也是品牌内容创作者。而它更重要的角色是用户的助理和顾问，可以与用户在元宇宙世界中进行有意义的自然互动，品牌数字替身甚至可以发展成能够与用户建立双向情感关系的虚拟伙伴。

9.1　基础：品牌画像

　　品牌画像是基于品牌内在价值和外在表达而形成的一组人类特征。这些特征往往会呼应目标消费人群的群体特征。品牌画像是品牌的个性画像，以体现品牌内在的世界观、价值观，以及外在的个性、爱好和行为特征。它是一个虚构但是丰满的人物形象，甚至有自己的名字、服饰、说话方式和脾气。

　　从某种意义上说，品牌画像脱胎于大卫·奥格威在 20 世纪 60 年代中期提出的品牌形象论。品牌形象论是广告创意策略理论中的一个重要流派。这个理论认为品牌都应发展和投射一个形象，这个形象经由广告、公关等方式传达给现有顾客及潜在顾客。比如快餐品牌麦当劳和肯德基分别以"麦当劳叔叔"和"肯德基上校"的品牌形象来建立用户对品牌的认知，并丰富品牌特点。

　　品牌画像是对品牌形象的拟人化再造。对内，品牌画像让员工充分了解品牌的意义和目标，并把品牌的价值准确地传达给客户。对外，品牌画像让品牌建立与用户的有效互动，并快速建立品牌的差异性。

　　以上对品牌画像的描述很容易让我们想到品牌吉祥物。品牌吉祥物是品牌在广告和活动宣传中使用的代表品牌的角色。品牌吉祥物可以是动画或真人，甚至可以是品牌标识的变体。由于品牌吉祥物和品牌画像都是个性化的品牌形象，它们很容易被混淆。但是，品牌画像强调对品牌形象的真实塑造和反映，而吉祥物则侧重于可爱和卖萌。这两者的目标有时是不一致的，因为真实的并一定都是可爱的。

作为个性化的品牌形象，品牌画像需要具备友好、幽默、创新等品牌个性。品牌个性将决定品牌语言风格等方面。常见的品牌个性有：友好，幽默，博学，专业，创新，值得信任，有创造力，乐观，简单，真诚，热情，等等。

品牌个性是品牌画像的外显，品牌价值是品牌画像的内涵。品牌价值决定了品牌特征、品牌动机以及品牌界限。我们可以从品牌叙事架构、品牌与用户关系、品牌画像人设 3 个方面来着手设计品牌画像。

9.1.1 品牌叙事架构：你希望品牌传达什么信息

信息是价值的载体。当你知道向用户传达什么信息时，你就可以更好地定位品牌并且确立品牌与用户的关系。品牌表达是一种洞察力工具，把品牌使命和愿景变成对用户的承诺。为了明确品牌想要传达的信息，你可以问自己如下这些问题。

- 品牌为什么存在？
- 品牌的目标是什么？
- 品牌是为用户的生活和工作提供支持，还是作为领导者带领用户穿越未知领域？
- 品牌是一个有趣的玩伴还是一个严格的导师？
- 品牌希望为用户营造一个舒适区，还是创造一个挑战自我的环境？

红牛是能量饮料领域最成功的品牌之一。红牛致力于帮助那些勇于挑战自我的徒手攀岩者和高山速降自行车手实现梦想。这不仅成为红牛营销的主线，也逐渐成为红牛品牌表达的一部分。

这让红牛可以轻松地与用户建立有效的沟通和互动。

Diesel 是属于"反叛者"的品牌。这或多或少源自这个品牌的意大利背景以及个性鲜明的创始人 Renzo Rosso。自从 1978 年成立以来，Diesel 从来都是特立独行的品牌，对批评不屑一顾。Diesel 经常涉及两极分化的话题，并且从来不保持中立，而是使用幽默、讽刺甚至黑色喜剧的方式表达品牌态度。Diesel 以其蔑视传统和反叛的态度吸引了崇尚独立和个性的用户。

9.1.2　品牌与用户的关系：你希望与用户建立什么样的关系

在一定程度上，一个品牌在与用户的关系中可以扮演多个角色，但是你需要选择这个品牌最合适的角色，而不是你最喜欢的角色。每个人都想变成超人，但是大部分情况下我们只能买一个超人的同款披风。

以下是一些常见的品牌与用户的关系，让我们借此思考和确认品牌扮演的角色。

- 好友玩伴：品牌是用户的朋友，善解人意并愿意倾听。
- 领导者：品牌是用户的榜样，给用户提供建设性的建议，启发用户思考。
- 冒险伙伴：品牌鼓励用户尝试新事物。
- 专家顾问：当用户想知道该去哪个酒吧或餐厅时，会第一时间想到该品牌。

9.1.3　品牌画像人设：你希望品牌拥有什么人设

当我们明确了品牌要传达的信息以及品牌与用户之间的关系

时，我们就可以将这些属性转化为真实的角色。这是一个从抽象概念到具体细节的解构和实施过程。

品牌画象人设包括以下方面。

- 姓名：因为这是一个"人"，所以它应该有一个真实的、属于人的姓名，而不是直接使用公司的名称。
- 形象：这是一个女性还是男性？日常风格是怎样的？
- 简介：这个"人"的背景是怎样的？
- 年龄：这可能与该角色面向的消费群体有关。比如可口可乐的品牌画像是 17 岁以下的年轻人，而哈雷大维森的画像年龄最好超过 30 岁。
- 爱好：这是一个关键的人设。
- 性格类型：可以参考迈尔斯布里格斯性格分类法中的分类。

9.2 设计和创建

完成品牌画像之后，我们将以数字替身的方式来呈现它。制作品牌数字替身的第一步是进行数字替身的形象设计。品牌可以选择与专业的游戏公司或者专门的数字人开发公司合作，精心打造自己品牌的数字替身，也可以通过 Zepeto、Genies 或者 Ready Player Me 等第三方数字替身生成工具来建模和美化。

前者可以帮助品牌进行深度的定制，而后者能够帮助品牌在短时间制作并验证自己的品牌数字替身。同时因为第三方数字替身工具能够和元宇宙游戏和社交应用互认互通，后者能够快速帮助品牌数字替身融入元宇宙原生环境。

9.2.1　设计和创建过程

和数字替身相关的虚拟技术和数字化技术已广泛应用于媒体和娱乐领域，比如制作视频游戏角色以及电影中的 CGI 动画角色。

但是长久以来，数字人的设计和创建是一个劳动密集型的工作。一个项目往往需要数百名艺术家、动画师、程序员以及技术专家进行紧密协作。但随着 MetaHuman Creator、NVIDIA Omniverse、网易有灵虚拟人、优链时代云阵相机等工具和平台的推出，品牌数字替身的制作时间和成本都在逐渐下降。

品牌数字替身背后的技术，无论关于视觉元素还是关于角色元素，都在飞速发展。3D 扫描和视觉捕捉工具不断推陈出新，高保真构造器和动作创建软件不断迭代升级，人工智能让人物表情更加真实和丰富。

品牌数字替身的设计和创建包括以下 4 个基本要素。

1）人体模型：通过人像捕捉或 3D 建模技术，创建人体 3D 数字模型。

2）肢体动作：通过 3D 动作捕捉、3D 动画合成或者真人影像合成，为数字人进行动作设计。

3）面部表情：通过面部表情捕捉或者 3D 动画合成，让数字人在虚拟空间做出逼真的、可识别的面部表情。这也是最具挑战性的工作。

4）对话和互动：通过同步音频、TTS 等技术，实现与数字人的语音对话。

这 4 个要素经过以下一系列设计和开发环节来实现。

1）模型创建

从技术上讲，有两种方法可以创建品牌数字替身的模型。如果你想使用虚拟形象或者动画角色，以贴合元宇宙游戏和社交平台的风格，你可以从头绘制一个全新的角色。如果你希望数字替身具有逼真的动作和表情效果，你需要从真人动作捕捉设置开始。

数字替身模型包括人体 3D 模型、纹理、阴影、骨架绑定和皮肤形变等关键要素。在完成人脸和身体的数字模型之后，就可以进入动作制作环节。

2）动作捕捉

如何让人体模型动起来，让他们像真人一样做出肢体动作和面部表情？

通常来说，动作经过变形和模拟才能实现数字替身的正确运动。到目前为止，3D 实时动画和 3D 动作捕捉是最主要的两种实时动作实现方式。在大多数情况下，这两种方式需要结合起来一起使用。

为了呈现更逼真的表情和动作，模型动作可以由真人演员的面部动作实时"驱动"。因为数字替身只捕捉相应的面部和肢体动作，所以真人演员可以由任何人来充当。把真人表演映射为数字替身的实时动作主要依靠动作捕捉技术来实现。

根据天风证券研究院的报告，动作捕捉根据实现原理的不同可以分为以下 3 种。

- 光学动作捕捉。摄像机通过反光来捕捉马克点（反射红外光）的位置变化，从而完成对演员的动作捕捉。

- 惯性动作捕捉。将集成了加速度计、陀螺仪和磁力计的惯性测量单元（IMU）绑在人体的特定骨骼节点上，通过算法对测量数值进行计算，从而完成动作捕捉。通过动作捕捉服、手套等设备实现的都属于这类捕捉。
- 视觉动作捕捉。一种是 Track 设备＋IK 算法的动作捕捉方案，模拟出一定的动作姿态。另一种是以人工智能为核心的动作捕捉方案，借助设备上自带的摄像头来完成动作捕捉。

3）实时渲染

进行实时图形处理，需要一台算力强大的计算机以及 Unity、虚幻引擎等引擎，将真人的动作与数字替身模型结合起来。

通常，这可以使用常用于游戏开发过程的引擎来完成。唯一的区别是，在游戏中，角色所有动作都是预先编写好的；但是对于某些数字替身，必须需要实时渲染。

在过去的几年中，在实时渲染过程中，越来越多地使用人工智能生成或合成动画。实时渲染数字替身的动作、表情和对话需要基于该数字替身所处的场景，以便让数字替身的行为和语言真实可信，并且能与用户建立有效的互动。

但需要注意的是，数字替身依然不能像真人一样表现出某些情感和行为的细节，但是人工智能和模拟技术正在帮助优化相关问题。

4）智能交互

品牌数字替身的交互可以通过两种方式来实现。

- 第一种方式是人工介入。品牌方可以授权员工或者合作方的专业人员来手动操控品牌数字替身，与用户进行实时互动，并且根据实时场景由人工来判断做出什么样的行动和反馈。这种数字替身交互方式常见于元宇宙的社交和游戏平台。

- 第二种方式是人工智能辅助交互。通过 NVIDIA Riva、Ensemble Health AI、Replica、网易伏羲等人类语言处理和自然语音技术平台，实现数字替身与真人的对话。人工智能还可以让品牌数字替身具备视觉、听觉甚至感知能力，识别物体和环境，并做出相应的反馈动作。

9.2.2 常用设计工具

下面介绍几款常用的数字替身设计工具，以供品牌参考。

1. MetaHuman Creator

2021 年 Epic 公司旗下的虚幻引擎推出了数字替身制作工具 MetaHuman Creator。这款基于浏览器的应用程序，让游戏开发人员和 3D 内容设计师制作数字人所需的时间从数周或数月缩短到不到一个小时。

MetaHuman Creator 通过虚幻引擎像素流技术在云端运行。除了使数字人创造的复杂过程加快速度之外，它还支持团队协作，能够满足高端虚拟制作的需求。

MetaHuman Creator 为用户提供了丰富的建模素材库，包括不同的体型和发型等 3D 素材。用户可以通过 Quixel Bridge 下载这些素材，并且可以在虚幻引擎中进行动画合成和动作捕捉。用户还将导入 Maya 文件形式的源数据，包括网格、骨架、面部、材质以及动画预设等方面的数据。通过虚幻引擎，用户可以使用一系列性能捕捉工具为数字替身制作动画。

NVIDIA Omniverse 以及轻量级的数字人生成工具 UneeQ 也是流行的品牌数字替身生成工具。

除了 MetaHuman Creator、Omniverse 等专业的高仿真数字替身生成工具之外，品牌还可以选择低代码或无代码的入门级数字替身生成工具，以及元宇宙平台原生的数字替身生成工具。

2. Zepeto

Zepeto 不仅是虚拟社交平台，还提供数字替身的创建工具。作为入门级的数字替身生成工具，Zepeto 提供多种脸型、眼睛、发型以及服饰的选择。与其他数字替身生成工具相比，Zepeto 的特点在于它有更多的时尚选择和潮流搭配。

Zepeto 的大多数功能都供用户免费使用，但也有一些独特的功能和选项需要用户额外付费。其中一个功能是让品牌将生成的数字替身导出，导出后的品牌数字替身可以空投到其他元宇宙游戏或者社交应用中。

3. Genies

Genies 是一款知名度非常高的元宇宙数字替身制作工具。Genies 以其庞大的明星用户群体以及众多时尚品牌合作伙伴而闻名。蕾哈娜和贾斯汀·比伯等明星都用它来制作头像。GUCCI、Bird 和 New Balance 等时尚品牌都为 Genies 单独开发相应的配饰和装备。

2020 年 10 月，Genies 推出了自己的数字替身应用并在 11

月份推出了官方的 SDK 和 API。这让 Genies 可以在几乎所有元宇宙游戏和社交平台上建立对数字替身的互认互通。同时 Genies 与 3D 建模和虚拟引擎公司 Unity 紧密合作，逐渐提升数字替身的真实感和互操作性。

4. IMVU

网易入股的 IMVU 是一家以数字替身为特色的元宇宙社交平台，同时提供强大的数字替身生成功能。

目前，IMVU 每月有 700 万活跃用户，用户可以创建聊天室甚至加入俱乐部。IMVU 有自己独立的社区生态和经济体系，在 IMVU 商城，超过 5000 万种虚拟商品向用户开放，产品目录上每月增加 40 万种新商品。

IMVU 集数字替身打造、元宇宙社交以及元宇宙经济为一体。对于那些希望试水品牌数字替身，并且希望进一步融入用户社区和元宇宙经济的品牌来说，IMVU 是一个不错的选择。

5. OSUVOX

OSUVOX 是最早关注数字替身互操作性的应用之一。也就是说，通过 OSUVOX 创建的数字替身可以在其他元宇宙游戏和社交平台上直接使用。

这种可互操作性是通过 OSUVOX 的元宇宙数字替身 NFT 系统来实现的。该系统为用户打造和优化自己的数字替身提供更广阔的空间，生成的数字替身可以很容易地在许多其他系统上使用。因为 OSUVOX 数字替身具有 NFT 属性，所以也可以作为 NFT 在 OpenSea 等公有链 NFT 交易市场上进行交易。

看重品牌数字替身可互操作性以及未来经济收益的品牌，可以选择与 OSUVOX 这类的公司合作。

6. Ready Player Me

Ready Player Me 提供了一个强大但易用的数字替身创建系统，用户可以使用自己的自拍照制作数字替身。

Ready Player Me 同时提供 SDK，支持 Unity 和虚幻引擎，让用户创建的数字替身与社交网络、元宇宙游戏、元宇宙社交等应用程序完美兼容。迄今为止，Ready Player Me 已经与 1000 多个应用、游戏和程序建立了互识互通机制。它也全面支持中文，在国内与 Ready Player Me 合作的游戏和应用平台包括 720 云和云房 360。

2022 年 2 月，Ready Player Me 公司与 AR 公司 8th Wall 建立合作伙伴关系，以创建数字替身开发工具。这个新的开发工具允许用户实现数字替身的跨平台（手机、电脑、VR 头显、AR 眼镜）和跨应用（VR 应用、AR 应用）部署。

7. 百度希壤和网易伏羲

百度发布的元宇宙产品平台——希壤，内嵌数字替身生成工具。希壤已经推出安卓版和 iOS 版，用户在进入该应用之后可以创建数字替身。它支持用户利用数字替身素材进行创建，或者上传照片来生成数字替身。

网易伏羲并不是一个工具，而是一个成立于 2017 年专门从事游戏与泛娱乐领域的 AI 研究和应用的顶尖机构。该机构的研究方向包括强化学习、图像动作、虚拟人、自然语言、用户画像、大数据和云计算平台等，已拥有智能捏脸、AI 创作、AI 竞技机器人等多项行业领先技术。

网易伏羲的有灵虚拟人平台提供数字替身的形象定制、驱动、互动娱乐等服务，帮助企业客户快速打造专属品牌数字替身。这一产品由网易游戏美术团队、伏羲 AI 算法团队支撑，量身打造品牌专属虚拟形象，类型涵盖 3D、真人影像。

有灵虚拟人平台支持 3D 动画合成和 3D 实时动作捕捉等智能驱动模式，可以让数字替身随着音乐跳舞。同时这一系统支持 Unity、WebGL、云游戏等多种渲染方案，可以支持 Windows、安卓、iOS、Web、小程序等多个系统及平台。

除此之外，综合分析智慧芽等渠道的公开数据可知，腾讯和字节跳动等公司也在积极布局数字替身。智慧芽全球专利数据库显示，2021 年 9 月 17 日，北京字节跳动网络技术有限公司公开了一件"虚拟角色捏脸的方法、装置、电子设备及存储介质"专利。网易、腾讯等公司有多款专利与上述专利出于同一技术领域。

与数字替身打造相关的虚拟人像设计，即玩家统称的"捏脸"，已经在腾讯旗下的《完美世界》《QQ 飞车》《天涯明月刀》及网易旗下的《天谕》等游戏中被广泛应用，成为游戏玩法的重要部分。

9.3 结语：品牌数字替身的挑战

品牌数字替身的打造是非常具有挑战性的。

　　首先，品牌需要有一个完整的品牌画像。这个品牌画像将能够表达品牌内在的世界观、价值观，以及外在的个性、爱好和行为特征。它必须是一个丰满的人物形象，但允许它有缺点。

　　其次，品牌需要有一个强大的品牌叙事架构，并且能够按照这个叙事架构来设计可信的故事脚本。品牌数字替身的形象是否深入人心并不是由建模的逼真程度来决定的，而是由一个个令人信服的故事来塑造的。这和现实中娱乐领域的偶像养成遵循同样的法则。

　　最后，品牌需要为数字替身寻找适合的互动场景。在这个过程中，品牌需要不断地投入和试错，以此来完善数字替身的形象设定和故事主线。

品牌 NFT 的设计和铸造

NFT 是在区块链网络上创建、存储和交易的独特加密资产。NFT 在其发展过程中遇到了诸多挑战，但是作为知识产权保护和数字资产确权的新工具，NFT 必将成为元宇宙独立经济体系中的核心要素。同时，NFT 也被认为是验证区块链上实物资产真实性的有效工具，可以解决陌生交易的问题。

目前，国外 NFT 铸造首选的区块链网络是以太坊。然而，许多其他区块链平台很快将可用于规模化 NFT 铸造，比如以腾讯至信链、百度超级链和京东智臻链为代表的大厂联盟链，以及以 Conflux、BSN 为代表的国产公有链。

除了币圈的玩家之外，绝大多数的主流消费者仍然难以理解 NFT 代表项目如 BAYC 和 CryptoPunks 等的价值与意义。NFT 距离普通消费者还有很长的路要走，需要相关产业和企业的共同努力。

但 NFT 绝不只是投机工具和营销噱头，NFT 将成为 Web 3.0 时代的杀手级应用，并将颠覆传统商业模式。

NFT 的价值远远不只辅助营销，它还是使元宇宙社区具有凝聚力的工具。品牌如果希望用户停留更长的时间，就可以通过 NFT 来提高用户的参与度并建立社区。NFT 也是品牌延伸用户体验的工具。如果品牌希望提高用户的忠诚度，可以赠送 NFT 来让用户解锁线上或者线下的一系列权益。

10.1　NFT 的类型和设计工具

NFT 是一种特殊的加密资产，其主要目标是提供现实或虚拟物品的所有权证明。虚拟物品的种类很多，既包括 The Sandbox 和 Decentraland 等元宇宙游戏中的虚拟地产，也包括 Beeple 等数字艺术家创作的 NFT 艺术品。

10.1.1　类型

NFT 的原型是 2012 年在比特币网络上出现的带有实验性质的彩色硬币。两年之后，第一个真正意义的 NFT 被创建并随着谜恋猫和无聊猿游艇俱乐部逐渐流行起来。数字收藏品和 NFT 艺术品是被关注最多的 NFT 类型，但 NFT 并不只有这两种，其类型正在不断增加。表 10-1 列举了几种主要的 NFT 类型。

表 10-1　NFT 的主要类型

NFT 类型	特点和属性	应用案例
数字收藏品	数字收藏品是随着谜恋猫的出现而发展起来的在线收藏品系列。数字收藏品是带有元宇宙特色的原创艺术品，它不能像计算机上的常规数据一样被复制，但其持有者可以轻松地将所有权转让给另一个人	"无聊猿游艇俱乐部"系列
NFT 艺术品	由数字艺术家创作的数字艺术品，在一定条件下可被编程。NFT 艺术品主要包括传统艺术家的作品或者传统艺术品的数字化复刻	泰勒·霍布斯的"归零"系列 大唐不夜城"大唐开元·钟楼"系列 奥迪×程然"幻想高速"系列 开封市博物馆"水运仪象台"系列
活动门票	在线下活动（如音乐节）和线上活动（如 Discord 上举办的活动）中对用户进行身份验证和作为门票凭证的 NFT。活动主办方可以在选定的区块链平台上铸造特定数量的 NFT 门票。客户可以在 NFT 市场或者活动网站购买门票 NFT 并将其存储在钱包中	Buster Show 线上播客门票 TBS Utility
音乐和媒体	以音乐和媒体为形式的 NFT。这类 NFT 把音乐和媒体文件转化为 NFT，从而使拥有所有权声明的用户能够访问这些文件。Rarible 和 Mintbas 是两个知名的音乐和媒体 NFT 交易平台，音乐人和艺术家可以在这两个平台上直接发行自己的作品。此外，音乐类平台还包括腾讯的 TMELAND	美国说唱歌手 Snoop Dogg 的 Death Row Mix 系列
虚拟物品	元宇宙游戏中带有 NFT 属性的建筑、装备和物品，它们可以提供游戏内物品的所有权记录，从而推动游戏经济的增长。一方面，玩家可以通过交易游戏 NFT 获得收益；另一方面，发行 NFT 的游戏开发者或创作者可以从公开市场上的每笔销售中赚取版税	Roblox 的数字替身 Luna Nike RTFKT×FEWOCiOUS 系列运动鞋

（续）

NFT 类型	特点和属性	应用案例
现实物品	有些 NFT 项目目前专注房地产和奢侈品的代币化。NFT 作为契约，可以使汽车、房屋以及奢侈品等现实物品的交易更具灵活性	Mattereum Enjin Authlink
元宇宙域名	去中心化的元宇宙域名，比如以太坊域名服务（ENS）就可以帮助品牌将冗长而复杂的元宇宙世界地址等转换为灵活友好的元宇宙域名，让用户更容易找到	Decentraland 元宇宙平台上的 Balenciaga 等品牌域名
其他	需要确权和交易的其他物品	碳交易 NFT

NFT 的形式可以是数字绘画、照片、文本、音频文件、视频文件，其类型包括我们上文提到的现实物品的数字化复刻（将现实物品进行 3D 扫描或者 3D 建模来获得）、游戏里的虚拟物品（如头像、武器和货币）。

未来我们还会看到更多样的 NFT。现实世界中的所有东西都可能在元宇宙中重新实现，它们都可能以 NFT 的形式出现。NFT 也可能承载着我们意想不到的内容，它可以是一段代表互联网发展历程的代码，或者是第一个 DNA 测序的基因数据。

品牌需要根据营销目标和用户体验设计策略来选择合适的NFT 类型。例如，如果品牌的目标是借助 NFT 提升品牌认知，塑造品牌的创新形象，可以选择数字收藏品。如果品牌希望建立元宇宙社区并与用户实现持续的互动，可以选择为游戏玩家设计虚拟物品，或者在虚拟地产上建造一个品牌虚拟专区。

GUCCI 在 2021 年铸造的第一个 NFT 是一个视频短片，灵感来自该品牌的 Aria 系列电影。这个 4 分钟的视频围绕 GUCCI 的 Aria 庆祝活动展开，由品牌创意总监 Alessandro Michele 和摄影师兼导演 Floria Sigismondi 共同执导。这件作品的拍卖公司表示，这件 NFT 作品以"梦幻般的风景和沸腾的能量，记录了这家传奇品牌的历史性时刻，并延续到一个新的媒体空间"。这件作品在当时的起拍价为 20 000 美元，其拍卖获得的所有收益将捐赠给联合国儿童基金会。

Burberry 在 2022 年 3 月 31 日在幻核平台发布的"太闲艺术数字收藏品"，则是基于线下展品进行拍摄的摄影图制作的。Burberry 在成都举办了一场线下展览，装置艺术家以成都老建筑上的苔藓和瓦片为灵感，将苔藓装置设计成起伏的"山峦"，这个装置在合适的温度和湿度下会下蔓延生长。在为期 15 天的展览期间，摄影师会在整点拍摄该苔藓装置，最终获得了 360 张摄影图。这些摄影图通过腾讯的至信链进行铸造，成为一个加密并可确权的数字收藏品。在幻核、鲸探、红洞数藏等数字收藏品市场，大部分的藏品都是图片或者动态艺术图片。

在决定了 NFT 的类型之后，需要将其转换为合适的数字化文件，支持的文件格式包括 jpg、jpeg、gif、mp4、fvg、mp3、ogg、glb 以及 gLTF，并且对文件的大小没有任何限制。很多用户熟悉的 CryptoPunks 的单个 NFT 的大小为 336×336PX，Beeple 创作的巨幅 NFT 长宽都是 21 069PX。NFT 的大小可以从 10MB 到 3GB 不等，具体取决于铸造它们的市场要求。因为存在不同格式、不同大小的 NFT 文件，每一个 NFT 市场都会在创建和铸造 NFT 时为用户和品牌提供相关标准的指南。

NFT 的应用正在从数字艺术和游戏等领域，扩展到时尚、音乐、教育以及知识产权保护等领域中。品牌也逐渐意识到 NFT 的营销价值和商业价值，越来越多地将 NFT 用于市场营销和客户忠诚度计划。

NFT 不应该只是营销的噱头或者是加密的品牌海报。而现在大量的品牌在"NFT 中国"等数字收藏品平台上发行的品牌数字收藏品,既缺乏创意价值也缺乏使用价值。而且,这些品牌数字收藏品的领取流程非常复杂,可能需要用户在一定时间内关注公众号。这种品牌数字收藏品的设计不仅不能带来更好的用户体验,还不利于数字收藏品市场的健康发展。

10.1.2　设计工具

我们先来看看专业的 NFT 艺术家都在使用哪些设计工具。

艺术家 Beeple 在过去的 13 年中每天都坚持创作一幅画,并将这些作品制作成了一件 NFT,该 NFT 在 2021 年以近 7000 万美元的价格成交,刷新了当时 NFT 艺术品的拍卖纪录。

在构思这组作品时,Beeple 通常从一个大致的想法开始,然后用 Cinema 4D 开始创作。之后,他会在 Octane Render 中将其渲染出来并在 Adobe Photoshop 上进行后期处理。

NFT 艺术家 Blake Kathryn 以明亮、饱和的颜色,光滑的光线,以及擅长使用霓虹色而知名。她独一无二的设计风格吸引了 Jimmy Choo、Adidas、芬迪、纽约时报等品牌客户。她最常用的设计工具是 Cinema 4D,辅助设计工具包括 Adobe After Effects、Adobe Photoshop、Daz3D、Redshit 以及 Zbrush。

以她最近的作品 *Seven Sirens* 为例,她使用 Zbrush 和 Daz3d 设计初稿,然后再导入 Cinema 4D 中并进一步完善,随后在 Octane Render 软件中渲染,再将得到的视频作品在 Adobe After

Effects 中进行后期制作，并通过 Premiere Pro 导出。作品中的所有人物形象都在 Daz3D 和 Zbrush 中构建，并雕刻表情或细节。

除了常见的 Adobe Photoshop、Adobe Illustrator、Blender、Cinema 4D 等设计软件外，数字艺术家也会直接使用更专业的工具，如虚幻引擎来设计 NFT。数字艺术家 Krista Kim 在 2020 年 5 月设计的 *Mars House*，就是使用虚幻引擎进行设计的。这件作品是世界上第一个在 NFT 市场上销售的数字房屋，以超 50 万美元的价格售出。

但是在 NFT 的设计过程中，关键并不在于使用什么工具，而在于是否拥有创意。比如新锐艺术家 FEWOCiOUS 所用的设计工具是常见的设计软件 Procreate。

1. 常见的专业设计工具

这里汇总下常见的 NFT 专业设计工具，如表 10-2 所示。

表 10-2 常见的 NFT 专业设计工具

类型	主要功能和特点	代表性软件和工具
2D 平面和动态图片设计工具	用于插图、插画、卡通形象等作品的设计，有些平面设计软件支持动态图形	Adobe Photoshop Adobe Illustrator Adobe After Effects Mocha Pro
3D 设计工具	用于 3D 图形的设计。与平面设计相比，可以使用光照、阴影、材质等手段来丰富效果	Blender Cinema 4D 3DS Max Maya Zbrush
VR 设计工具	在虚拟空间中进行创意和设计	Tilt Brush Gravity Sketch Quil AnimVR

（续）

类型	主要功能和特点	代表性软件和工具
NFT 原生设计软件	简易的入门级 NFT 生成工具，用户可以上传源文件（图片和视频等），一键生成 NFT	NFT Creator Fotor SketchAR
元宇宙世界编辑器	元宇宙游戏和社交平台自带的原生编辑器，可以用于 NFT 创建	Roblox Studio The Sandbox VoxEdit Decentralad Builder
其他	其他 NFT 素材设计工具	虚幻引擎 NVIDIA Omniverse Unity

其中，德国 Maxon 公司开发的 Cinema 4D 是 NFT 设计最常用的工具之一。这款软件拥有一个活跃的创意社区和庞大的在线素材库。同时，Cinema 4D 的插件丰富，提供的参数化建模工具集通常非常好用。并且，Cinema 4D 的体积建模功能也十分强大，可以为设计师节省大量的时间。

但是 Cinema 4D 是一款收费软件，如果你喜欢开源和免费软件，可以选择开源的 3D 设计软件 Blender 或 Daz3D。Blender 是一个托管在 blender.org 上的公共项目。用户使用 Blender 创建的内容形式通常是图像或视频文件，无论对 .blend 文件，还是对 Blender 可以写入的其他数据文件，其操作都是免费的。

2. 常见的低代码设计工具

除了专业的软件，还有大量的低代码工具可以帮助品牌快速设计品牌 NFT，包括如下设计工具。

（1）ruDALL-E

ruDALL-E 是一个基于神经网络的图像生成软件。你可以编辑文本上传并由人工智能生成原创 NFT 图像。ruDALL-E 的创建者还发布了应用程序 Salute，用于快速和高质量的图像生成。类似 ruDALL-E 的神经网络生成图片在 NFT 社区中广受欢迎。

我们以李白著名的《静夜思》为例。在 ruDALL-E 中输入这首诗，2 分钟之后系统生成了一个 NFT，如图 10-1 所示。

图 10-1　ruDALL-E 根据李白《静夜思》创作的 NFT 素材

再以节选自莫言的小说《野骡子》的文字为例，尝试将文学作品用图片来表达。

输入的文字是这样的：十年前一个冬日的早晨，我家高大的瓦房里阴冷潮湿，墙壁上结了一层美丽的霜花，就连我在睡眠中呼到被头上的气流也凝结成一层细盐般的白霜。房子立冬那天刚刚盖好，抹墙的灰泥尚没干透我们就搬了进来。母亲起床后，我把脑袋缩进被窝，躲避着刀子般的阴冷。

对此，ruDALL-E 生成的图片如图 10-2 所示。

图 10-2 ruDALL-E 根据《野骡子》中的部分文字创作的 NFT 素材

（2）Fotor GoArt

Fotor 是一个线上的图片编辑软件，GoArt 是 Fotor 内置的 NFT 素材生成器，可以快速生成各种风格的 NFT 素材图。Fotor GoArt 使用人工智能结合各种艺术滤镜进行创作。这个应用程序有波普艺术、印象派、冷暖色，以及 CryptoPunks 等艺术风格可以选择。Fotor GoArt 还提供自动抠图和清除背景的功能。

我们以图 10-2 为例，上传该图片后，选择 CryptoPunks 风格，生成的 NFT 如图 10-3 所示。

图 10-3　Fotor GoArt 生成的 CyptoPunks 风格的 NFT 素材

（3）Glitch Video & Photo Effects

Glitch Video & Photo Effects 是一款应用程序，提供了故障艺术、幻觉、蒸汽波等效果，可以将普通的视频或照片变成有独特风格的艺术素材。用户可以从自己的图库中选择照片或视频，或直接使用手机拍照上传，再转换为故障艺术效果的视频、照片或动画 GIF。

（4）NFT Creator

NFT Creator 是为图片或者手绘作品增加艺术风格的应用程序。这个应用程序提供 100 多种艺术过滤器（筛选）功能，同时提供 1000 多种艺术字体。这也是最常用的 NFT 设计软件之一。

（5）SketchAR

SketchAR 应用程序为 NFT 设计提供了一个设计套件，主要功能包括 AR 绘图或者将照片转换为插画。这个应用程序有一个活跃的创作者社区以及丰富的 NFT 创作课程。创作者社区每周会评选出最佳作品，这些作品将自动铸造成 NFT 并放在 OpenSea 市场上拍卖。

除以上 5 个常见的低代码工具外，还可以使用 OpenAI 公司开发的 DALL·E 或者开源的 Disco Diffusion 等人工智能工具，利用先进的人工智能技术进行创作。

到现在，我们已经介绍了很多关于 NFT 设计和工具的内容，你可能发现有一种 NFT 设计类型在当前的 NFT 市场中占主导地位，那就是 3D 艺术。

与其他 2D 艺术形式的 NFT 相比，3D 形式的 NFT 更受欢迎。由于 NFT 是新的数字艺术形式，人们本能地会关注与传统艺术不同的艺术元素和表现方式。因此，对于品牌 NFT 来说，如果希望自己的 NFT 设计能够使用户产生足够的兴趣和收藏欲望，3D 艺术风格的 NFT 是一个较好的选择。

10.2　品牌 NFT 的铸造

NFT 的铸造是指将数字项目或数字文件转换为区块链上的加密数字收藏品或其他数字资产的过程。经过铸造之后，数字项目或数字文件将会永远存储在去中心化的数据库或分布式账本中，无法对其进行编辑、修改或删除。

对品牌来说，NFT 的铸造有两种方式。一种方式是通过 NFT 市场或 NFT 平台进行上传和铸造，简单直接。另一种方式是直接铸造，需要自己部署代码或者与专业的 NFT 铸造机构合作。

NFT 产业链由基础设施层、项目创作层和衍生应用层构成。基础设施层为 NFT 的铸造、发行和交易提供区块链与存储技术支持；项目创作层根据 NFT 铸造协议铸造 NFT，并在 NFT 一级市场发行，该环节涉及 IP 授权方、项目创作方、项目发行方和发行平台，其中以项目发行方为核心；衍生应用层则是对铸造出的 NFT 项目进行衍生应用，应用渠道包括 NFT 二级市场、融资平台、社交平台等。

1. NFT 铸造与区块链

我们可以将 NFT 的铸造过程理解为让数字艺术品或数字内容成为区块链的一部分的过程。这个过程将一个简单的文件变成一种加密资产，使其可以在数字市场上用加密货币轻松交易，而无须中介。

目前，在众多区块链网络中，NFT 铸造首选是以太坊。以太坊区块链允许用户构建智能合约。以太坊在工作量证明系统上运行，与比特币相同，其硬币挖掘依赖计算机来解决复杂的"谜题"，而提高解决这些谜题的效率的唯一方法是提供更多的计算能力。

以太坊区块链是第一个创建不可替代令牌标准 ERC-721 的区块链平台。紧随其后出现的 ERC-1155 令牌标准类似于 ERC-721 标准，但是根据 ERC-1155 标准制造的代币允许多个 NFT 捆绑在一起进行交易。这在用户将多个游戏装备从一个角色交换给另一个角色的场景中特别有用。此外，币安智能链于 2020 年底发布了其 NFT 代币标准 BEP-721，并于 2021 年早些时候发布了 BEP-1155 标准。

除了以太坊，许多其他区块链平台也将很快支持 NFT 铸造。

2. 常见的 NFT 铸造平台

用户可以选择使用以太坊或者 Polygon 等公有链铸造 NFT。在铸造完成后，用户可以在 NiftyKit、OpenSea、Rarible 等市场或者用户自己的网站上展示这些 NFT。

如果选择以太坊等公有链进行 NFT 铸造，你首先需要申请一个加密钱包，然后才能登录 NFT 市场进行铸造。常用的加密钱包有 MetaMask、Coinbase、Ledger Nano X 或者 Exodus，这些钱包都支持在 Chrome 浏览器或者手机上注册和申领。

设置好加密钱包之后，你就可以使用加密钱包登录 NFT 市场，并在这些市场中进行 NFT 的上传和铸造。在这里，我们仅以国外的 NFT 市场为例，列举几个常用的 NFT 铸造平台。

（1）NiftyKit

NiftyKit 是一个简单易用的 NFT 铸造和交易平台。它允许用户创建和管理 NFT，并支持智能合约。NiftyKit 并不是免费的，一方面，用户需要缴纳一定的费用来支付 NFT 铸造所需的算力成本。另一方面，用户仍然需要在以太坊上支付额外的费用，以使用智能合约功能。此外，一旦用户通过智能合约获得交易收益，NiftyKit 会抽取交易收益的 5% 作为提成。这个提成比例和国内大多数电商平台的收费比例差不多。

（2）Manifold Studio

Manifold Studio 于 2021 年 10 月推出，可以让用户更方便地创建智能合约，并且是完全免费的。Manifold Studio 允许用户以 ERC-721 标准和 ERC-1155 标准来铸造 NFT，并且接受大的高清晰度的视频和图像文件。

（3）OpenSea

OpenSea 是全球规模最大的 NFT 交易市场之一。它提供收费和免费两种 NFT 铸造模式。免费铸造模式让用户在铸造 NFT 时无须预先支付算力费用。但是对于免费铸造的 NFT，只有在用户购买之后，其智能合约才会部署到区块链上。需要注意的是，用户第一次在 OpenSea 上铸造 NFT 时，可能需要支付小额的一次性费用。

10.3　结语：谨慎探索未知

品牌在启动 NFT 项目之前，除了考虑设计和技术问题之外，还需要考虑政策和法律问题。例如，品牌需要确保数字收藏品的购买程序合法合规，并且需要制定一套明确界定其所有权和使用权的用户条款。

鉴于数字收藏品等 NFT 在铸造、发行和交易上有诸多限制，为了避免误导消费者，品牌需要在营销活动中谨慎描述 NFT。首先，品牌应该明确告知消费者数字收藏品不能在二级市场中进行直接交易。其次，如果品牌的数字收藏品不是在以太坊或者其他公有链上铸造，应该告知消费者这种铸造方式的局限性。

同时，品牌也应该积极应对版权保护等问题，维护品牌的权益。

NFT 和数字收藏品依然处在起步阶段。然而，我们已经看到了它在营销中的巨大潜力。我们应该以谨慎的态度，积极地探索 NFT 的合规应用场景，用这一新技术增强用户体验、赋能用户价值。

元宇宙大爆炸：产业元宇宙的全球洞察与战略落地

产业元宇宙标准读本。

凝聚知名科技战略专家对全球元宇宙产业的深刻洞察与思考，近20位产业界、学术界、媒体界专家鼎力推荐。

基于全球化视角，对元宇宙的产业现状、进化趋势、商业模式、战略架构进行深刻解读，为企业进军元宇宙提供系统战略指导。

营销数字化：一路向C，构建企业级营销与增长体系

国内领先的消费者数字体验中台解决方案提供商云徒科技出品。

5年时间为数十个行业的近200家头部企业提供营销数字化服务的经验总结。

科特勒咨询集团全球合伙人、里斯战略定位咨询中国合伙人、阿里巴巴集团副总裁等近10位业界和学界专家力荐。